客户服务礼仪

徐 行 陈泓杉 主 编
孙桂鑫 副主编

中国铁道出版社有限公司
CHINA RAILWAY PUBLISHING HOUSE CO., LTD.

内容简介

为使学生在不同领域的各种商业活动中更好地掌握为客户服务的礼仪，本书遵循理论简约、案例详尽实用、理论讲解与实例分析相结合的原则，结合大量的操作实践编写而成。全书共分9章，围绕客户服务、职场礼仪、公共活动、宴请酬宾、签约庆典、商务往来、涉外交际礼仪等部分进行讲解。同时增加了大量的小故事和小案例，以二维码链接的方式呈现，增强了全书的可读性、趣味性，拓宽了学生的视野。

本书适合作为职业院校各专业公共关系与礼仪课程的教材，也可作为各单位公共关系与礼仪岗位人员的培训用书或自学参考书。

图书在版编目(CIP)数据

客户服务礼仪/徐行，陈泓杉主编．—2版．—北京：中国铁道出版社有限公司，2019.12

ISBN 978-7-113-26435-2

Ⅰ．①客…　Ⅱ．①徐…　②陈…　Ⅲ．①服务业-礼仪　Ⅳ．①F719

中国版本图书馆CIP数据核字(2019)第269211号

书　　名：客户服务礼仪

作　　者：徐　行　陈泓杉

策　　划：邬郑希　　**编辑部电话：**010－63589185 转 2034

责任编辑：邬郑希　卢　笛

封面设计：付　巍

封面制作：刘　颖

责任校对：张玉华

责任印制：郭向伟

出版发行：中国铁道出版社有限公司(100054，北京市西城区右安门西街8号)

网　　址：http://www.tdpress.com/51eds/

印　　刷：北京柏力行彩印有限公司

版　　次：2010年9月第1版　2019年12月第2版　2019年12月第1次印刷

开　　本：787 mm×1 092 mm 1/16　**印张：**12.25　**字数：**295千

书　　号：ISBN 978-7-113-26435-2

定　　价：43.00元

前言

本书第一版自2010年9月出版以来，被众多职业院校教师选为授课教材。本次在第一版的基础上进行了全面修订，使本书的特色更加鲜明、突出。

本书以提高读者的礼仪素养和应用能力为目标，围绕客户服务、职场礼仪、公共活动、宴请酬宾、签约庆典、商务往来、涉外交际礼仪等部分进行了重新编写。全书增加了大量新的内容；更新、调换了各章案例，使之更加具有时代感；增加了各章的案例导入、实践训练、思考讨论题，可以让学生即学即练，方便教师开展互动性课堂教学，增强了教学效果；添加了文字资料，以二维码链接形式方便学生学习。

在每一章讲解知识的同时，增加了大量的小故事和小案例，以相关链接的方式出现，增强了全书的可读性、趣味性，拓宽了学生的视野。每章由案例导入、知识讲解、实践训练、课后练习等内容构成，做到项目导向、知识引领、学做结合。

每章学时建议如下，每周4学时，按16周安排，共64学时。

第一章:4学时	第二章:8学时	第三章:8学时
第四章:6学时	第五章:6学时	第六章:6学时
第七章:6学时	第八章:6学时	第九章:6学时
第十章:4学时	期末考核:2学时	机动:2学时

本书适合作为职业院校各专业公共关系与礼仪课程的教材，也可作为市场营销人员、商业服务人员、公共关系人员等提高公共交际能力和礼仪素养的自学教材，还可作为各级各类组织公共关系与礼仪岗位人员的培训教材。

在本书编写的过程中，编者参考了大量报刊文献以及相关网站的资料，吸收了国内学者最新的研究成果，在此向各位专家、学者表示衷心的感谢。由于编者学识有限，书中疏漏之处在所难免，敬请广大读者提出宝贵意见。

编　者

2019 年 5 月

目　录

第1章 客户服务礼仪概述

人类的一切活动既要受自然规律的影响和制约，也要受社会规律以及由社会规律所决定的各种社会规范的影响和制约。所谓社会规范，除了道德规范和法律制度以外，还有一个很重要的规范，这就是礼仪规范。

案例导入

不懂礼仪的记者

在英国首相丘吉尔75岁生日宴会上，一名年轻的新闻记者对丘吉尔说："真希望明年还能来祝贺您的生日。"

这位年轻人显然不太懂人际交往的一般礼节，不会在恰当的场合说出恰当的话。他的这句话本想表达对丘吉尔的尊敬和崇敬之情，但却很容易被别人理解为：丘吉尔明年举办生日宴会，仅仅是别人眼中的一个希望，也就是说丘吉尔能不能活到明年还是一个未知数。这样不当的措辞当然显得很没有礼貌。

丘吉尔拍拍年轻人的肩膀说："我看你身体这么壮，应该没有问题。"丘吉尔用他的宽容和幽默巧妙地化尴尬于无形，展现了睿智的领袖风采，不仅维持了良好的交际气氛，而且迅速拉近了与对方的心理距离，让人如沐春风。

讨论：

(1)年轻的记者不懂礼仪的表现是什么？

(2)丘吉尔的睿智表现在哪里？

(3)以此案例为例，谈谈礼仪的重要性。

1.1 礼仪的含义

何谓礼仪？“礼之名，起于事神。”《说文·示部》解释为“礼，履也，所以事神致福也。”（履行敬拜活动，用以敬神祈福的仪式。）由于与礼相关的活动都有一定的规矩、仪式，所以礼节、礼仪形式的概念应运而生。

人类进入文明社会以后，礼仪活动由祈神转向敬人。先于宫廷，后扩展到社会各阶层，并在社会交往中广泛运用。由此，把待人接物时发自内心的尊敬之情，通过美好的仪表、仪式表达出来，就称为礼仪。

礼仪是人们在社会交往中，用以美化自身、敬重他人的约定俗成的行为规范和程序。礼节、礼貌是礼仪的具体表现形式。

礼节是约定俗成的各种行为规范的总和，是人类社会文明的组成部分，具有严格的礼仪性质。它反映了一定的道德原则和对人对己的尊重，是人心灵美的外化。在阶级社会中，不同阶级在根本利益上存在冲突，礼节带有明显的阶级歧视性质。在当代社会，礼节体现出人与人的相互平等、相互尊重和相互关心。在不同民族、不同国家、不同地区，人们在各自生存发展的历史文化环境中，形成了各自的价值观、世界观和风俗习惯，其礼节从形式到内容都不尽相同。

礼貌是人们在社会交往过程中良好的言谈行为，古希腊著名哲学家赫拉克利特指出：“礼貌是有教养的人的第二个太阳。”由此可见，有道德、有品质、有修养的人，必然具有友善的言谈、得体的行为。礼貌是人类内在素养最直接的体现，也是人类言行文明的最基本要求。

在讲究文明的当代社会，尊重他人、态度亲切、举止得当、言谈恰当、行为得体，应成为人日常的言行规范。

相关链接
程门立雪

仪表、仪式也是礼仪的具体表现形式。仪表即人的外表，包括仪容、服饰、体态等。仪表美既是对他人的一种尊重，也是自尊、自爱、自重的一种表现；仪表美既来自高的道德品质，也与人的崇高精神境界融为一体。仪表美是一个人外在美和内在美的和谐统一。

仪式即行礼的具体过程或程序，是一种比较正规、隆重的礼仪形式。人们在社会交往过程中或组织开展各项专题活动的过程中，常常要举办各种各样的仪式，以体现出对某人某事的重视或纪念。但随着时代的发展和审美观念的变化，仪式也日趋精练和简化。

礼仪有礼节、礼貌、仪表、仪式的具体表现形式，它们彼此之间是相互联系的，对人类而言，礼仪具有较强的约束力，但更是一张行走世界的永恒的通行证。正如《西方礼仪集萃》的编者伊丽莎白·波斯特所述：“表面上礼仪有无数的清规戒律，但其根本目的却在于使世界成为一个充满生活乐趣的地方,使人变得平易近人。"

礼仪属于道德范畴,是礼节和仪式的总称。从广义上讲,是指一个时代的典章制度;从狭义上讲,是指人们在社会交往中受历史传统、民族文化、宗教信仰、风俗习惯、时代潮流等因素影响而形成的,为人们所认同并遵守的,由思想所支配的外在表现的行为准则、规范和形式的总和。

具体来讲,礼仪的含义包括以下内容:

第一,礼仪是人类文明继承、发展的结果,是人类文化的积淀,是一定社会的人们通过长期的生活实践所形成的,并被人们共同认可、一致遵守和沿用的。约定俗成的礼仪,一旦形成就会有很强的生命力。许多礼仪代代相传、生生不息,很难通过硬性规定而改变就是有力的说明。礼仪也是一个民族、国家、地区和个人道德文化水平发达程度的重要标志之一。

第二,礼仪是一种行为准则或规范,虽然它不是法律但必须遵守,否则会受到舆论谴责,或者导致不良后果。即使是来自异国他乡的路人,也应入乡随俗,了解当地人的习俗和规范,并按照这些准则和规范来约束自己的言行,以免引起不必要的麻烦。

1.2 礼仪的特征

礼仪属于道德范畴,既有道德的一般特点,也有其区别于其他事物的特殊性。礼仪有以下几个主要特征。

1.2.1 礼仪的普遍性

礼仪是调整社会成员在社会生活中相互关系的行为准则,是全人类共同需要的。它可以跨越国界,不分国家、民族、宗教和政治信仰,不论年龄、性别、阶层、贫富,只要存在着交往活动,人们就需要通过礼仪来沟通和表达相互的情感。

礼仪是无处不在,无时不有的。它应用于各种场合、各个领域。大到国家的政治、经济、文化领域,小到个人的衣、食、住、行;无论城市、乡村,还是企业、机关;不论干部、群众,还是集体、个人;不管是国家要事,还是家庭小事;不分场合大小,不论人数多少,只要有人际交往的活动,就需要人们去遵守约束行为的礼仪规范。

礼仪的普遍性还反映在它的丰富多样上,它与每个人都有密切的联系。它涉及个体在学习、生活、工作等不同的方面,同时也影响不同个体,在其不同领域的不同礼仪要求。

1.2.2 礼仪的差异性

礼仪是各个国家、地区、民族的人们在社会交往中,受历史传统、民族文化、宗教信仰、风俗习惯、时代潮流等因素的影响而形成的,所以不同的国家、地区、民族的礼仪存在着差异。例如:中国和美国、广东和上海的礼仪规范均有区别。

同一礼仪形式,可以因国家、地域的不同而使其表达的意思不同。例如在大多数国家用点头表示"是""同意",但在印度、保加利亚等国家的礼仪习惯是"点头不算摇头算"。又如向上伸出大拇指，其余四指相握的手势，在中国、日本、斯里兰卡、法国和美国等国家都有不同的意义。

在不同的场合、针对不同的对象，同一礼仪形式也会有差异。例如同样是握手，新老朋友之间、男士与女士之间、长辈与晚辈之间是有区别的。又如打招呼，不同的区域、不同的民族也不尽相同。

不同的行业、不同的职业、不同的场合也有不同的礼仪要求，如校园礼仪、商务礼仪、宾馆礼仪、办公礼仪、求职礼仪、谈判礼仪、就餐礼仪等。

1.2.3 礼仪的综合性

礼仪是一门专门研究人与人之间交往的行为规范的科学，也是一门综合性的科学。它包含社会学、心理学、行为学、民俗学、伦理学、传播学、美学、公共关系学等学科。

礼仪体现了实施个体的综合素质。它要求人们必须具有高尚的思想和道德情操，良好、规范的行为习惯，优雅得体的语言举止，宽容豁达的心理素质，较高的认知水准和学识水平等。可以说，只有具备了较高综合素质的人，才称得上是个讲文明、有风度、有魅力、有修养的人。

1.2.4 礼仪的实践性

礼仪是一门应用性很强的行为学科，它不同于纯粹的理论演绎、逻辑抽象和概念探讨，是理论与实践紧密结合的学科。礼仪来源于社会实践，又直接服务于社会实践。礼仪应用于交际场合，是人类进行交往与应酬的实践活动。它不是纸上谈兵、不着边际，而是切实可行、实用有效；不是故弄玄虚、神秘莫测，而是简明易学、便于操作。

礼仪是通过人们的长期实践流传下来，并为人们所认同和遵守的外化的行为规范，因此，它是通过实践活动得以体现的。丰富多样的人类交往实践活动，使礼仪落到实处，成为“言之有物”“行之有礼”的规范行为。

1.3 礼仪的作用

1.3.1 遵守社会公德

人们具有礼仪行为，是遵守社会公德的表现。社会公德是指全体公民在社会交往和公共生活中应该遵循的行为准则，涵盖了人与人、人与社会、人与自然的关系，也是公民为了维护社会正常生活秩序而共同遵守的最起码、最简单的公共生活准则。社会公德是社会道德体系的重要组成部分，是社会文明程度的象征，也是衡量一个国家或民族文明素质、礼仪修养的主要指标之一。

提高社会整体公德意识和公德水平，是构建和谐社会的重要基础工程，美好和谐的社会必须有良好的社会公德做支撑。礼仪规范是建筑在社会公德基础之上的。学习、运用礼仪，可以促进人们遵守社会公德，推动和谐社会的发展。

中共中央 2001 年下发的《公民道德建设实施纲要》提出的基本道德规范中，对“社会公德”的具体规范做了概括表述,即“文明礼貌、助人为乐、爱护公物、保护环境、遵纪守法”。从这 20 个字包含的内容看,都可以从“礼仪”的角度去加以理解。它主要概括以下三方面的礼仪关系。

①它反映了人与人之间的礼仪关系,如文明礼貌、助人为乐。

文明礼貌是做人的起点,也是礼仪的基本要求。它体现了礼仪规范中尊重和平等的基本要求。

每个人来到世上,学习做人就是从讲文明、有礼貌开始的。一个注重礼仪的人,首先是一个讲文明、有礼貌的人。礼仪规范又是文明礼貌的具体表现,有礼貌而不懂得礼仪就容易失礼。

有些人虽然对他人有谦和、恭敬之心,由于不懂礼仪,造成适得其反的结果。讲文明、有礼貌、懂礼仪,要说话和气,语言文雅,给对方以温暖、真诚、朴实之感,称呼对方要使用礼貌用语,不讲粗话、脏话以及不得体的话。

在行为方面,举止要庄重优雅,坦诚开朗,不要盛气凌人或以势压人。在仪容仪表方面,穿着要整洁、大方,举止要注意文明与风度等。

相关链接

魅力的来源

助人为乐,心中有他人,体现了对他人的关怀和敬重。它是人际交往中的一种利他行为,体现了礼仪规范中的敬人的基本要求,也是礼仪规范的较高境界,是现代文明、礼仪的重点与核心。无论什么形式的助人行为,都可以丰富助人者自己内心情感的体验,也可以说是助人中的自助。

人们在帮助别人时,不同程度地满足了个人表达的愿望,同时内心会体验一种喜悦和快乐;在帮助别人解除困惑、放松精神时,自己的精神境界会得到升华,心灵会得到充实。

例如:在公共汽车、地铁上给老人让座,帮助妇女和儿童,关心、资助残疾人和弱势群体等。

②它反映了人与社会之间的礼仪关系,如爱护公物、遵纪守法。

爱护公物,遵纪守法,体现了礼仪规范中遵守和自律的基本要求。学习和运用礼仪,重要的是要自我要求、自我约束、自我控制、自我对照、自我反省、自我改进。学校教室的座位、电教设备,公园的花木、凉亭,街道旁的交通设备、电话亭,城市的雕塑、画廊、图书馆、博物馆、纪念馆的设备、装饰物等,都是保证学校、社会公共生活正常进行的物质基础,是社会的公共财产,为全体公民所有,必须加以爱护。

例如:不在公共设施上乱涂乱画,用完的体育用品、活动器具等公共物品要放回原处。是否爱护公物,从一个侧面反映了个体以及城市市民整体的道德素质和礼仪水平。遵纪守法,更是每个公民责无旁贷的义务。

③它反映了人与自然之间的礼仪关系,如保护环境。

保护环境,就是保护人类。人与自然的关系是人类社会最基本的关系。人类与自然是相互依存、相互联系的整体。人们对自然环境不能只讲索取、利用,而不讲投入、建设和保护。保护环境,体现了礼仪规范中互惠、互利的基本要求。

“人人为我,我为人人”。人们要遵循这方面的礼仪规范,保持公共场所的整洁、舒适,不随地吐痰，不乱扔果皮杂物，不随地大小便，不随便张贴涂写等；保护环境和生态平衡，不污染环境，不随意砍伐树木，不损坏花木，维护环境的净化、绿化和美化等。这既是为了保障社会环境，也是为了我们自己。

相关链接
我们要绿水青山

保护环境，倡导"低碳生活"的理念。低碳生活是指生活作息时所耗用的能量要尽量减少，从而减低二氧化碳的排放量，减缓全球气候变暖。人们应该从衣、食、住、用、行中体现低碳生活，从点滴做起；积极提倡并去实践低碳生活，注意节水、节电、节油、节煤、节气；不用或尽量少用塑料袋、一次性的碗筷和杯子，用可充电电池代替一次性电池等。减碳是每个人的责任，更是青年一代的艰巨使命。保护环境是社会风尚的重要方面，反映一个民族和城市的文明程度及精神面貌；保护环境是生态文明的具体要求，生态文明的核心是人与自然和谐相处。

1.3.2 提升民族形象

在全球化的国际现代文明社会里，讲文明、懂礼仪，不仅反映现实生活中个体的道德水准和礼仪修养，而且是一个国家、一个民族精神文明质量的具体体现。

我国是文明古国，中华民族享有"礼仪之邦"的美称。随着我国国际地位的不断提高，国际交往越来越频繁。在对外交往的事务中，如果我们仪态大方、彬彬有礼、端庄儒雅、不卑不亢、平等尊重、真诚守信，这不仅使个人充满活力和魅力，更使中华民族的素质、中国人民的精神风貌得以发扬光大，可以扩大对外开放，增进国际友谊和合作，提升民族的形象和国际地位。

1.3.3 调节人际关系

人人都希望能拥有更多的朋友，希望别人能接纳自己，喜欢自己，并与他们保持真挚的友谊。社会学家通过大量的研究发现，人际关系的基础是人与人之间的相互尊重与相互支持。任何人都不会无缘无故地接纳和喜欢别人，需要建立在人际交往中的互动基础上。你只有真心、友善地接纳、喜欢他人，他人才会以同样的态度对待你，愿意同你建立良好的人际关系。正所谓："爱人者，人恒爱之；敬人者，人恒敬之。"

有位著名的人际关系心理学家在做报告时举了一个经常可能发生在人们身边的例子：一次，他到某商务大楼去，当他推开大楼的大门，准备进入时，发现身后有一个人也想进门，于是他就很有礼貌地撑住装有弹簧的门，让那人先进去，以免门的反弹伤着人。谁知那人非但不表示谢意，反而昂首挺胸、大摇大摆走了进去，连看都不看为他撑着门的人。这位心理学家形容他当时的心情："恨不得将门狠狠地砸到他的身上。"话音刚落，所有听报告的人为之喝彩。可见，人人都厌恶不懂礼貌的人。

礼仪是联络人际感情的纽带，是化解矛盾的润滑剂，是沟通人际关系的桥梁，它为调节和营造一个和谐、平等、尊重、真诚、友爱、互助的新型人际关系起着不可忽视的作用。

相关链接
“六尺巷”的故事

1.3.4 培养美好品德

礼仪是一种高尚、美好的行为方式。对个人而言，它可以净化心灵，增进修养；对社会来说，它可以净化风气，传播美德。

现代礼仪代表着现代文明积极向上的精神，通过人们的遵守和践行，礼仪能够起到一种强大的示范作用，能够倡导人们按照现代礼仪的规范要求，塑造健康文明的社会生活，矫正社会中的一些不良行为和习惯。例如：婚礼可以激励新婚夫妇及到场宾客忠于爱情、互敬互爱、彼此尊重、相爱一生；誓师大会可以激励公司成员团结一心、携手并肩、共渡难关、坚定理想。

在生活中，我们也会看到一些不文明、不礼貌的行为。例如：穿衣“不拘小节”，在公共场所“赤膊上阵”，不分场合地过于“清凉”着装，或者在严肃庄重的场合浓妆艳抹；不少食客在街边夜宵摊大快朵颐，推杯换盏，肆无忌惮地高声谈笑喧哗，第二天食物残羹、塑料袋、竹签等零乱地散落一地，无人清理；在会场、图书馆和其他需要安静的公共场所，总有人大声地对着手机讲话；银行的一米线被众多后来者踩在脚下；公交车一到站，无数人涌上去，挤作一团，根本没有排队的观念；候车厅里，一些旅客横躺在一排座椅上，霸占公共空间……无疑，这些不符合礼仪的行为，带来的是对社会风气的消极影响，受到影响的社会风气又会滋生更多不文明、不礼貌的行为，形成恶性循环。

如果人人都遵守礼仪，人与人之间的关系就会更和谐，我们身处的这个社会就会更美好。就以出行礼仪为例：乘坐自动扶梯靠右侧站立，空出左侧通道；乘坐升降式电梯，先出后入，先进入的人要尽量往里站；在飞机上进餐时，主动将座椅椅背调至正常位置，以免影响后排乘客进餐；乘坐公共汽车和地铁，应主动给老人、病人、残疾人、孕妇和带小孩的乘客让座；乘车不往车外吐痰、扔杂物；骑车进出有人值守的大门，应下车推行以示尊重，拐弯前先做手势示意；在人行道上行走，应当请同行的年长者、女士和未成年人走在离机动车道较远的内侧等。细节决定成败，这些礼仪行为看似细微，却是传播美好品德、形成良好社会风气的关键。

1.4 客户服务礼仪的含义、作用

客户服务礼仪，顾名思义，指的是在职场活动过程中，为客户服务应遵循的礼仪和行为准则。客户服务礼仪的适用范围有其规定性，即适用对象是为客户服务的人员，而不是所有人员，适用场合是商务交往，而非社交或其他场合。

1.4.1 规范职场行为

职场礼仪最基本的功能就是规范各种行为。在对客户服务的过程中，人们相互影响、相互作用、相互合作，如果不遵循一定的规范，双方就缺乏合作的基础。在众多的规范中，礼仪规范可以使人明白应该怎样做，不应该怎样做，哪些可以做，哪些不可以做，有利于确定自我形象，尊重他人，赢得信任，便于开展工作。例如当人们以客户的身份，想要购买一台计算机时，销售人员不规范的服务态度，或者是不文明的举止，都会使人产生不悦的情感，所以也许就会使客户选择另外的销售公司。

1.4.2 传递文明信息

礼仪是一种信息，通过这种信息可以表达出尊敬、友善、真诚等感情，使别人感到温暖。在为客户服务的过程中，恰当的礼仪可以获得对方的好感与信任，能营造良好的交往氛围，为企业的合作奠定良好的基础，进而有助于事业的发展；反之，则可能会给企业造成不良的影响，带来巨大的损失。文明而有礼貌的客户服务人员会让客户觉得该公司的信誉更好、产品质量更可靠，进而会高兴地成为公司的客户，和公司展开合作。

1.4.3 塑造良好形象

职场礼仪，又称为商务礼仪，研究如何塑造、维系企业和个人的形象。而拥有良好的形象，无论对组织还是个人都是一笔无形资产，是无价的财富。职场礼仪往往是衡量一个人文明程度的准绳，它不仅反映一个人的交际技巧与应变能力，而且还反映一个人的气质风度、阅历见识、道德情操、精神风貌。在这个意义上，可以说礼仪即教养，有道德才能高尚，有教养才能文明。

相关链接
极好的介绍信

由此可见，商务交往中，合乎礼仪的言谈举止、行为外貌，不仅可以有效地表现个人乃至组织的美好形象，而且在与人沟通中，也容易赢得他人的好感和认同。

学习运用商务礼仪，无疑有助于更好、更规范地塑造组织和个人形象，更好、更充分地展示个人内在的良好教养与优雅风度。当个人自觉注重塑造自身形象，以礼待人时，商务交往将会更加顺畅，组织形象将会更加夺目，这就是商务礼仪的功能所在。

1.4.4 有效扩大影响

举办礼仪方面的专项活动，是客户服务礼仪的一种具体体现方式。有利的方面有两点：一是可以扩大组织在社会上的影响力，二是可以增强组织内部的凝聚力和向心力。

对组织内部而言，开张庆典或揭幕、揭牌等颇具仪式感的活动，可以鼓舞员工士气，激发员工对本组织的热爱，激励员工的责任心和进取心，营造组织的良好风气。例如：著名的日本松下电器公司就要求遍布世界各地的松下分公司的员工,每日清晨上班前都要高唱松下“社歌”,穿着有企业标志的制服,让员工时刻意识到自己是公司的一员,从而达到每天意志高昂的精神状态工作的目的。

对组织外部而言,精心组织的专项活动,可以提高组织的知名度与美誉度。例如:通过精心策划新产品或突发事件的新闻发布会,让本组织成为报纸、广播、电视报道的焦点,给人们留下难以忘怀的深刻印象,从而达到提高组织知名度与美誉度的目的。

1.5 客户服务礼仪的基本理念

1.5.1 尊重为本

在客户服务工作的交往中,人际关系的处理是一件很复杂的工作,在处理人际关系中很重要的一点就是以尊重为本,也即尊重为先。

要注意如下两方面:

①尊重自身。在商务交往中,服务人员要考虑到自身形象和企业形象,在交往中要自尊自爱。缺乏自尊,就不可能赢得对方的尊重,就不可能有地位。自尊体现在商务服务人员的穿着打扮、接人待物、一举一动中。莎士比亚曾经说过:“一个人的穿着打扮,是自身教养最形象的反映。”比如,一些计算机销售公司,经常会有客户来访,要求公司做一些计算机售后方面的服务性工作,作为前台的接待人员,当接待客户时,对女性工作人员在着装打扮、饰物佩戴的总体要求是:要符合身份,以简洁大方为佳,不能喧宾夺主,穿着不能比她的客户更漂亮,以免引起对方心理上的不平衡。因为在服务场合倡导的是一种“爱岗敬业”的工作精神,所以要求做销售的女性工作人员,在工作场合不能佩戴珠宝首饰(有展示自己财力之嫌),不能佩戴展示性别魅力的饰物(尤其是女性),如胸针等。

②尊重交往对象。在为客户服务工作的交往中,尊重交往对象,需要对交往对象进行准确的定位,包括其职业、身份、地位、受教育程度等。比如,当客户和自己的公司签订了销售合同,为了表示感谢,可以赠送礼品,但在赠送礼品时,必须对礼品进行包装,包装意味着郑重其事,不加包装就是不尊重对方的表现。而接受礼物的一方,在接收到有包装的礼品时一定要当面打开,并对礼物表示欣赏和称赞,这意味着欣赏对方。

尊重为本还有另外一层含义,就是要尊重成规,即对于国际惯例和约定俗成的东西必须遵守,这是实现和别人顺利沟通的必要条件。

相关链接
萧伯纳的道歉

1.5.2 正确表达

自尊和尊重他人都要有所表达，在商务交往中必须要正确表达。正确表达是服务礼仪的一个很重要的基础理念，正确表达是对交往对象的尊重，不仅要有表达，而且还要规范地表达。表达的方式是多种多样的，有语言上的表达，也有动作上的表达和着装上的表达等。有些表达方式是有声的，有些则是无声的。

比如说，对从事计算机销售及售后服务的男性工作人员而言，其腰部是不能挂东西的（包括手机、钥匙等），在销售服务礼仪中，男士腰部所挂东西的件数与其社会地位成反比，因为过多的东西，传递给其他人的信息是没规矩、杂乱、无秩序，正确的做法是把这些东西都放在公文包里的。

1.5.3 形式规范

从事服务行业工作强调形式规范，其目的就是要提高员工的素质，保护企业形象，讲不讲规矩是一个企业形象的问题。尊重为本、正确表达、形式规范三者之间是因果关系，尊重为本是出发点，而尊重必须表达出来，表达要有效果，就必须注重形式规范。因此，每一个公司都会有自己严格而具体的规定，作为公司的工作人员，就要严格遵守公司的礼仪规范。

1.6 客户服务礼仪的基本原则

1.6.1 尊敬原则

尊敬是礼仪的情感基础。在我们的社会中人与人是平等的，尊重长辈、关心客户，不但不是自我卑下的行为，反而是一种至高无上的礼仪，说明一个人具有良好的个人内在素质。“爱人者，人恒爱之；敬人者，人恒敬之”“人敬我一尺，我敬人一丈”“礼”的良性循环，就是借助这样的机制而得以生生不已。当然，礼貌待人也是一种自重，不应以伪善取悦他人，更不可以富贵骄人；尊敬他人还要做到入乡随俗，尊重他人的喜好与禁忌。比如做销售工作，不能认为对方买的产品多，就以礼相待，反之，就不讲礼仪地慢待，这都是不尊重人的表现。总之，对人尊敬和友善，是处理人际关系的一项重要原则。

1.6.2 真诚原则

服务人员的礼仪主要是为了树立良好的个人和组织形象，所以礼仪对于为客户服务的目的来说，不仅仅在于其形式和手段上的意义，更注重的是长远的利益。所以，为客户服务，并非短期行为，工作中讲究礼仪，恪守真诚原则，着眼于将来，通过长期潜移默化的影响，才能获得最终的利益。也就是说，客户服务人员要爱惜其形象与声誉，不应该只追求外在礼仪形式的完美，而应将为客户安装计算机、调试网络等服务工作中的礼仪行为，视为自身情感的真诚流露与体现。

1.6.3 谦和原则

“谦”就是谦虚,“和”就是和善、随和。谦和既是一种美德,更是社交成功的重要条件。《荀子·劝学》中曾说道:“礼恭而后可与言到之方,辞顺而后可与言道之理,色从而后言道之致。”也就是说,只有举止、言谈、态度都谦恭有礼时,才能从别人那里得到教诲。谦和在社交场上表现为平易近人、热情大方、善于与人相处、乐于听取他人的意见等,显示出虚怀若谷的胸襟,因为他对周围的人具有很强的吸引力,有着较强的协调人际关系的能力。

当然,我们此处强调的谦和并不是指过分的谦和、无原则的妥协和退让,更不是妄自菲薄。应当认识到,过分的谦虚其实是社交的障碍,在和客户服务交往中,有时会为客户上门服务,要注意到不自信的表现会让对方怀疑你的能力。

1.6.4 宽容原则

“宽”即宽待,“容”即相容,宽容就是心胸坦荡、豁达大度,能设身处地地为他人着想,谅解他人的过失,不计较个人的得失,有很强的容纳意识和自控能力。中国传统文化历来重视并提倡宽容的道德原则,并把宽以待人视为一种为人处世的基本美德。从事客户服务工作,也要求宽以待人,如计算机产品的售价相对较高,有时电子产品的质量也会存在一些问题,这时,如果发生了纷争,就要保持豁达大度的品格或态度。在计算机产品销售工作中,出于各自的立场和利益,难免出现冲突和误解,只有遵循宽容的原则,凡是想开一点,眼光看远一点,善解人意、体谅别人,才能正确对待和处理好各种关系与纷争,为公司争取到更长远的利益。

相关链接
原谅他人

1.6.5 适度原则

人际交往中要注意各种不同情况下的社交距离,也就是要善于把握沟通时的感情尺度。所谓适度,就是要注意感情适度、谈吐适度、举止适度。古语说:“君子之交淡如水,小人之交甘如醴。”此话不无道理。在人际交往中,沟通和理解是建立良好人际关系的重要条件,但如果不善于把握沟通时的感情尺度,即人际交往缺乏适度的距离,结果会适得其反。例如,为赢得一个买主,在介绍产品或是与之交往中,既要彬彬有礼,又不能低三下四;既要热情大方,又不能轻浮阿谀;只有这样才能真正赢得对方的尊重,既信赖你的人品,也信赖你介绍的商品,从而让对方接受你的产品,达到买卖双赢的目的。

总之,在客户服务工作中,掌握并遵循礼仪原则,就有可能成为待人诚恳、彬彬有礼、介绍得体、赢得更多客户的高素质人才。

实践训练

礼仪自我完善训练

实训项目：训练和观察正确的礼仪行为。

实训目标：掌握礼仪的基本知识，明确正确的礼仪表现。

实训学时：1 课时。

实训准备：采访前做好有关准备工作。

实训方法：按照下述三种方式进行。

1. 改变自己的公式：只要相信自己是一个 X 的人，并能像一个 X 的人那样去行动，且在行动中自我感觉良好，我就是一个 X 的人。

举例来说，如果你想让自己从一个沉不住气的人变成一个能够沉得住气的人，你就应该用“沉得住气”，去取代公式中的 X。

按照“改变自己的公式”进行：

(1)要进入身心放松的状态，在这种放松的状态中，完全不加怀疑、不加抵制地反复对自己说：“无论遇到什么样的人，什么样的事，我都能沉得住气。”

(2)仔细地考虑，一个沉得住气的人，遇事是怎样行动的。例如：遇到一个自以为是、盛气凌人的人，他是怎样行动的；遇到一个蛮不讲理的、胡搅蛮缠的人，他是怎样行动的。

(3)进行逼真的想象演习。例如，想象你遇到一个自以为是、盛气凌人、挑剔的客户，因为你是一个无论遇到什么样的人、什么样的事，都能沉得住气的人，你知道一个沉得住气的人，遇到这种情况怎样做，所以，你就很平静地复述他的意思，然后……在介绍一种品牌的计算机性能时，你自我感觉良好。

2. 让学生分成不同类别的小组，走上街头观察并收集礼仪在生活中应用的小案例。

3. 以小组为单位，走访一两位计算机产品领域的销售人员，了解他们对客户礼仪的看法及切身经历与体会。

课后练习

一、判断题

(1)礼仪是个人、组织外在与内在素质的集中体现。　(　　)

(2)“礼仪”比“礼”包含的内容广泛。　(　　)

(3)客户服务礼仪不强调形式规范。　(　　)

(4)礼仪具有普遍认同性的特点。 ( )

二、思考题

(1)什么是礼仪？应如何正确、全面地理解和运用它？
(2)礼仪的特征有哪些？
(3)礼仪的作用是什么？
(4)客户服务礼仪的内涵是什么？基本原则是什么？
(5)结合实践谈谈如何在交际中体现礼仪的原则。

三、案例分析

【案例分析 1】

留意隐藏的上帝

日本的麦当劳汉堡包店记载了约60万名小朋友的“生日档案”。小朋友生日的前几天，可收到该店寄来的贺卡；生日当天，小朋友持卡到该店做客，按一般惯例，小朋友得到一份生日礼物也就心满意足了，可这家汉堡包店却特别郑重其事，每天都要设计一些有意思的活动项目，在一部分顾客心中产生一种“忠诚”的“感情”，这样就“可以赚他们下一辈的钱”。商家的这种眼光是够“势利”的了，但在市场竞争十分激烈的今天，这种做法不能说没有道理，哲学家说：是人创造了上帝。我们则说：是企业和员工制造了“上帝”。把潜在的顾客变成现实的顾客，“上帝”也就被创造出来了。

思考讨论题：

(1)从公共关系角度来看，麦当劳建立“生日档案”有何意义？

(2)企业应该如何才能赢得公众的支持？

【案例分析 2】

我不愿意在礼貌上不如任何人

《林肯传》中有这样一件事：一天，林肯总统与一位南方的绅士乘坐马车外出，途遇一老年黑人深深地向他鞠躬。林肯点头微笑并摘帽还礼。同行的绅士问道：“为什么你要向黑人摘帽？”林肯回答说：“因为我不愿意在礼貌上不如任何人。”可见林肯深受美国人民的热爱是有其原因的。1982年美国举行民意测验，要求人们在美国历届的40位总统中挑选一位“最佳总统”时，名列前茅的就是林肯。

思考讨论题：

(1)林肯向老年黑人脱帽致礼说明了什么？

(2)如何加强自身的礼仪修养？

【案例思考 3】

女经理的不文明做法

某省会城市一家软件公司的女经理，衣着得体大方，语言热情适度，正在宴请北京来的客人，席间，秘书突然过来说有急事，请她暂时离席去送外宾，可是这位女经理却迟迟未能起身，原来女经理的双脚不堪忍受高跟鞋的束缚，在桌子底下悄悄出来“解放”了一会儿，突然有了情况，一时找不到“归宿”，这令女经理和诸位客人非常难堪。

思考讨论题：

(1)女经理缺“礼”的原因是什么？

(2)如何避免女经理面对的尴尬？

第2章 客户服务人员形象礼仪

一个人的仪容美是内在美、自然美、修饰美三方面的统一。而仪容最能直接展现出你是一个怎样的人。因此,在与人交往中,“第一印象”是非常重要的。有研究学者就对人们初次见面的规律做出了总结,得出了一个形象沟通 55:38:7 的定律,即在人际交往中人们关注的内容,形象占 55%;声音、语调占 38%;语言内容占 7%;综合起来就是人们给对方带来的第一印象,心理学上称为“首因效应”。

案例导入

尼克松因何败北?

1960 年 9 月,尼克松和肯尼迪在全美的电视观众面前,进行总统竞选的第一次辩论,这两个人的名望和才能大体上相当,可谓棋逢对手。大多数评论员预测,尼克松以经验丰富的“电视演员”著称,可以击败比他缺乏电视演讲经验的肯尼迪,但事非如此。为什么呢?肯尼迪事先进行了练习和彩排,还专门跑到海滩晒太阳,养精蓄锐,他在屏幕上一出现,精神焕发,满面红光,挥洒自如。而尼克松没听从电视导演的劝说,加之那一阵十分劳累,更失策的是面部化妆用了深色的粉底,因而在屏幕上显得精神疲惫,表情痛苦,声嘶力竭。正如一位历史学家所形容:“他让全世界看来,好像是一个不爱刮胡子和出汗过多的人,带着忧郁感等待着电视广告告诉他怎么不要失礼。”正是仪容仪表上的差异和对比,帮助肯尼迪取胜,使竞选的结果出人意料。

讨论:

(1)结合本案例,谈谈尼克松竞选失败的原因。

(2)肯尼迪为何能胜出?他注意了什么问题?

(3)俗话说“远敬衣裳近敬人”是什么意思?谈谈你的看法。

2.1 仪容礼仪

在公关交际中,交往对象对自己发自内心的好恶亲疏,往往都是根据其在见面之初,对自己仪容的基本印象“有感而发”的;这种对他人仪容的观感除了先入为主之外,往往还一成不变。实际上,在任何情况下,一个正常人倘若不注意对本人的仪容进行合乎常规的修饰与维护,往往在他人心目中,也难有良好的个人形象可言。因此,在平时必须对自己的仪容进行必要的修饰和整理,做到“内正其心,外正其容”。

2.1.1 仪容基本要求

仪容,是指人的外观、外貌。在人际交往中,每个人的仪容都会引起交往对象的特别关注,并且影响着对方对自己的印象、评价。在个人的仪表之中,仪容则是重中之重。

1. 整洁

(1)保持面部干净。整洁应当选择适宜自己肤质的洗面奶早晚洁面,去除面部的油脂和毛孔中的污垢。同时要注意眼部卫生,及时去除眼角不断产生的分泌物。若配戴眼镜,要注意保持镜片洁净光亮。

(2)保持手部卫生。人际交往中,经常要与人握手、用手传递东西、做手势等,因此要注重双手的保洁和养护。一是要勤洗手,保持双手洁净;二是要勤剪指甲,保持适当的长度;需要注意的是,女士不要涂颜色过于鲜亮的指甲油。

(3)口腔保持清爽。要注意清洁牙齿,每天早晚刷牙,还要勤漱口,去除口腔异味;人际交往中,注意不要当众清理牙齿上的残留物,在与人会面之前不食用葱、蒜等有刺激性气味的食物。

相关链接
卫生小窍门

(4)头发适时梳洗。头发要勤洗勤理。一般每周至少应洗头 2 ~ 3 次,每月修剪 2 次;男士的头发要没有汗味,保持干净整洁,发型要大方得体、不怪异。女士的头发要有自然光泽,发型要端庄协调,刘海不要遮住眼睛和脸。

(5)保持脚部清洁。脚作为支撑人体的重要部位,每天要进行运动。它会分泌出大量汗液,恶化脚底环境,为真菌繁衍提供温床,如不及时改善,会导致各种脚部疾病,如脱皮脚癣、脚部溃烂等。因此,平时要注意洗脚,让其通气,擦些护脚霜,还要加以适当保健按摩,美化脚部肌肤。

(6)注意洗澡。洗澡可以除去身上的油垢和汗味,使人精神焕发。有条件时要常洗;一般保证每星期洗 1 ~2 次,在参加重大礼仪活动之前还要加洗一次。

(7)保持衣着整洁。要勤换内衣,外在也要定期清洗、消毒。要勤换鞋袜,保持舒适干净,不要在集会或演出等公众场合脱鞋。

除了注意以上方面之外,还要注意经常修剪不雅的体毛,男士要每天刮须、修须,还要及时修剪鼻毛;女士如果穿无袖的服装,要注意提前修剪腋毛,否则露出来会给人不雅的感觉。

2. 美观

漂亮、美丽、端庄的外观仪容是形成良好的商务形象的基本要素之一。女士都希望自己在商务场合中变得更美丽,这是毋庸置疑的。有些人认为把发胶、摩丝喷在头上,把各种色彩涂抹在相应部位就是美了,经常可以看到“横眉冷对”“血盆大口”“油头粉面”,这就不是美,而是丑了,美是从效果方面来说的,要使仪容达到美观的效果,必须了解自己的脸形及脸上各部位特点,孰优孰劣,要做到心中有数;其次要清楚怎样化妆、美发和矫正,才能扬长避短,变拙陋为俏丽,使容貌更吸引人。这些是要在把握脸部个性特征和正确的审美观的指导下进行的。

自然是美化仪容的最高境界,它使人看起来真实而生动,而不是像戴着一张呆板的面具。失去自然的效果,那就是假,假的东西就没有生命力和美感了。化妆的最高境界是无妆,是自然。因此,美化仪容,要依赖正确的技巧、合适的化妆品;要一丝不苟,井井有条;要讲究过渡,体现层次;要点面到位,浓淡相宜。这样才能使人感受到自然、真实。

自然的修饰使人的面目真实生动,更显精神反之,不当的妆容则会使人显得虚假而呆板,从而缺少生命力,让人生厌。

3. 协调

仪容的协调包括以下几方面:

(1)妆面协调。它是指化妆部位色彩搭配、浓淡协调,所化的妆对脸部个性特点整体设计协调。

(2)全身协调。是指脸部化妆、发型与服饰协调,力求取得完美的整体效果。

(3)角色协调。是指针对自己在社交中扮演的不同角色,采用不同的化妆手法和化妆品,如作为职业人员,应注意化妆后体现端庄稳重的气质。

(4)场合协调。是指化妆、发型要和出席的场合气氛要求一致,如日常办公,略施淡妆;出席舞会、宴会,可浓妆扮之;参加追悼会,素衣淡妆。

2.1.2 美观的发型

发型是构成仪容美的重要内容。美观的发型能给人一种整洁庄重、洒脱文雅的感觉,发型的选择要与性别、发质、服装、身材、脸型等相匹配,还要与自己的气质、职业,身份相吻合,这样才能扬长避短,和谐统一,显现出真正的美。

1. 发型与性别

对男士来讲,头发的具体长度有着规定的上限和下限。所谓上限,是指头发最长的极限。按照常规,一般不允许男士在工作时长发披肩,或者梳起辫子。在修饰头发时要做到:前发不覆额,侧发不掩耳。男士头发长度的下限是不允许剃光头。

对女士来讲,在工作岗位上头发长度的上限是:不宜长于肩部,不宜挡住眼睛。长发过肩的女士在上岗之前,可以采取一定的措施,如将超长的头发盘起来或编起来,不可以披头散发;女士头发长度的下限也是不允许剃光头。

2. 发型与气质、服装

一般来说,女性直而硬的头发容易修剪得整齐,所以设计发型时,应尽量避免花样复杂,可以修剪技巧为主,设计简单而又高雅大方的发型。比如,梳理成披肩长发,会给人一种飘逸秀美的悬垂美感;用大号发卷梳理成略带波浪的发型或梳成发髻等,会给人以一种雍容、典雅的高贵气质。

细而柔软的头发比较服帖,容易整理成型,可塑性强,既适合做小卷曲的波浪式发型,显得蓬松自然,也可以梳成俏丽的短发,充分体现个性美。

在现代交际礼仪中,一个人的发式与服装有着十分密切的关系,什么样的服装应当有什么样的发式相配,这样才显得协调大方,高贵典雅的发髻配上一套牛仔服就会显得不伦不类,因此,只有和谐统一才能体现美。

3. 发型与身材

身材有高、矮、胖、瘦之别,身材不同的人,在选择发型时,要做不同的考虑。一般说来,身材高瘦者,适合留长发,并且应适当增加发型的装饰性。如梳卷曲的波浪式发型,对高瘦身材有一定的协调作用。高瘦身材的女士不宜盘高发髻,或将头发修剪得太短,以免给人一种更加瘦长的感觉。

身材矮小的女士,适宜留短发或盘发,因为露出的脖子可以使身材显得高些,并可以根据自己的喜好,将发式做得精巧别致些,以显得优美、秀丽。身材矮小者不宜留长发或粗犷、蓬松的发型,那样会显得身材更矮小。

身材矮而胖者,一般不宜留长发,更不应该将头发做得蓬松丰厚,有可能时应做短发型,并且最好露出自己的双耳来,那样一来,不但可使自己看上去更高一些,而且也可以使自己的胖不过分突出。

4. 美发注意事项

商界对自己的全体从业人员的基本要求是:庄重和保守;服务人员自己设计发型时,要避免时下社会所流行的一些新潮发型,如"朋克式""烫字式""梦幻式""爆炸式""多穗式""迷乱式""仿蛇式"等,如果服务人员在正式场合以这一类的"前卫"发型亮相,只会被人认为不守本分、缺乏主见,从而失去好感和信任,失去彼此合作的机会。

服务人员不管为自己选定了何种发型,在工作岗位上都绝对不允许在头发上滥加装饰之物。在一般情况下,不宜使用彩色发胶、发膏;男士不宜使用任何发饰,女士在有必要使用发卡、发绳、发带或发箍时,应使之朴实无华,其色彩宜为蓝、灰、棕、黑,并且不带任何花饰;绝不要在工作岗位上佩带彩色、艳色或带有卡通、动物、花卉图案的发饰。

若非与制服配套,客户服务人员在工作岗位上是不允许戴帽子的;各种意在装饰的帽子,如贝雷帽、公主帽、学士帽、棒球帽、发卡帽,或是用以装饰的裹头巾,戴在正在上班的客户服务人员的头上,都是很不协调、也不相称的。

在设计与选择发型时,客户服务人员应对以上几方面的问题全盘考虑,使自己的发型既符合惯例,也易于得到他人的认可。

2.1.3 化妆的技巧

化妆,是一种通过对美容用品的使用,来修饰自己的仪容,美化自我形象的行为,简单地说,化妆就是有意识、有步骤地来为自己美容。

对客户服务人员而言,化妆虽然可以使人自尊、自信、自爱,但它却并不是用来要求客户服务人员必须重视的根本原因。否则,化妆就可以完全被理解为仅与个人相关的一己之事,而不必由单位出面,来做统一的要求。

1. 做好妆前准备

(1)束发。用宽发带、毛巾等将头发束起或包起,最好再在肩上披块围巾,防止化妆时弄脏头发和衣服，也可避免散发妨碍化妆。这样会使部轮廓更加清晰明净，以便有针对性地化妆。

（2）洁肤。用清洁霜、洗面奶或洗面皂清洁面部的污垢及油脂，有条件时可用洁肤水清除角质、皮屑，然后结合按摩涂上有营养的化妆水。

（3）护肤。选择膏霜类，如日霜、晚霜、润肤霜、乳液等涂在脸上，可令肌肤柔滑，起到保护皮肤的作用。

（4）修眉。用眉钳、小剪刀修整眉形并拔除多余的眉毛，使眉形更加清秀。

2. 化妆基本步骤

（1）抹粉底。选择与肤色较接近的粉底，用海绵块或手指从鼻子处向外均匀涂抹，不要忽视细小的部位，在头与脖子衔接处要渐渐淡下去，粉底不要太厚，否则像戴上一个面具。粉底抹完后，要达到调整肤色、掩盖瑕疵、使皮肤细腻光洁的效果。

（2）画眉毛。首先用眉刷自下而上将眉毛梳理整齐，然后用眉笔顺眉毛生长方向一道道描画。眉毛从眉头起至其2/3处为眉峰，描至眉峰处应以自然弧度描至眉尾，眉尾处渐淡。最后用眉刷顺眉毛生长方向刷几遍，使眉道自然，圆滑。

（3）画眼影。眼影用什么颜色，用多少种颜色，如何画，是因人、因事而异的。一般来说，深色眼影刷在最贴近上睫毛处，中色刷在稍高处向眼尾处晕染，浅色刷在眉骨下。

（4）画眼线。眼线要贴着睫毛根画，浓妆时可稍宽一些，淡妆时可稍细一些。上眼线内眼角方向应淡而细，外眼角方向则应加重，至外眼角时要向上挑一点，把眼角向上提，使其上翘。

（5）刷睫毛。先用睫毛夹子将睫毛由内向外翻卷，然后用睫毛刷从睫毛根到睫毛尖刷上睫毛液，为了使睫毛显得长些，浓些，可在睫毛液干后，再刷第二遍、第三遍，最后再用睫毛刷上的小梳子将粘在一起的睫毛梳开。

（6）抹腮红。腮红应抹在微笑时面部形成的最高点，然后向耳朵上缘方向抹一条，将边缘晕开，可用腮红和阴影粉做脸形的矫正。如在宽鼻梁两侧抹浅咖啡色，鼻梁正中抹上白色，使鼻子立体感增强。

（7）定妆。用粉扑将干粉轻轻地、均匀地扑到妆面上，只需薄薄一层，以起到定妆的作用，使妆面柔和，吸收粉底过多的光泽。扑好粉后，用大粉刷将妆面上的浮粉扫掉。

（8）涂口红。先用唇线笔画好唇廓，再将唇膏涂在唇廓内，可用唇刷涂，也可用棒式膏直接涂。口红的颜色应与服装及妆面相协调。为了使口红色彩持久，可用纸巾轻抿一下口红，然后扑上透明粉饼，再抹一次唇膏。

（9）喷香水。使用香水应注意两方面的问题，首先是香型的问题，一般来说，应选择香味淡雅、清香的香水。如果香味浓烈刺鼻，四周的人会很难忍受。其次是在正确部位喷洒或搽香水。搽香水的正确部位一般是：耳后根、胸前、手肘、手腕内侧及膝盖关节后面；也可将香水直接喷洒在空中，让香水粒子自然掉落在身上。千万不能全身各部位都搽上香水，这样不但无助于塑造你的整体形象，反而会使人对你敬而远之。

3. 妆后检查

按照以上步骤化妆后，不要忘记进行妆后检查，主要包括：

（1）检查左右是否对称，眼、眉、腮、唇、鼻侧等两边形状、长短、大小、弧度是否对称，色彩浓淡是否一致。

（2）检查过渡是否自然，脸与脖子，鼻梁与鼻侧，腮红与脸色，眼影、阴影层次等过渡是否自然。

(3)检查整体与局部是否协调,各局部是否缺漏、破坏,要符合整体要求,浓淡是否达到应有效果,整个妆面是否协调统一。

(4)检查整体是否完美,化妆要忌把镜子贴近脸部检查,虽然这样能看清细小的部分,但一般人只是在1米之外的距离面谈或招呼,所以要在镜前50厘米处审视自己,对脸部整体的平衡做出正确的判断。

4. 男士的"化妆"

以上化妆主要针对女士而言,其实男士也应注意面容之美,除了具有宗教信仰与风俗习惯者之外,男性一般不宜蓄留胡须,因为在交际场合"美髯公"并不美,反而显得不清洁,还表现对交往对象不尊重。因此男性最好每天坚持剃一次胡须,绝对不可以胡子拉碴地上班或会面。如果有必要蓄须,也要考虑工作是否允许,并且要经常修剪,保持卫生,不管是留络腮胡还是小胡子,整洁大方最重要。

此外,男士还要注意经常检查和修剪"鼻毛"。在人际交往中,偶尔有一两根鼻毛"外出",是会破坏他人对自己的看法的;吸烟的男士要注意吸烟后,嚼口香糖等去除烟味,有"汗脚"的男士,应注意保持鞋袜清洁,最好准备两双以上的鞋子,换着穿。

5. 化妆原则

服务人员为了给客户留下良好的印象,公司一般要求职员化妆上岗,但应遵守如下规则:

(1)自然。化妆要化得生动、真实,具有生命力。化妆的最高境界,莫过于"天然去雕饰",避免人工修饰的痕迹过浓,一般而言,白领丽人的化妆应清淡自然。

(2)避免过量地使用芳香型化妆品。任何化妆品都不能过量,过量地使用香水,不但有可能使人觉得自己表现欲望过于强烈,而且还有可能因此"摧残"他人的嗅觉,并引起对方的反感或不快。在客户服务交往中,有许多地方空气流通不畅,如写字间、会议室、会客室、电梯间、轿车间等,在这类地方的人群里,如果出现一颗"香弹",会引起人们的极大反感;过量地使用香水,还有可能引起别人的误解,以为是利用香水浓郁的香气,来遮掩自己身上不雅的体味。通常认为,香味在1米以内能被对方闻到,不算是过量;如果3米开外,自己身上的香味依旧能被对方闻到,则肯定是过量使用香水了。

(3)避免当众化妆或补妆。工作中,不可以随时随地都为自己化妆或补妆,如需补妆时,应到洗手间或单人办公室中进行,当众完成这些事情,是不雅之举。

(4)力戒与他人探讨化妆问题。现在有不少人,尤其以女性居多,对化妆、美容话题颇有兴趣;但在工作岗位上,或者在与客户的交谈中,不允许随便与他人一起切磋化妆技术,会让人觉得他有些不务正业。

(5)力戒自己的妆面出现残缺。在工作岗位上,假如自己适当地化了一些彩妆,那么就要有始有终,努力维护其妆面的完整性。对于用唇膏、眼影、腮红、指甲油等化妆品所化过的妆面,尤其要"常备不懈",时常检查;用餐之后、饮水之后、休息之后、出汗之后、沐浴之后,一定要及时地为自己补妆;要是妆面一时深浅不一、残缺不堪,必然会给他人造成十分不好的印象。

相关链接
化妆与自信

2.2 服饰礼仪

2.2.1 着装基本要求

俗话说:“穿衣戴帽,各好一套。”从事职场工作的人员,着装要服从职业的要求,不能随心所欲,要符合下列要求:

1. 符合身份

鉴于每一位员工的形象均代表其所在公司的形象及企业的规范化程度,也反映了个人的修养和见识,因此客户服务人员的着装必须与其所在单位形象、所从事的具体工作相称,做到男女有别、职级有别、身份有别、职业有别、岗位有别,即“干什么,像什么”。如此这般,才会使客户服务人员的着装恰到好处地反映自身的素质,反映公司的形象。

2. 扬长避短

现实生活中,每个人的高、矮、胖、瘦都不同,客户服务人员的着装强调扬长避短,但重在避短不在扬长。例如,一位身材很好的女士,紧身上衣,迷你裙最能展现她的身材,但是这样的着装不适宜在产品的销售和服务场合,所以,从事商务客户服务的女士还是以穿职业套装为好,这就是重在避短不在扬长;如果女士的腿不直,则可以选择裤装,这就是扬长避短。

3. 区分场合

在日常工作与生活中,客户服务人员的着装应当因场合不同而异,以不变应万变显然大为不妥;在不同的场合,客户服务人员应该选择不同的服装,以此来体现自己的身份、教养与品味。

一般而言,客户服务人员所涉及的诸多场合有公务场、社交场合、休闲场合。

公务场合,即执行公务时涉及的场合,有时代表公司和其他公司业务时,在写字间,在谈判厅,以及外出执行公务等地点。在这些公务场合着装的基本要求为注重保守,宜穿套装、套裙,以及穿着制服。除此之外还可以考虑选择长裤、长裙和长袖衬衫;不宜穿时装、便装;必须注意在非常重要的场合,短袖衬衫不适合作为正装来选择。

社交场合,对客户服务人员而论,所谓社交场合是指工作之余在公众场合和同事、客户服务伙伴友好地进行交往应酬的场合。虽然这些场合不是在工作岗位上,但往往面对的是熟人。社交场合着装的基本要求为时尚个性,宜穿着礼服、时装、民族服装。必须强调在这种社交场合一般不适合选择过分庄重保守的服装,比如穿着制服去参加舞会、宴会、音乐会等,就会显得和身边的环境不大协调了。

休闲场合,所谓休闲并不等于休息,这里的休闲是指在工作之余,一个人单独自处,或者在公共场合与其他不相识者共处的时间。休闲场合着装的基本要求为舒适自然。换言之,只要不触犯法律,只要不违背伦理道德,只要不有碍他人的安全,客户服务人员的穿着打扮可以完全听凭个人所好。一般而论,在休闲场合,人们所适合选择的服装有运动装、牛仔装、沙滩装以及各种非正式的便装,如T恤、短裤、凉鞋、拖鞋等。在休闲场合,如果身穿套装、套裙,往往会贻笑大方。

2.2.2 男士着装礼仪

商务领域工作人员，在社会上有较高的地位，如 IT 人士，也常常被人们称为“成功人士”，在交际活动中，穿出整体性、个性、具有和谐感，是男士着装的基本原则，合乎场合的穿着，是社交礼仪的重要体现。

①整体性原则，整体性最重要的一点是整洁的着装，整洁的衣着可表现出积极向上的精神状态；衣着整洁，除了体现对相互交往的重视程度，还显示出交往的文明与修养的水平。

②个性原则，指根据不同年龄、身份、地位、职业与社会生活环境，来确定服装款式、面料、色彩与装饰物，只有个性化的服装，才能与个性和谐一致，在交际活动中充分展示个人的礼仪风范；着装也是民族和文化的个性反映。

③和谐性原则，在国际交流中，着装的和谐性是最高原则，着装要与身边环境和谐。在特定的礼节性场合，如正规的会议、礼宾活动、谈判、典礼等，应穿礼服或深色西装；在正式场合穿西装时必须打领带，但外出旅游，则不打领带更自然；此外，着装还要与形体和谐，与装饰和谐。

在交际场合，男士的着装大致可分为便服与礼服，各式外衣、夹克、衬衣、T 恤衫与各式西装等均为便服；便服的穿着场合很广，如办公室、赴宴及出席会议等。

出席正式、隆重、严肃的会议或特别意义的典礼，则应穿礼服或深色西装。

参加涉外活动时，男士可穿毛料中山装、西装或民族服装，参观浏览时，可穿便服，穿西装可不系领带。

西装是一种国际性服装，一套合体的西装，可以使穿着者显得潇洒、精神、风度翩翩；穿着西装时应注意：

①面料要根据季节和场合来选择。

②在正式场合穿西装，最好要精心选择衬衫和领带。

③西装袖子的长度以到手腕为宜，西装衬衫的袖长应比西装袖子长出 1 ~ 2 厘米。

④穿着西装，在较隆重的场合必须系扣。

⑤袜子一般应穿与裤子、鞋子同类颜色或较深的颜色。

⑥衬衫的领子要挺括，系扣，衬衫的下摆要束好，衬衫里面一般不要穿棉毛衫，天冷时，衬衫外面可穿一件羊毛衫。

⑦凡是正式场合，穿西装都应系领带，穿着羊毛衫时，领带应放在羊毛衫内；系领带时，衬衫的第一个纽扣要扣好，如果使用领带夹，领带夹一般在第四、五个纽扣之间；但在欧洲一些国家，使用领带夹被当成一种坏习惯。

⑧穿西装一定要穿皮鞋，一般是黑色或棕色皮鞋，皮鞋要上油擦亮。

⑨西装在穿着时可以敞开，也可以扣上第一粒纽扣（亦称“风度扣”）；但不能两粒纽扣全扣上，西装的袖口和裤边都不能卷起。

⑩西装的衣袋和裤袋里，不宜放太多的东西，显得鼓鼓囊囊，也不宜把两手随意插入衣袋和裤袋里。

⑪穿西装不扎领带时，衬衫的第一粒纽扣不要扣上。

2.2.3 女士着装礼仪

女士着装的基本要求是：

(1)整洁平整,服装并非一定要高档华贵,但须保持清洁,并熨烫平整,穿起来就能大方得体,显得精神焕发;整洁并不完全为了自己,更是尊重他人的需要,这是良好仪态的第一要务。

(2)注意色彩,不同色彩会给人不同的感受,如深色或冷色调的服装让人产生视觉上的收缩感,显得庄重严肃;而浅色或暖色调的服装会有扩张感,使人显得轻松活泼。因此,可以根据不同需要进行选择和搭配。

(3)配套齐全,除了主体衣服之外,鞋袜手套等的搭配也要多加考究。例如袜子以透明近似肤色或与服装颜色协调为好,带有大花纹的袜子不能登大雅之堂。正式、庄重的场合不宜穿凉鞋或靴子,黑色皮鞋是适用最广的,可以和任何服装相配。

(4)饰物点缀,巧妙地佩戴饰品能够起到画龙点睛的作用,给女士们增添色彩。但是佩戴的饰品不宜过多,否则会分散对方的注意力。佩戴饰品时,应尽量选择同一色系;佩戴首饰最关键的就是要与你的整体服饰搭配统一起来。

(5)上衣的着装要求,女士正装上衣讲究平整和挺括,较少使用饰物和花边进行点缀,穿着时要求纽扣全部系上。

(6)衬衫的着装要求,女士正装衬衫以选择单色为最佳,女士穿着衬衫还应注意:衬衫的下摆应掖入裙腰之内而不要悬垂于外,也不要在腰间打结;衬衫的纽扣除最上面一粒可以不系上,其他纽扣均应系好;穿着西装套裙时不要脱下上衣而直接穿衬衫,衬衫之内应当穿着内衣,且内衣不能显露出来。

(7)裙子的着装要求,女士正装裙子以窄裙为主,年轻女性的裙子可选择下摆在膝盖以上3~6厘米,但不可太短;中老年女性的裙子则应选择下摆在膝盖以下3厘米左右,裙子里应穿着衬裙,真皮或仿皮的西装套裙不宜在正式场合上穿着。

(8)鞋袜的穿着要求,鞋子应选择高跟鞋或是中跟鞋,袜子应选择高筒袜或是连裤袜,鞋袜款式应选择以简单为主,颜色应与西装套裙相搭配。

(9)女士着装一些需要特别注意的地方,衣服不宜过于暴露或透明,衣服尺寸也不要过于短小和紧身,否则会给人以不稳重的感觉;内衣不能外露,更不能外穿;穿着裤子或裙子时,不要明显透出内裤的轮廓,文胸的肩带注意不能露在衣服外面;女士穿裙服时穿着丝袜,能增强腿部的美感,腿较粗的女士最好选择深色的袜子,腿较细的女士则适合穿浅色的袜子,穿着丝袜时,袜口不能露于裙子外面,不要选择鲜艳、有明显花纹或网格的丝袜。

2.2.4 佩戴饰物礼仪

饰物指与服装搭配对服装起修饰作用的其他物品,主要有领带、围巾、丝巾、帽子、胸针、首饰、提包、手套、鞋袜等。饰物在着装中起着画龙点睛、协调整体的作用。

相关链接
服饰与谈判

饰物的佩戴要注意与个人的风格、服装的质地、整体的形象等相一致,具体需要注意以下方面。

1. 帽子与围巾

帽子可以遮阳，可以御寒，同时也给人的仪表增添各种不同的情趣美。帽子种类有多种，如法式帽、西班牙式帽、宽檐帽、鸭舌帽、滑雪帽、水手帽、棒球帽等，帽子要注意与发型、脸型及服装的式样、颜色相配，还要注意与围巾相呼应。例如，简单优雅，线条流畅的圆形滚边帽下散落一头长发，最能表现出不造作的个性；而棕色的豹纹丝绒圆帽及围巾，既流行又不失沉稳，表现出酷劲十足。单单一条围巾也可为服装增添色彩，如一条丝巾的随意变化，或围在肩上，或挂在脖子上下垂，或在头上改变发型，都会起到意想不到的效果。冬季的一条长围披在一边的肩膀上，也会有意想不到的美感。

2. 眼镜

眼镜不仅是实用的日常用品，也可以看成是“眼睛的服饰”，眼镜的选择要适合人的脸型。正方形脸可选用稍圆或有弧度的镜片，这样可与方形脸互补，镜框顶端的位置必须凸起，远远高于下巴；长方形脸由于脸型过长镜框必须尽可能遮住脸部中央以修短脸，因此适合佩戴镜框较大的眼镜，圆形脸为减弱圆形的感觉，可选择有直线或有角度的镜框，黑色、咖啡色等较深色系也有改变脸型的效果；三角形脸由于前额宽、脸颊较尖，选择有细边和垂直线的镜框以平衡脸的下方，镜框不宜太高，过粗的鼻桥及深色、方形眼镜皆不合适。此外，个性也是考虑因素之一；较大鼻子选择较大镜框来平衡；较小鼻子要戴浅色和较高鼻梁的眼镜，可使鼻子看起来较长。不同脸形适合的眼镜形状如下所示。

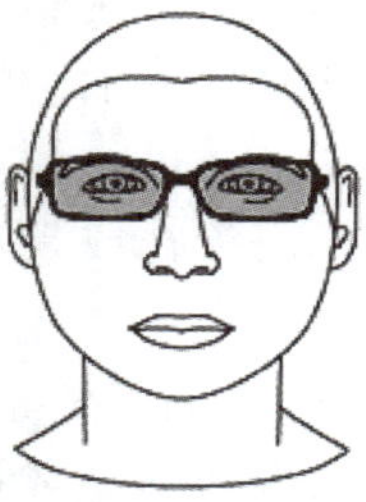
圆形脸

三角形脸

长方形脸

心形脸

长形脸

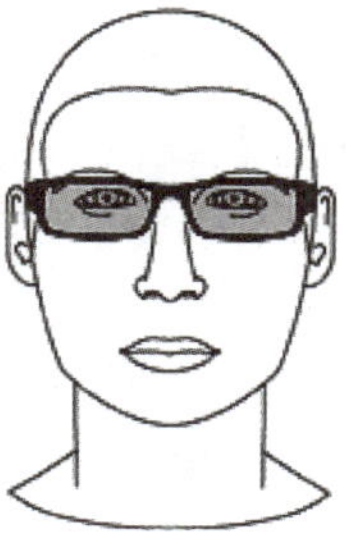
菱形脸

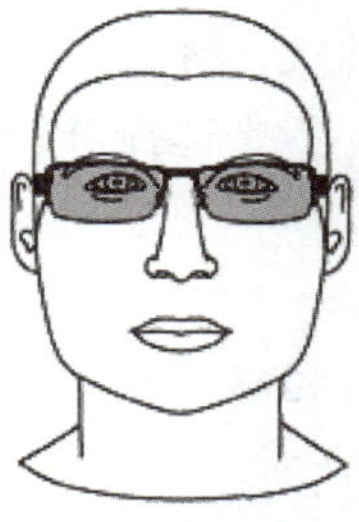
方形脸

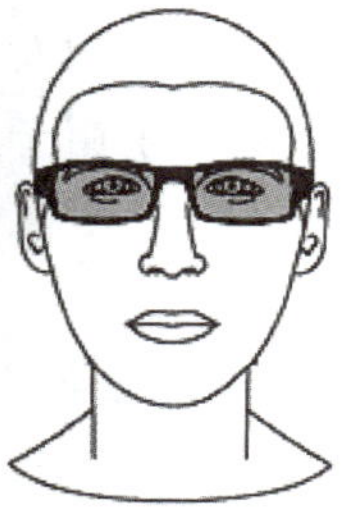
椭圆形脸

3. 包

无论是男士的公文包还是女士的坤包，都应与所穿服装相协调，要保持包的清洁和美观。如果包中没有分隔夹层，可用几个小袋子将皮包里放的东西分类。如女士的皮包中可放一些化妆品、钱、钥匙，纸巾、笔等用品，可将其分类装入不同的小袋，以免找东西乱翻一通或需把东西全倒出来才能找到，这样既破坏美感又浪费时间。正式社交场合，皮包最好拿在手上，而不是背在肩上。

4. 首饰

对于服饰而言，首饰起着辅助、烘托、陪衬、美化的作用。从审美的角度来看，它与服装、化妆一起被列为人们用以装饰、美化自身的三大方法之一。较之于服装,它常常发挥画龙点睛的作用。

(1)戒指。在西方,戒指是无声的语言。一般来说将戒指戴在左手各手指上有不同的含义:戴在食指上表示未婚或求婚;戴在中指上表示正在热恋中;戴在无名指上表示已订婚或结婚;戴在小指上则表明“我是独身者”。右手戴戒指纯粹是一种装饰,没有具体的意义,戴两枚或两枚以上的戒指是不适宜的。参加较正规的外事活动,最好佩戴古典式样的戒指。

(2)项链。项链的粗细应与脖子的粗细成正比,与脖子的长短成反比。从长度上分,项链可分为四种:短项链约 40 厘米,适合搭配低领上衣;中长项链约 50 厘米,可广泛使用;长项链约 60 厘米,适合在社交场合使用;特长项链约 70 厘米,适用于隆重的社交场合。

(3)耳饰。有耳环、耳链、耳钉、耳坠等款式,仅限女性所用,并且讲究成对用,也就是说每只耳朵上均佩戴一只。工作场合,不要一只耳朵上戴多只耳环。另外长戴耳环,应兼顾脸形,不要选择和脸形相似形状的耳环,使脸型的短处被强调夸大。耳钉要小巧而含蓄。

5. 手部饰品

(1)手镯。有雕塑感的木质宽手镯,带有中性色彩,金属宽手镯就显得很酷。而另一种风格的宽手镯——用人造宝石镶上图案,将制造出一种目不暇接的华丽氛围,它主要强调手腕和手臂的美丽。可以只戴一只,通常应在左手;也可以同时戴两只,一只手一个,也可以都戴在左手。

(2)手链。男女都可以戴手链,但一只手上只能戴一条,而且应戴在左手上。它可以和手镯同时佩戴。在一些国家,佩戴手链、手镯的数量、位置,可以表示婚姻状况,手链不要和手表同时戴在一只手上。

(3)手表。在社交场合,佩戴手表,通常意味着时间观念强、作风严谨。在正规的社交场合,手表往往被看作首饰,它也是一个人地位、身份、财富状况的体现。因此,男士的手表,往往引人瞩目。在正式场合佩戴的手表,造型上要庄重、保守,避免怪异、新潮,尤其是尊者、长者更要注意。

一般正圆形、正方形、长方形、椭圆形和菱形手表适用范围极广,也适合在正式场合佩戴,而那些新奇、花哨的手表造型,仅适合少女和儿童,而且适合选择单色或双色手表,色彩要清晰、高雅。黑色的手表最理想。除数字、商标,厂名、品牌外,手表没必要再出现其他无意义的图案。像广告表、卡通表等不宜出现在工作人员的手腕上。另外,在交际场合,特别是和别人交谈时,不要有意无意地看表,否则对方会认为你对交谈心不在焉、不耐烦,想结束谈话。

6. 胸花

胸花,又称胸针,是为女性特别设计的,专门用于装饰女性的胸、肩、腰、头、领口等部位。胸花有鲜花和人造花两种。相比之下,鲜花佩戴起来更显高雅,但不能持久。选择胸花时,一定要考虑服装的类型、颜色、面料,要考虑所出席的社交活动的层次,要考虑自身的体形和脸形条件。例如,个子矮小的女士适合小一点的胸花,佩戴时部位可稍高一些;个子高大的女士可选择大一点的胸花,佩戴时位置可低一些。佩戴胸花时要注意别的部位,穿西服应别在左侧领上,穿无领上衣时应别在左侧胸前。发型偏左时胸针应当居右,发型偏右时胸针应当偏左,其高度应从上往下数第一粒和第二粒纽扣之间。

7. 佩戴饰物的注意事项

(1)三不戴:影响工作的首饰不戴;炫耀财力的首饰不带(如珠宝等);炫耀性别魅力手部

饰品不带（如胸针、耳环、脚链等）。

（2）数量原则：以少为佳，最好为零，总量不多于三种，每种不多于两件。

（3）质色原则：所戴首饰最好同质同色。

（4）习俗规则：如佩戴玉器，中国人讲究“男戴观音女戴佛”。西方人忌戴十字架，认为代表不幸；戒指习惯上应戴在中指或无名指。

2.3 仪态礼仪

仪态，又称“体态”，是指人的身体姿态和风度。姿态是身体所表现的样子，风度则是内在气质的外在表现。一个人的一举手、一投足、一弯腰乃至一个笑容，并非偶然的、随意的，这些行为举止自成体系，像有声语言那样具有一定的规律，并具有传情达意的功能。人们可以通过自己的仪态，向他人传递个人的学识与修养，并能够通过仪态交流思想、表达感情。

在职场社交中，仪态是极其重要、有效的交际工具，它用一种无声的语言，向人们展示出一个人的道德品质、人品学识、文化品位等方面的素质和能力。用优良的仪态礼仪表情达意，往往比语言更让人感到真实、生动。英国哲学家培根说：“在美的方面，相貌的美，高于色泽的美，而优雅合适的动作，又高于相貌的美。”因此，在公关交际中必须举止优雅，做到仪态美。

2.3.1 站姿礼仪

站姿是静态的造型动作，是指人的双腿在直立静止状态下所呈现出的姿势，站姿是走姿和坐姿的基础，一个人想要表现出得体雅致的姿态，首先要从规范站姿开始。所谓“站如松”就是指一个人的站立姿势要像松树一样直立挺拔，双腿均匀有力。

标准站姿

1. 标准站姿

（1）头正。两眼平视前方，嘴微闭，脖颈挺直，头顶上悬，下颌微收，表情自然，面带微笑。

（2）肩平。肩部微微放松，稍向后下沉，自然呼吸。

（3）臂垂。两肩平整，手臂自然下垂于体侧，虎口向前，手指自然弯曲。

（4）躯挺。挺胸收腹，臀部向内向上收紧。

（5）腿并。女性两腿立直、贴紧，脚跟靠拢，脚尖呈 45°、60°夹角，男性可两脚分开，与肩同宽。

2. 不同场合站姿

在升国旗、奏国歌、接受颁奖、接受接见、致悼词等庄严的仪式场合，应采取严格的基本站姿，而且神情要严肃。在发表演说、发言、做报告时，为了减轻身体对腿的压力，减轻由于较长时间站立双腿的疲倦，可以用双手支撑在讲台上，两腿轮流放松。主持文艺活动、联欢会时，可以将双腿并拢站立，女士站成“丁”字步，让站立姿势更加优美。站“丁”字步时，上体前倾，腰背挺直，臀微翘，双腿叠合，玉立于众人间，富于女性魅力。

门迎、侍应人员往往站的时间很长，双腿可以平分站立，双腿平分不宜超过肩。双手可以交叉或前握垂放于腹前；也可以背后交叉，右手放到左手的掌心上，但要注意收腹。礼仪小姐的站立，一般可采取立正的姿势或“丁”字步，如右图所示。如双手端执物品时，上手臂应靠近身体两侧，但不必夹紧，下颌微收，面含微笑，给人以优美亲切的感觉。

腹式站姿

2.3.2 坐姿礼仪

坐姿一种基本的静态体位，是指人在就座以后身体所保持的一种姿势，端庄优美的坐姿会给人文雅、稳重、大方的美感，给人留下美好的印象。所谓“坐如钟”，就是指坐姿要像钟表一样端庄沉稳、镇定安详。

1. 标准坐姿

轻轻地走到座位，缓慢转身，从座左侧入座，坐在椅子上时，至少应坐满椅子的1/2～2/3。坐下后，头正颈直，下额微收，面带微笑，双目平视前方或注视对方，身体要保持正直，挺胸收腹，腰背挺直。双腿并拢，小腿与地面垂直，双膝和双脚跟并拢，双肩放松下沉，双臂自然弯曲内收，双手呈握指式，右手在上，手指自然弯曲，放于腹前双腿上。

一般情况下，要求女性的双腿并拢，而男性双腿之间可适度留有间隙。双腿自然弯曲，两脚平落地面不宜前伸。在日常交往场合，男性可以跷腿，但不可跷得过高或抖动。女性大腿并拢，小腿交叉，但不宜向前伸直。如果女性着裙装，应养成在就座前从后面抚顺一下再坐下的习惯，根据不同的场合和不同的座位，坐的位置可前可后，但上身一定要保持挺直。

2. 坐姿的分类

以一个人的脚位为依据，男士、女士的坐姿可以分为以下几类：

（1）垂直式坐姿。这一坐姿就是通常说的“正襟危坐”，在正规场合使用，男士女士均适用。要领是：上身与大腿、大腿与小腿、小腿与脚部都呈直角，小腿垂直于地面，双膝、双腿完全并拢。

（2）标准式坐姿。这一坐姿适用于各种场合。要领是在垂直式坐姿的基础上，女士两脚保持小“丁”字步，男士两脚自然分开是45°角。

（3）屈直式坐姿。尤其是坐在稍微低矮一些的椅子上更为适用，是女士非常优雅的一种坐姿。要领是：大腿与膝盖靠紧，一脚伸向前，另一脚屈回，两脚前脚掌着地并在一条直线上。

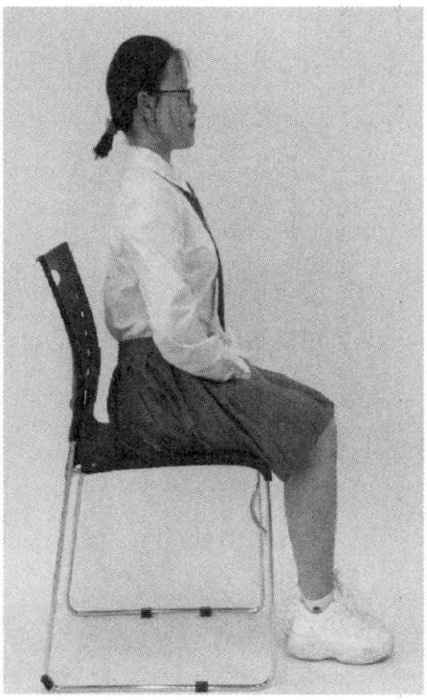

标准坐姿

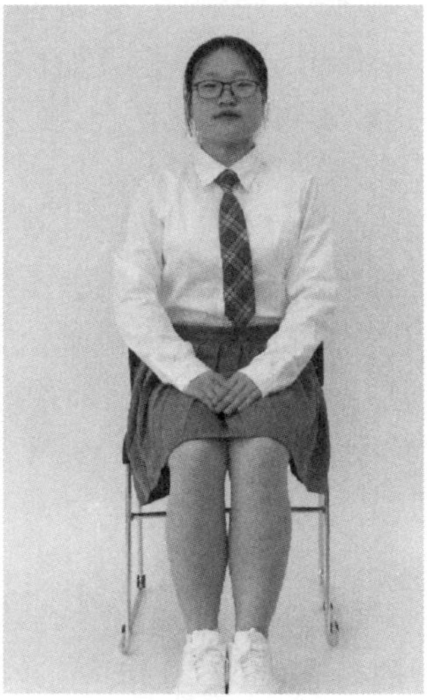

垂直式坐姿

(4)前伸式坐姿。这一坐姿适用于各种场合,一般为女士所采用。要领是:双腿与双脚并在一起,向前伸出一脚左右的距离,按方向共有三种:正前伸直、左前伸直和右前伸直,脚的位置可以是双脚完全并拢,也可以脚踝不交叉,脚尖不可翘起。

(5)后屈式坐姿。这一坐姿适用于各种场合,以女士为主,要点是:两腿和膝盖并紧,两小腿向后屈回,脚尖着地,脚尖不可起。

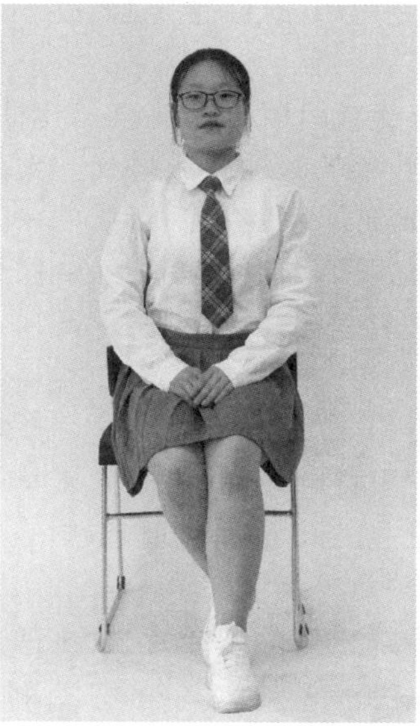

屈直式坐姿

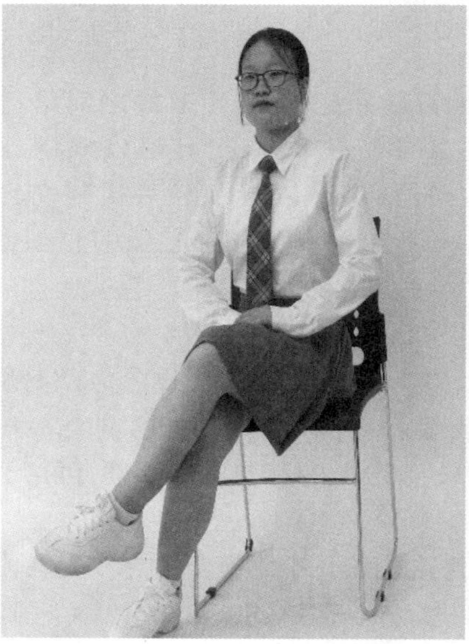

前伸式坐姿

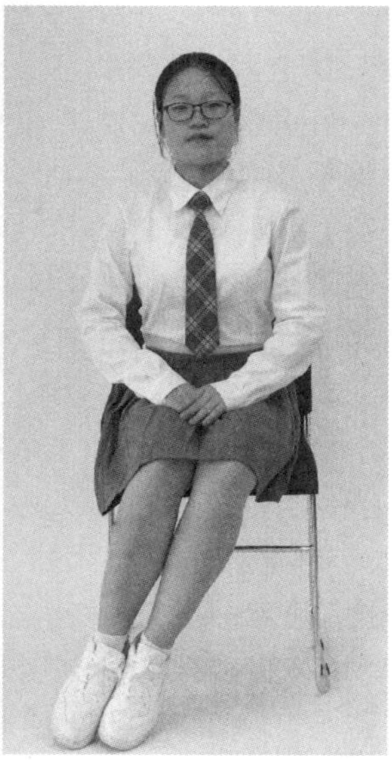

后屈式坐姿

(6)分膝式坐姿。这一坐姿适用于一般场合,为男性坐姿,要领是:左右膝分开,不超过肩宽,小腿与地面垂直,两脚脚尖朝向正前方,两手自然放于大腿上。

2.3.3 走姿礼仪

走姿又称步态,是指一个人在行走过程中的姿势。它以人的站姿为基础,是站姿的延续,始终处于运动中。走姿体现的是一种动态美,能直接反映一个人的精神面貌,表现一个人的风度、风采和韵味。有良好走姿的人会更年轻有活力。所谓"行如风",就是指行走动作连贯,从容稳健。步幅、步速要以出行的目的、环境和身份等因素而定。协调和韵律感是步态的最基本要求。

1. 标准走姿

走姿的要领:双眼平视臂放松,以胸领动肩轴摆,提髋提膝小腿迈,跟落掌接趾推送。标准的走姿,应该是上身基本保持站立的标准姿势,挺胸收腹、腰背笔直。两臂以身体为中心,前后自然摆动:前摆约35°,后摆约15°,手掌朝向体内。起步时身子稍向前倾,重心落前脚掌,膝盖伸直;脚尖向正前方伸出,行走时双脚内侧踩在一条线缘上。正确的行走姿势,上体的稳定与下肢的频繁规律运动形成对比,和谐、干净利落、鲜明均匀的脚步形成节奏感,前后、左右行走动作的平衡对称,都会呈现行走时的形式美。男子走路,两步之间的距离要大于自己的一个脚长,女子穿裙装走路时,要小于自己的一个脚长,正常的情况下步速要自然舒缓,显得成熟自信。男子行走的速度标准为每分钟108~110步、女子行走的速度标准为每分钟118~120步。

标准走姿

2. 不同环境下的走姿

(1)在比较拥挤的环境中,要精神饱满,步态轻盈,行走的步幅、速度要适中,臂的摆幅不宜过大,路遇来宾要让路,躲闪要灵敏、有礼貌。

(2)在要求保持安静的地方,要避免出大的响声,走路要轻盈,若穿着皮鞋或高跟鞋,在没有地毯的地方行走,要把脚后跟提起,尽量用脚掌着地行走,以免发出响声。

(3)在楼道、楼梯等环境里,由于过道狭窄,行走时要靠右行,途中如遇来宾走来,要提早侧身让路,并微笑点头致意,表示尊重。

(4)进出电梯时,应遵循“先出后进”的原则,进出时,应侧身而行,以免碰撞、踩踏他人,进入电梯后,应尽量靠里边站。

3. 走姿的种类

(1)前行式走姿。身体保持起立挺拔,行进中若与人问候时,要同时伴随头部和上身的左右转动,微笑点头致意。禁止只转动头部,用眼睛斜视他人的举止。

(2)后退式走姿。当与他人告别时,扭头就走是不礼貌的。应该是先后退两三步,再转身离去,退步时不能轻擦地面,不高抬小腿,后退的步伐要小些,两腿之间的距离不能太大,要先转身再转头。

(3)侧行式走姿。当引导他人前行或在较窄走廊、楼道与他人相遇时,要采用侧行式走姿。引导时要走在来宾的左侧,身体稍向右转体,左肩稍前,右肩稍后,身体朝向来宾,保持两步的距离。介绍环境时要辅以手势,这样可以观察来宾的意愿,及时提供满意的服务。

相关链接
不同走姿所反映的心理特征

2.3.4 蹲姿礼仪

俗话说“蹲要雅”,蹲姿是人的身体在低处取物、拾物、整理物品、整理鞋袜时所呈现的姿势,它是人体静态美与动态美的综合。蹲姿要动作美观,姿势优雅。

1. 标准的蹲姿

标准的蹲姿有以下要求:首先要讲究方位,当需要拣拾低处或地面物品时,可走到物品的左侧;当面对他人下蹲时,要侧身相向;当需要整理鞋袜或于低处整理物品时可面朝前方,两脚一前一后,一般情况是左脚在前,右脚在后,目视物品,直腰下蹲。直腰下蹲后方可弯腰捡低处或地面的物品,以及整理鞋袜或低处工作。取物或工作完毕后,先直起腰部,使头部、上身、腰部在一条直线上,再稳稳站起。

2. 蹲姿的种类

(1)高低式。这是常用的一种蹲姿,基本特征是双膝一高一低。此蹲姿男士、女士均可适用。要领是:下蹲后,左脚在前,右脚在后,左脚完全着地,小腿基本垂直地面;右脚要脚掌着地,脚跟提起;右膝要低于左膝,右膝内侧可靠于左上腿的内侧,形成左膝高右膝低的姿态。臀部向下,基本上以右腿支撑身体。女士应注意紧靠双腿,男士两腿之间可有适当的距离。

高低式蹲姿一

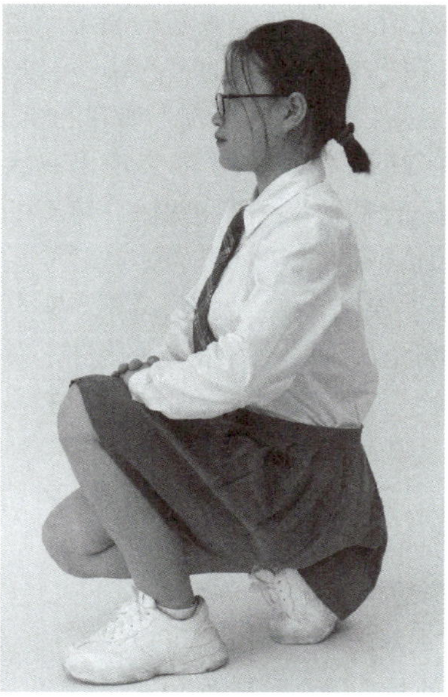

高低式蹲姿二

（2）单膝点地式。这种蹲姿适用于男士，其特征是双腿一蹲一跪。它是一种非正式的蹲姿，多用于下蹲时间较长或为了用力方便时采用。下蹲后，右膝点地，臀部坐在脚跟之上，以脚尖着地。另一条腿全脚掌着地，小腿垂直于地面。双膝同时向外，双腿尽力靠拢。

（3）交叉式。这种蹲姿优美典雅，其基本特征是双腿交叉在一起，此蹲姿适用于女士。要领是：下蹲后，左脚在前，右脚在后，左小腿垂直于地面，全脚着地。左腿在上，右腿在下，二者交叉重叠，右膝从后下方伸向左前侧，右脚跟抬起，脚掌着地，两腿前后靠近，全力支撑身体。上身略向前倾，臀部朝下。

3. 蹲姿的注意事项

（1）不要突然下蹲。下蹲时，速度切勿过快，特别是在行进中下蹲时尤其要注意。

（2）不要方位失当。在他人身边下蹲时，最好与之侧身相向，正面面对他人或背对他人下蹲都是极不礼貌的。

（3）不要毫无遮掩。在大庭观众之下下蹲时，身着裙装的女性一定要注意遮掩。

（4）不要随意滥蹲。不要在工作中随意采用蹲姿，也不可蹲在椅子上或蹲在地上休息。

2.3.5 表情礼仪

职场工作人员为客户服务、与客户交往时，表情是重要的因素，每一点微妙表情的变化都代表着一种心理情绪，传达着一种信息，所以，表情的礼仪尤为重要。

1. 表情的重要性

表情是人体语言中最丰富的部分，是内心情绪的反映。人们通过喜、怒、哀、乐等表情来表达内心的感情；在人际沟通方面，表情起着重要的作用，现代心理学家总结出一个公式：

感情的表达 = 7% 言语 + 38% 语音 + 55% 表情

优雅的表情，可以给人留下深刻的第一印象，表情是优雅风度的重要组成部分，构成表情的主要因素：一是目光；二是笑容。

(1)目光,目光是面部表情的核心。在人际交往时,目光是一种真实的、含蓄的语言;"眼睛是心灵之窗",从一个人的目光中,可以看到他的整个内心世界;一个良好的交际形象,目光应是坦然、亲切、友善、有神的。如在与客户交谈、介绍产品的特点、讲解功能、说明服务范围时,目光应当注视着对方,才能表现出诚恳与尊重,与人交往时,冷漠的、呆滞的、疲倦的、轻视的、左顾右盼的眼光都是不礼貌的;切不可盯人太久或反复上下打量,更不可以对人挤眉弄眼或用白眼、斜眼看人。

(2)笑容,笑有微笑、大笑、冷笑、嘲笑等许多种,不同的笑表达了不同的感情。微笑是指不露牙齿、嘴角的两端略微提起的表情;发自内心的微笑是最美好的,人们的交往应是从微笑开始的;微笑是对人的尊重、理解和友善;与客户交往时面带微笑,可以使人感到亲切、热情和尊重,使自己富于魅力,同时也就容易得到别人的理解、尊重和友谊,可以赢得客户的信赖,容易达成合作。微笑的力量是相当巨大的,有人把微笑比作全世界通用的"货币",因为它易被世界上所有的人类所接受。

2. 眼神的运用

(1)注视对方的双眼,即可以表示自己对对方全神贯注,又可以表示对对方所讲的话正在洗耳恭听;问候对方、听取诉说、征求意见、强调要点、表示诚意、向人道贺或与人道别,皆应注视对方的双眼,但是,时间上不宜注视过久,否则双方都会比较尴尬。

(2)注视对方的面部,与服务对方交谈时,可以以对方的整个面部为注视区域,注视他人的面部时,最好不要聚焦于一处,而以三点柔视为宜,如右图三角所示区域;在工作岗位上接待服务对象时,注视对方的面部是最为常用的。

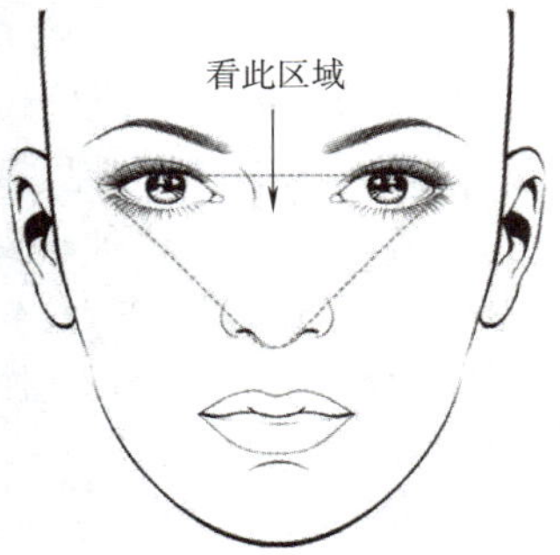

(3)注视对方的全身,同服务对象相距较远时,服务人员一般应当以对方的全身为注视点,在站立服务时,往往会有此必要。

(4)注视对方的局部,服务人员在工作中,往往会因为实际需要,而对服务对象身体的某一部分多加注视。例如:在接递物品时,应注视对方的手部;特别需要说明的是,如果没有任何理由,而去注视、打量服务对象的头顶部、胸部、臀部或大腿都是失礼的表现;当对方是异性时,注视这些"禁区",还会引起对方的强烈反感。

2.3.6 手势礼仪

手势,是人们体态语言中最重要的传播媒介,招手、挥手、握手、摆手等都表示着不同的意义。人在紧张、兴奋、焦急时,手都会有意无意地表现着。作为仪态的重要组成部分,手势应该得到正确使用,手势也是人们交往时不可缺少的动作,是最有表现力的一种"体态语言"。

俗话说:"心有所思,手有所指。"手的魅力并不亚于眼睛,甚至可以说手就是人的第二双眼睛;手势表现的含义非常丰富,表达的感情也非常微妙复杂,如招手致意、挥手告别、拍手称赞、拱手致谢、举手赞同、摆手拒绝等。手抚是爱,手指是怒,手搂是亲,手捧是敬,手遮是羞等等。手势的含义,或是发出信息,或是表示喜恶,能够恰当地运用手势表情达意,会为交际形象增辉。

掌握正确的手势礼仪应注意的事项:

①在交往中,为了增强说话者的语言感染力,一般可考虑使用一定的手势,但要切记手势不宜过多,动作不宜过大,切忌"指手画脚"和"手舞足蹈"。

②打招呼、致意、告别、欢呼、鼓掌属于手势范围，应该注意其力度大小、速度的快慢、时间的长短，不可过度。鼓掌是表示欢迎、祝贺、赞许、致谢等的礼貌举止；在正式社交场合，观看文艺演出、重要人物出现、听报告、听演讲等都可以用热烈的掌声表示钦佩、祝贺；但鼓掌的标准动作应该是用右手掌轻拍左手掌的掌心，鼓掌时不应戴手套，要自然，切忌为了使掌声大而使劲鼓掌，应自然终止；鼓掌要热烈，但不要“忘形”，一旦忘形，鼓掌的意义就发生了质的变化，而成“喝倒彩”“鼓倒掌”，有起哄之嫌，这是失礼的；注意鼓掌时尽量不要用语言配合，那是没有修养的表现。

横摆式手势

打招呼或告别手势

③在任何情况下，都不要用大拇指指自己的鼻尖和用手指指点他人。谈到自己时应用手掌轻按自己的左胸，那样会显得端庄、大方、可信；用手指指点他人的手势是不礼貌的。

④一般认为，掌心向上的手势有诚恳、尊重他人的含义（如右图所示）；掌心向下的手势意味着不够坦率、缺乏诚意等；攥紧拳头暗示进攻和自卫，也表示愤怒；伸出手指来指点，是要引起他人的注意，含有教训人的意味。因此，在介绍某人、为某人引路、指示方向、请人做某事时，应该掌心向上，以肘关节为轴，上身稍向前倾，以示尊敬；这种手势被认为是诚恳、恭敬、有礼貌的。

双臂式手势

⑤有些手势在使用时，应注意区域和各国不同习惯，不可以乱用。因为各地习俗迥异，相同的手势表达的意思，不仅有所不同，而且有的大相径庭。如在某些国家认为竖起大拇指、其余四指蜷曲表示称赞夸奖，但澳大利亚则认为竖起大拇指，尤其是横向伸出大拇指是一种污辱；英国人竖起大拇指是拦车要求搭车的意思；用大拇指和食指构成一个圆圈，其他三指伸直，就是“OK”的手势，这一手势在欧洲表示赞扬和允诺的意

思，特别在青年学生中广为流行，然而在法国南部、希腊、撒丁岛等地，它的意思恰好相反，在巴西，人们打“OK”这个手势表示的是“肛门”。阿拉伯人用两个小手指拉在一起表示断交，吉卜赛人掸去肩上的尘土表示你快滚开。

由此不难看出，每种文化都有自己的“手势语言”，千姿百态的手势语言，包含着人类无比丰富的情感，它虽然不像有声语言那样实用，但在人际交往中能起到有声语言无法替代的作用。相反，当人们忽视手势礼仪的正确使用时，在日常生活中某些不雅的行为举止常常会令人极为反感，严重影响交际风度和自我形象，应特别注意避免，如当众搔头皮、掏耳朵、抠鼻孔、剔牙、咬指甲、剜眼屎、搓泥垢等，餐桌上更应注意这些不雅行为。

实践训练

仪态礼仪表演

实训目的：仪态举止“情景模拟”活动的基本知识。

实训时间：1课时。

实训地点：实训室或教室。

实训步骤：

（1）同学分组，每个小组5～6人，设计各种情景，如求职面试、商务接待、商务拜访等场景，展示基本的仪态礼仪。

（2）每组同学根据设计的情景进行角色扮演，展示基本的站姿、坐姿、走姿、蹲姿、表情、手势等仪态，用摄像机记录展示的全过程，并做回放。

（3）由授课老师进行总结评价、学生进行相互评价；最后全班同学评选出“最佳表现组”。

课后练习

一、判断题

（1）事实上，修饰与维护，对于仪容的优劣往往起着一定的作用。（　　）

（2）通常要三天左右洗一次头。（　　）

（3）女士出席宴会、舞会的场合，妆可以化得浓一些。（　　）

（4）身材娇小者适宜留短发或盘发。（　　）

（5）选择发型可不考虑个人气质、职业、身份等因素。（　　）

二、思考题

（1）为什么在公关交际中要注重个人仪容礼仪？

（2）“妆成有却无”，对这句话你是怎样理解的？

(3)请每天拿出10～20分钟时间练习站、立、行、蹲等姿态。

(4)你对自己的仪态满意吗？请观察一下你周围的人士站姿、坐姿、走姿等方面存在什么问题，提醒自己避免出现这些问题。

(5)服装美的最高境界是外在美和内在美的统一，你对这个问题是怎样理解的？

三、案例分析

【案例分析1】

一天，黄先生与两位好友小聚，来到某知名酒店，接待他们的是一位五官清秀的服务员，接待服务工作做得很好，可是她面无血色，显得无精打采。黄先生一看到她，就觉得心情欠佳，仔细留意才发现，这位服务员没有化工作淡妆，在餐厅昏黄的灯光下显得病态十足。上菜时，黄先生又突然看到传菜员涂的指甲油缺了一块，他的第一个反应就是“不知是不是掉我的菜里了”。但为了不惊扰其他客人用餐，黄先生没有将他的怀疑说出来。用餐结束后，黄先生唤柜台内服务员结账，而服务员一直对着反光玻璃墙面修饰自己的妆容，丝毫没注意到客人的需要。自此以后，黄先生再也没有去过这家酒店。

思考讨论题：

(1)请指出案例中服务员在仪容上存在的问题。

(2)本案例对你有哪些启示？

【案例分析2】

华盛集团公司的卫董事长有一回要接受电视台的采访。为了慎重起见，事前卫董事长特意向公司为自己特聘的个人形象顾问咨询，有无特别需要注意事项，对方专程赶来之后，仅仅向卫董事长提了一项建议：换一个较为儒雅而精致的发型，并且一定要剔去鬓角。对方的理由是：发型对一个人的上镜效果至关重要。果然，改换了发型之后的卫董事长在电视上亮相时，形象焕然一新。他的发型使他显得精明强干，他的谈吐使他显得睿智稳健。两者相辅相成，令电视观众纷纷为之倾倒。

思考讨论题：

(1)发型在社交中发挥了怎样的作用？

(2)除了换个发型，请问卫董事长还可以在哪些方面改进个人仪容？

第3章

客户服务语言交际礼仪

美国前哈佛大学校长伊立特曾说："在造就一个有修养的人的教育中，有一种训练必不可少，那就是优美、高雅的谈吐。"交谈是交流思想和表达感情最直接、最快捷的途径。在人际交往中，因为不注意交谈的礼仪规范，或用错了一个词，或多说了一句话，或不注意词语的色彩，或选错话题等而导致交往失败、影响人际关系的事情，时有发生。

案例导入

一次愉快的候机经历

形象顾问张女士到国外出差，不巧飞机晚点，在候机厅等了将近3个小时。其他乘客烦躁抱怨，但张女士却觉得非常愉快，为什么？得知飞机将晚点的消息后，她发现身旁坐着一位品位不俗的女士，体态举止优雅、高贵，全身的打扮和谐舒适，胸前的胸针恰如画龙点睛之笔，巧妙极了。张女士对人的形象非常敏感，她友善地赞美道："您的胸针很别致，搭配得很好哦。"这位女士害羞地笑笑，开始介绍这枚胸针的由来。原来，这位女士是知名服装公司的高管，拥有多年服装设计、经营、管理的经验，二位女士拥有类似的职业背景，她们分享资讯、交换信息，3个小时不再是无聊、难熬的候机时间，而成为分享经验、交流思想的愉快体验，广播通知登机时她们已经成为朋友，并开始探寻未来合作的可能性。

张女士收获了一段美妙的时光、交到一个朋友、探寻了商机。这一切是始于她发起了一个恰到好处的交往话题，她发现了，说出了，收获了。

讨论：

(1)张女士如何选择交际话题？

(2)两位女士的共同点是什么？

(3)通过本案例，你受到哪些启发？

3.1 客户服务语言交际的方式

拓展商务领域的业务,有时可以借助广告宣传介绍自己的公司,更多的时候可以借助与客户的交往,充分说明公司的业务能力和服务范围。因此,在交谈中必须遵从一定的礼仪规范,才能达到双方愉快而友好的交流信息、沟通思想的目的,进而扩大业务,增多客户。

语言是人类的交际工具和思维工具,是人们沟通信息、交流思想、联络感情、建立友谊的桥梁,也是建立人际关系的重要方法和途径。"语为人镜,言为心声",交谈内容与方式最能够反映一个人的道德情操和修养水平。

人力资源是最有活力、最有价值的资源之一,在公关交往中,想要认识新朋友、打开局面,正确地介绍自己与得体地充当介绍人就显得非常重要。

3.1.1 自我介绍

如何在一个可能少至5人或者多至100人的群体中,在最短的时间内把自己介绍清楚?内容简短、信息全面非常重要。

哪些信息是必需的?如果一个人这样介绍自己:"大家好,我叫李明,很高兴认识大家。"过于简单,除了姓名,其他信息完全没有交代,不符合公关交往的规范与要求。姓名只是一个人的代号,从社交的本质而言,并不是最核心的信息,最核心的信息是工作单位及当事人的工作职务。"大家好,我叫李明,是××大学经济学院的一名老师(讲师)",老师是李明的职业,讲师是更加细化的职称。如此介绍,基本上这个人在社会中的角色、背景、位置马上就清晰了,以便对方采取相应的交往态度。

如果是涉外交往,当事人的国家是不能缺少的信息。包含工作职务的自我介绍,还有一个好处是为对方称呼自己提供信息。如果只介绍姓名,如"我叫黄红",常常会让对方很难办,当然可以采用礼仪称呼,如小姐(Miss)、女士、太太,但如果是在政务、商务、学术等场合,应该把职务称呼作为首选,如黄经理、黄主任、黄教授等,这样更加规范和专业。

如果介绍带上了工作职务,就很好地解决了这一问题,如"大家好,我叫黄红,是方正信息咨询公司的总经理",这样对方就可以称呼她"黄总经理"。当然,自我介绍时,可以根据不同的场合与需求由简到繁,如果是轻松或者社交性的相聚,介绍更多的私人信息会受到欢迎,比如籍贯、学历、兴趣以及与交往对象中的某些熟人的关系等,比如"大家好,我叫邹星,我是北京大学中文系的副教授,我教中国古代汉语。我喜欢收集邮票和写诗,希望交到更多的朋友。"

3.1.2 他人介绍

如果一个人的身份特别尊贵、地位很高,自我介绍常常无法突显尊贵感,当事人也不太好意思把自己的头衔毫无遗漏地逐一介绍出来,就如同赞美的话永远从别人口中说出最好一样。这时,中间人就变得非常重要。人类社会就是一张大网,中间人可以让两个陌生人相互认识。

每个人都有充当中间人的时候，怎样把中间人的角色扮演好？下面给大家推荐正确介绍三部曲。

第一步，先确定双方身份的尊卑。任何两个需要介绍的人都是不一样的，比如他们可能职务有高低之别、年龄有长幼之分、性别有异、婚姻状况不同、主客不同或者先来者与后到者之别。正确介绍的第一步是要确定双方身份的尊卑，如职务级别高者为尊，级别低者为卑；长者为尊，幼者为卑；女性位尊，男性为卑；已婚者为尊，未婚者为卑；客人为尊，主人为卑；先到者为尊，后到者为卑。介绍他人时的不同情况及先后顺序如下所示。

介绍他人时的不同情况	先	后
介绍女士与男士认识时	男士	女士
介绍长辈与晚辈认识时	晚辈	长辈
介绍年长者与年幼者认识时	年幼者	年长者
介绍同事、朋友与家人认识时	家人	同事朋友
介绍已婚者与未婚者认识时	未婚者	已婚者
介绍来宾与主人认识时	主人	来宾
介绍与会先到者与后来者认识时	后到者	先到者
介绍上下级认识时	下级	上级

第二步，按照尊者优先掌握信息的原则介绍双方。确定完尊卑之后，中间人应把位卑者介绍给位尊者，然后再把位尊者介绍给位卑者。为什么要尊者优先掌握信息？有一种观点质疑：难道不应该将位尊者首先介绍给位卑者以显示其身份的尊贵？其实不然，尊者优先了解情况是体现尊卑的一种标准。体现一个人尊卑的方式有很多，比如地位、金钱、名声……在信息化时代的今天有一个标准变得越来越重要，就是：掌握关键信息的多少，掌握关键信息成为权力的一个象征与标志。

第三步，中间人第一句话必先喊位尊者。如果中间人开口喊的是位卑者的名字，那肯定有问题。比如一位是美国某公司的贝恩斯·约翰逊总经理，他到中国某公司洽谈业务，东道方是中国某公司的总经理张杰，按照客为尊的原则，中间人应如此介绍："约翰逊总经理请允许我为您介绍，这位是中国某公司的张杰总经理。张总，这位是美国某公司的约翰逊总经理。"

如此三步，一个正确的介绍就完成了。

3.1.3 重点介绍

介绍人在现实中仅仅遵循介绍三部曲是不够的，还有很多问题不能解决。常常会出现的一个难点是，一个人的身份是多元的，常常包含着多种角色，比如一个是年轻、未婚、男性、职务高者，一个是年长、已婚、女性、职务低者，中间人该如何确定尊卑呢？到底是按照级别标准还是年龄、性别标准？遇到这种情况，可以按照以下原则进行。

第一，区分场合。如果在工作场合，比如公务、商务、政务等，一般以职务的高低为第一参照标准，其他标准是在级别相同情况下的补充。在社交场合，游戏规则就改变了。社交场合用东方话来讲推崇的是一种"文明精神"，用西方话来讲是"骑士精神"，它们在本质上是一致的，即不以力量的大小定尊卑。女性、年老者反而应该受到照顾与优待，因此，在社交场合，性别、年龄成为重要的参照标准。当然如有身份特别尊贵的人如皇室成员、总统、总理在场，他们依然是尊者。

第二，区分主客。一般而言，在有主客的情况下，客人都是尊者，主人都是卑者。不仅包括职场，也包括社交场合。主人是东道方应该尽地主之谊，优待客人，把客人当成尊者。在有主客的情况，把主客当成第一参照标准，无主客的情况下，把场合当成第一参照标准。

第三，区分差距。不管是场合还是主客，这两个原则都不是绝对的，还有一个原则需要考量的就是“差距”。比如，在没有主客的情况下双方级别一致，就要看哪一点双方的差距最大。如果男士比女士年龄大出十岁，最好采用年龄标准年长为尊；如果年龄相当，可以以女士为尊。另外，双方与介绍人的关系亲疏也可以作为一个补充标准。如双方级别相当、年龄相当，按理应该女士为尊先介绍男士给女士认识，但介绍人与女士更加熟悉，与另一位男士不那么熟悉，那么，可以超越性别标准，采用关系亲密度的标准，把不那么熟悉的男士当成尊者，由此，先介绍女士给男士认识。

第四，区分文化。如果没有主客之分，双方级别一致，双方年龄的差距也不大，并非在任何情况下都是依照女士优先原则。实际上，不同文化重视的因素是不一样的，东方文化更加重视年龄标准，也就是要以年长者为尊。西方文化更加重视性别，也就是要以女士为尊。

总之，礼仪的表现是千变万化的，现实状况是各种各样的，不能生搬硬套礼仪的某些标准与原则，应该倡导赋予礼仪生命，让其根据不同的场景呈现不同的风貌。

3.2 客户服务语言交际技巧

3.2.1 善用口头语

口头语言即人们以说话的方式讲述出来的语言，它平易、简洁、明了，可以营造一种亲切的、生活化氛围。这种语言特点更适合一般听者的接受心态，人们在轻松的、生活化的氛围中倾听家长里短式的日常语言，会有一种亲切随意、没有隔阂的感觉。

在客户服务人员与客户的交往中，大多采用此种语言交流方式；使用口头语言时，要求客户服务人员应做到以下几点。

1. 平易通俗

客户服务人员是为客户服务的，自然应当以质朴的形象出现。因此在交谈时，务必要以务实为本。所使用的语言最好是让别人一听便懂的明白话。特别是对某些产品的介绍，有些客户是不太了解的，如果客户服务人员在交谈时所使用的语言过于专业、雕琢，甚至咬文嚼字、矫揉造作，满嘴的专业术语和子曰诗云，堆砌辞藻，卖弄学识，只会让人听之生厌，不知所云。

在与客户交谈时，客户服务人员应充分考虑到对方的职业、受教育程度等因素，所说的话应力求将专业知识通俗化，多举一些例子，多用生活中的现象做比喻，平易通俗，以利于沟通与交流。否则，不仅有碍信息的传达，而且容易使人产生距离感，难以达到合作的目的。

2. 文明礼貌

公关交往人员和客户交谈时，虽不像正式发言那样严肃郑重，但也不能不讲究使用语言的文明礼貌。在交谈中，要善于使用一些约定俗成的礼貌用语，如“您”“谢谢”“对不起”等。尤其应当注意的是，在交谈结束时，应当与对话方礼貌道别，如“有空再聊吧”“谢谢您，再见”等。即使在交谈中有过争执，也应不失风度，切不可来上一句“说不到一块儿就算了”“我就是认为我对”等。

可多使用以下礼貌用语：

(1)礼貌用语。

问候的语言：早上好！您早。晚上好。晚安。

致谢的语言：谢谢你！多谢了！十分感激！

拜托的语言：请多关照！承蒙关照！拜托！

慰问的语言：辛苦了！受累了！麻烦你了！

赞赏的语言：太好了！真棒！美极了！

谢罪的语言：对不起！实在抱歉！劳驾！真过意不去！请原谅！

同情的语言：太忙了！不得了啦！这可怎么是好！

挂念的语言：身体好吗？怎么样？还好吧？

理解的语言：只有如此！深有同感，所见略同。

祝福的语言：托你的福！上帝保佑！你真有福气！

(2)礼貌称呼。

称别人的父母、儿女、亲戚时，加上“令”或“尊”字，“尊翁、令堂、令郎、令爱、令侄”等。

称别人的年龄时，用“贵庚、尊庚、芳龄、高龄、高寿”等。

称别人的姓名和字时，用“贵姓、大名、尊讳、尊字”等。

称别人的住处时，用“尊府、府上、尊寓、华居”等。

称别人的意见时，用“高见”等。

称别人的神态、相貌时，用“风采”等。

称别人的亲属去世时，用“作古、谢宾客、仙游、仙逝”等。

(3)社交专用语。

初次见面说“久仰”，好久未见说“久违”。

请人批评说“指教”，求人原谅用“包涵”。

请人帮忙说“劳驾”，请给方便用“借光”。

麻烦别人说“打扰”，向人祝贺道“恭喜”。

求人解答用“请问”，请人指点用“赐教”。

看望别人用“拜访”，宾客来到用“光临”。

陪伴朋友用“奉陪”，中途先走用“失陪”。

等候客人用“恭候”，请人勿送用“留步”。

欢迎购买用“光顾”，归还原物说“奉还”。

对方来信称“惠书”，老人年龄称“高寿”。

自己诗画送人看，常道“斧正”或“雅正”。

每事办完道“谢谢”，别人求谅“没关系”。

交谈中还应当尽量避免一些不文雅的语句和说法，不宜明言的一些事情，可以用委婉的词句来表达。例如想要上厕所时，宜说：“对不起，我去一下洗手间。”或说：“不好意思，我去打个电话。”

在与客户交谈时，切记不可意气用事，以尖酸刻薄的话对他人冷嘲热讽；也不可夜郎自大、目中无人，处处教训指正别人；务必要谦虚大度，文雅用语，礼貌交谈。

3. 简洁明确

客户服务人员在交谈时所使用的语言应力求简单明了，应言简意赅地表达自己的观点和看法，切忌喋喋不休、啰啰嗦嗦。这样不仅能提高工作效率，而且还可以体现自己的精明强干。交谈时最基本的一点，就是要让他人准确无误地听懂自己的发言，因此客户服务人员交谈时务必要使用明确的语言。这里的“明确”，应当包含两层意思。

(1)要求发音标准，吐字清晰。交谈时最基本的一点，是要让对方听明白自己所说的话，否则就根本谈不上交流，所以最重要的，是不要用方言、土语，而以普通话作为正式的标准用语。

(2)要求所说之话含义明确，不能产生歧义，模棱两可，以免产生不必要的误会。例如“咱们单位里老张是长寿冠军，您排第二。可上周老张不幸去世了，所以这回该是您了！”这句话本意是说：对方已取代老张成为长寿冠军了，可乍一听却以为是在说对方也要步老张后尘赴黄泉路了。可见语言明确是十分必要的。

相关链接
注意语音的歧义

3.2.2 巧用辅助语

辅助语言，又称副语言。它包括发声系统的各个要素：音质、音幅、音调、音色等。辅助语言丰富多彩，但各有不同交际礼仪的含义。

用副语言沟通，是通过非语词的声音，如重音、声调的变化，以及哭、笑、停顿来实现的。心理学家称非词语的声音信号为副语言，心理学的最新研究结果表明，副语言在沟通过程中起着十分重要的作用，一句话的含义不仅取决于其字面意思，还取决于它的弦外之音。语音表达方式的变化，尤其是语调的变化，可以使字面相同的一句话具有完全不同的含义。

体态语、手势语能加强有声语言的意义，如一边说“不对”，一边使劲摆手；而副语言也能改变有声语言的意义，如用正常语调说“佩服”，那是赞赏；如果“佩”字起点特别高，终点特别低，中间又拉得很长很长，那就分明有讽刺之意了。语言有真有假，副语言如语调、面部表情等作为思想感情的表现却较为真实，因为往往是不自觉的。

在商务交际活动中，将这些不同特点的语言，一种或多种结合运用，就可以表达特定的含义，或友好的，或嘲讽的，或兴奋的，或悲哀的，或诚恳的，或虚假的，甚至不自觉地打开情绪状态的“密码”，展示一个人的身份和性格。就以礼貌用语中用得比较多的一个“请”字来说，语调平稳，会显得客气，满载盛情；语调上升，并带拖腔，便意味着满不在乎，无可奈何；而语调下降，语速短促，就会被理解是命令式的口气，怀有敌意。

实际交往中，人们在进行语言沟通时，同一句话，同一个字，就因为使用不同的副语言而造成不同效果的事例很多，比如，人们往往倾向于把说话语速较快、口误较多的人认知为地位较低且又紧张的人；而把说话声音响亮、慢条斯理的人认知为地位较高、悠然自得的人；说话结结巴巴、语无伦次的人会被认为缺乏自信或言不由衷；而用鼻音哼声又往往会表现出傲慢、冷漠和鄙视，令人不快。

不仅如此，一个人激动时往往声音高而尖，语速快，音域起伏较大，并带有颤音；而悲哀时又往往语速慢，音调低，音域起伏较小，显得沉重而呆板；同样，爱慕的声音往往是音质柔软，低音共鸣，慢速均衡，有规则的节奏以及含糊的发音；气愤的声音则往往是声大音高，音质粗哑，音调变化快，节奏不规则，发音清晰而短促。比如，在收听球赛广播时，尽管看不见播音员的面容和动作，有时也不能完全听清说话的内容，但却能从尖锐、短促乃至声嘶力竭的语调中感知其兴奋或紧张的心情，而从低沉、叹息声中感知到惋惜之情。

1. 重音在交际中的作用

人们在进行言语交际时，如果遇到需要强调的地方，往往会把需要强调的词语或者话语发重音，以此来区别其他非重读词语，这就是副语言在言语交际中起到的作用之一。任何一句话，当人们没有用于言语交际时，它所体现出来的意义仅仅只是词语意义的简单相加，而更多的话语意义，只有在言语交际这个语境中才能体现出来。例如："这是我的书。"这一简单的语句，在没有被运用于言语交际这一语境中时，它表现出来的意义是相当明显的。可事实上，当它被运用于言语交际时，它所表达出来的意义就是多种多样的了。当重读"这"时，表达的意义主要是"书所放置"的位置；当重读"我"时，要表达的主要意义就是"书的所属"了；而当重读"书"时，话语所表达的意义又变成了强调的对象是书而不是其他东西了。

2. 停顿在交际中的作用

在言语交际中，停、连既是一种语言标志，也是一种修辞手段。同样的一句，停顿的地方不同，表达出来的意义就会完全不一样。在商务交际的过程中，如果把本来应该按照正常语速表达出来的话语，通过断断续续的方式表达出来，那么这个时候说话者想要表达的意思，可能就不再是这句话的本来意义了。说话者或者是想表达出一种犹豫不决、拿不定主意的意思，或者是想表达出一种与听话者要求相背离、不愿意按照听话者意愿去做某件事情的意思。在进行商务交际时，突然中断一下本应该正常说下去的话语，可能表示说话者的注意力已经不在正在进行的言语交际上了，所说的话语到底表达什么意义，已经不再是话语本身所要表达的意思了。同样的道理，当说话者把本应该停顿之后才说出来的话语，快速地不加停顿地说出来，则可以证明说话者内心变得比较急促。总之，停、连在言语交际中起着比较重要的作用。

3. 语调在言语交际中的作用

同样的一句话，如果说话者语调平直舒缓，没有太明显的高低升降变化，则说明说话者想表达的是一种庄重、严肃，或者悲痛冷漠的感情；如果说话者的语调由低到高，逐渐上升，则说明说话者表现出来的是一种积极进取的呼唤和号召；而如果说话者的语调不仅是由低到高，而且还出现高低起伏的变化，那么说话者表达出的将是一种惊讶怀疑的感情；当说话者的语调由高到低，逐渐下降时，又说明说话者想借助话语表达出一种命令、自信的感情。

因此，语调的不同，也传达着不同的含义。

4. 语气在言语交际中的作用

语气是语调、语势相结合的一种综合形式，它与表达者的思想感情、声音形式以及表达内容相互融合，是副语言的几个要素中最为重要的内容。

同样的一句话，声沉气缓表示的是悲伤，气缓声柔表示的是爱慕；气舒声平表示的是安静；气粗声硬表示的是愤怒；气提声抖表示的是惧怕；气足声重表示的是怨恨；气满声高表示的是高兴;气少声淡表示的是冷漠;因此,在商务交往中,要注意语气的正确使用。

5. 辅助语使用标准

(1)音量大小适中。讲话时声音不宜过高,音量大到让人听清即可,明朗、低沉、愉快的语调最吸引人,放低声音比提高嗓门声嘶力竭地喊听起来让人更舒适。所以语调偏高、音尖的人应该设法练习变为低调。当然这要把握适度,声音太低太轻也不易让人听清楚,那也不好。

(2)语调柔和。在社交场合中,一般以柔言谈吐为宜,尽可能使声音听起来柔和,避免粗俗尖硬的讲话,以理服人,而不是以声、以势压人。心平气和更能诚服于人,语言美是心灵美的表现,"有善心,才有善言",因此要掌握柔和谈吐,首先应加强个人的思想修养和性格锤炼。

(3)讲话速度快慢适中。讲话时,要依据实际情况的需要调整快慢,讲话速度最好不要过快,特别是有分量的谈话内容,应尽可能娓娓道来,给他人留下稳健的印象,也给自己留下思考的余地。

(4)要有抑扬顿挫。讲话时应注意音调的高低起伏、抑扬顿挫以增强讲话效果。应避免平铺直叙过于呆板的音调,这种音调让人听着乏味,达不到预期的效果;任何一次讲话,速度的变化、音调的高低,抑扬顿挫,就像一首交响乐,搭配得当才能和谐动人。

(5)吐字清晰,声音清亮圆润,段落分明。讲话时应吐字清晰、段落分明,避免含糊其词、咬字不清和咬舌的习惯,宁可把讲话的速度放慢,也要把话说清楚。

(6)发音准确,谈吐清晰。要使自己的声音美,不仅指嗓音的动听甜美,更重要的是如何正确发音,使自己的语言保持抑扬顿挫的声调、快慢适中的速度,自然地表达丰富的思想感情。

3.2.3 会用态势语言

态势语言是指通过身体各部分能为人所见的活动,来进行表达和交流,又称为体态语或无声语言。它主要包括手势、眼神、动作及姿态等,是有声语言的重要辅助手段和补充。通过态势语言的运用及其有声语言的有机结合,能达到"眉来眼去皆表意,举手投足皆语言"的境地。正如美国心理学家通过实验得出的结论:信息的效果 = 7% 的文字 + 38% 的音调 + 55% 的面部表情及动作。在某种特殊情况下,态势语言不但可以单独使用,甚至还可以表达出自然的有声语言难以表达的思想感情,进而直接代替自然有声的语言。

客户服务人员在使用态势语言时,基本要求有以下几点。

1. 表情自然

表情,通常是指一个人面部的表情,即一个人面部神态、气色的变化和状态。人们在交谈时所呈现出来的种种表情,往往是个人心态、动机的无声反映,客户服务人员为了体现自己的交谈诚意和热情,应当对表情予以充分注意。

(1)交谈时目光应专注,或注视对方,或凝神思考,从而和谐地与交谈进程相配合。眼珠一动不动,眼神呆滞,甚至直愣愣地盯视对方,都是极不礼貌的;目光游离,漫无边际,则是对对方不屑一顾的失礼之举,也是不可取的;如果是多人交谈,就应该不时地用目光与众人交流,以表示交谈是与大家共同进行的,彼此间都是平等的。

(2)客户服务人员在交谈时可适当运用眉毛、嘴、眼睛在形态上的变化,表达自己对对方所言的赞同、理解、惊讶、迷惑等,从而表明自己的专注之情,并促使对方强调重点,解释疑惑,使交谈顺利进行。

(3)客户服务人员交谈时的表情应与说话的内容相配合,与上级领导谈话,应当恭敬而大方;与客户谈话,应当亲切而温和。

相关链接
正式场合笑的禁忌

2. 举止得体

人们在交谈时，往往会伴随着谈话内容做出一些有意无意的动作，这些肢体语言通常是自身对谈话内容和谈话对象的真实态度的反应。因此，客户服务人员务必要对自己的举止予以规范和控制。

(1)适度的动作是必要的。例如，发言者可用适当的手势来补充说明其所阐述的具体事由，倾听者则可以点头、微笑来反馈“我正在注意听”“我很感兴趣”等信息。适度的举止既可表达敬人之意，又有利于双方的沟通和交流。

(2)避免过分、多余的动作。与人交谈时可有动作，但动作不可过大，更不要手舞足蹈、拉拉扯扯、拍拍打打。为表达敬人之意，切勿在谈话时左顾右盼，或是双手置于脑后，或是高架“二郎腿”，甚至剪指甲、挖耳朵等。交谈时应尽量避免打哈欠，如果实在忍不住，也应侧头掩口，并向他人致歉。尤其应当注意的是，不要在交谈时以手指指人，因为这种动作有轻蔑之意。

3. 遵守惯例

除了表情和举止之外，客户服务人员在交谈时往往能通过一些细节来体现自己的谈话态度。为表达自己的诚意、礼貌与热忱，客户服务人员在这些细节的处理上要遵守一定的既成惯例。

(1)注意倾听。倾听是与交谈过程相伴而行的一个重要环节，也是交谈顺利进行的必要条件。客户服务人员在交谈时务必要认真聆听对方的发言，用表情举止予以配合，从而表达自己的敬意，并为积极融入交谈做最充分的准备。切不可追求“独角戏”，对他人发言不闻不问，甚至随意打断对方的发言。

(2)谨慎插话。交谈中不应当随便打断别人的话，要尽量让对方把话说完再发表自己的看法。如确实想要插话，应向对方打招呼：“对不起，我插一句行吗？”但所插之言不可冗长，一两句点到即可。

(3)礼貌进退。参加别人谈话之前应先打招呼，征得对方同意后方可加入。相应地，他人想加入己方交谈，则应以握手、点头或微笑表示欢迎。如果别人在个别谈话，不要凑上去旁听，若确实有事需与其中某人说话，也应等到别人说完后再提出要求。谈话中若遇有急事需要处理，应向对方打招呼并表示歉意，值得注意的是，男士一般不宜参与女士圈子的交谈。

(4)注意交流。交谈是一个双向或多向交流过程，需要各方的积极参与。因此在交谈时切勿造成“一言堂”的局面，自己发言时要给其他人发表意见的机会，别人说话时自己要适时发表个人看法，互动式促进交谈进行。

4. 正确使用手势

相关链接
错误的数数方法

手势，指的是人们手部的动作和姿势。在人际交往中，它是一种使用最广泛的“无声的语言”，常常被人们用来辅助表达自己的思想或心理活动。

(1)应当努力使手势优雅大方。要注意：自然而然，具有美感。

在站立时，规范的手势应是：双手自然伸直，叠放腹前；或者双手直伸，指尖向下，贴放于身体两侧。在就座时，规范的手势是双手相叠。自然重心放在身体重心的那条大腿上面。在指示方向或者请求他人做某件事情时，规范的手势应是右肘伸平，右手手指自然并拢，掌心向上，以右臂肘关节为轴，以右手指尖指向某一特定方向。在握手时，最合乎礼仪的规范的手势是：伸出右手，手掌垂直于地面，以手指稍微用力握住对方的手掌，上下晃动一两下，持续1~3分钟，同时上身略向前倾，面含微笑，双目注视对方。

(2)应当尽量使手势文明礼貌。古人云：“礼者，敬人也。”在人际交往中，不使用不文明、不礼貌的手势，自然是待人的应有之仪。但也应该要注意到，不同国家在使用手势时有不同的含义，看一个人的动作，就能知道他来自何方；中国人与欧美国家人表示数字就有很大的差别，中国人伸出食指表示“1”，欧美人则伸出大拇指表示“1”。中国人伸出食指和中指表示“2”，欧美人是伸大拇指与食指表示“2”，并依次伸出中指、无名指和小拇指表示“3”“4”“5”，中国人用一只手的五个指头可以表示6~10的数字，而欧美人表示6——10要用两只手，如展开一只手的五指，再加上另一只手的拇指表示“6”，依此类推；在中国，伸出食指指节前屈表示“9”，日本人却用这个手势表示“偷窃”；中国如表示“10”的手势，在英美国家则表示“祝好运”，或示意与某人关系密切；伸出一只手，将食指和大拇指搭成圆圈，美国表示“OK”，是赞扬和允诺之意；日本代表“金钱”；法国表示“微不足道，无价值”。

3.2.4 握手的艺术

握手，代表着友好与和平，史前时期，人类的祖先以打猎为生，世界对他们来说是充满着危险的。因此，当陌生人相遇时，如果双方都怀着善意，便伸出一只手来，手心向上，向对方表示自己手中没有石头或武器，走近之后，两人互相摸摸右手，以示友好。这样沿袭下来，便成为今天人们表示友好的握手。

握手作为一项最基本的社交礼仪，其传达的意义可以非常丰富，可是如果不掌握握手的礼仪与技巧，那就只能代表一种程式化的程序。利用握手向客户传达敬意，引起客户的重视和好感，这是那些优秀的客户服务人员经常运用的方式。要想做到这些，客户服务人员需要注意以下几点。

1. 握手的时机

一般来说，两人初次见面、朋友久别重逢，或在社交场合偶遇同事、同学、同行、上司等要握手；在家待客和登门拜访，以及告辞或送行要握手；表示理解、支持、鼓励、肯定时要握手，表示感谢、恭喜、祝贺时也要握手。

2. 握手的方式

距握手对象1米处，双腿立正，上身略向前倾，伸出右手，四指并拢，拇指张开，与对方相握，握手时力度适中，上下稍动三四次，随即松开手，恢复原状。与人握手，神态要专注、热情，友好、自然，要面含笑容，目视对方双眼，同时问候对方。

3. 握手的力度

握手时为了表示热情友好，应当稍许用力，但以不握痛对方的手为限度。在一般情况下，手不必用力，握一下即可。男子与女子握手不能握得太紧，西方人往往只握一下妇女的手指部分，但老朋友可以例外。

4. 握手的时间

握手时间的长短可根据握手双方亲密程度灵活掌握。初次见面者，一般应控制在3秒以内，切忌握住异性的手久久不松开。即使握同性的手，时间也不宜过长。但时间过短，会被人认为傲慢冷淡、敷衍了事。

5. 伸手的次序

根据礼仪规范，握手时双方伸手的先后次序一般应遵守"尊者先伸手"的原则，应该由尊者先伸出手来，位卑者只能在此后予以响应，而绝不可贸然抢先伸手，不然就是违反礼仪的举动。其规则主要包括：男女之间握手，男方要等女方先伸手后才能握手，如女方不伸手，无握手之意，可用点头或鞠躬致意；宾主之间，主人应向客人先伸手，以示欢迎；长幼之间，年幼的要等年长的先伸手；上下级之间，下级要等上级先伸手，以示尊重。

多人同时握手切忌交叉，要等别人握完后再伸手。值得注意的是：在公务场合，握手时伸手的先后次序主要取决于职位、身份；而在社交休闲场合，它则主要取决于年龄、性别、婚否。

6. 握手的禁忌

握手虽然司空见惯，看似平常，但是它可被用来传递多种信息，因此在行握手礼时，应努力做到合乎规范，并且注意下述几点：

(1)不要用左手与他人握手，尤其是在与阿拉人、印度人打交道时要牢记此点，因为在他们看来左手是不洁的。

(2)不要在握手时争先恐后，而应当遵守秩序，依次而行。特别要记住，与基督教信徒交往时，要避免两人握手时与另外两人相握的手形成交叉状。

(3)不要戴着手套握手，在社交场合女士的晚礼服手套除外。

(4)不要在握手时戴着墨镜，只有患有眼疾或眼部有缺陷者才能例外。

(5)不要在握手时将另外一只手插在衣袋里。

(6)不要在握手时另外一只手依旧拿着香烟、报刊、公文包、行李等东西而不肯放下。

(7)不要在握手时面无表情，不置一词，好似根本无视对方的存在，而纯粹是为了应付。

(8)不要在握手时长篇大论，点头哈腰，滥用热情，显得过分客套，让对方不自在、不舒服。

(9)不要在握手时把对方的手拉过来、推过去，或者上下左右抖个没完。

(10)不要在与人握手之后，立即擦拭自己的手掌，好像与对方握一下手就会使自己受到感染似的。

3.2.5 常见其他见面礼

在国内外交往中，除握手之外，以下见面礼也较常见。

(1)点头礼。其适用于路遇熟人，在会场、剧院、歌厅、舞厅等不宜与人交谈之处，在同一场合碰上已多次见面者，遇上多人又无法一一问候之时。

行礼的做法是:头部向下轻轻一点,同时面带笑容,不宜反复点头不止,也不必点头的幅度过大。

(2)举手礼。行举手礼的场合与行点头礼场合大致相似,它最适合向距离较远的熟人打招呼。其做法是:右臂向前方伸直,右手掌心向着对方,其他四指并齐,拇指分开,轻轻向左右摆动一两下。不要将手上下摆动,也不要在手动时用手背朝向对方。

(3)脱帽礼。戴着帽子的人,在进入他人居所、路遇熟人、与人交谈、握手或行其他见面礼时,应自觉脱帽。进入娱乐场所、升挂国旗、演奏国歌等情形下,也应自觉主动地摘下自己的帽子,并置于适当之处,这就是所谓脱帽礼。女士在社交场合可以不脱帽子。

(4)注目礼。其具体做法是:起身立正,抬头挺胸,双手自然下垂或贴放于身体两侧,面容庄重严肃,双目正视被行礼对象,或随之缓移动。一般在升国旗时、游行检阅、剪彩揭幕、开业挂牌等情况下,使用注目礼。

(5)拱手礼。这是我国民间传统的会面礼,在过年举行团拜活动,向长辈祝寿,向友人恭喜结婚、生子、晋升、乔迁,向亲朋好友表示无比感谢,以及与海外华人初次见面时表示久仰大名时行此礼。行礼时应起身站立,上身挺直,两臂前伸,双手在胸前高举抱拳,自上而下,或者自内向外,有节奏地晃动两三下。

(6)鞠躬礼。这种礼仪在日本、韩国、朝鲜等国十分普遍。在我国主要适用于向他人示感谢、领奖或讲演之后、演员谢幕、举行婚礼或参加追悼活动等。行礼时应脱帽立正,双目凝视受礼者,然后上身弯腰前倾,男士双手应贴放于身体两侧裤线处,女士的双手则下垂搭放于前,下弯的幅度越大,所表示的敬重程度就越大。

(7)合十礼。在东南亚、南亚信奉佛教的地区以及我国傣族聚居区,合十礼最为普遍。行合十礼时,双掌十指在胸前相对合,五个手指并拢向上,手尖和鼻尖基本持平,手掌向外侧倾斜,双腿立直站立,上身微欠低头,可以口颂祝词或问候对方,亦可面带微笑,但不准手舞足蹈,反复点头。一般而论,行此礼时,合十的双手举得越高,越体现出对对方的尊重,但原则上不可高于额头。

(8)拥抱礼。在西方,特别是在欧美国家和地区,拥抱礼是十分常见的见面礼与道别礼。在人们表示慰问、祝贺、欣喜时,拥抱礼也十分常用。正规的拥抱礼,讲究两人正面面对站立,各自举起右臂,将右手搭在对方左肩后面,左臂下垂,左手扶住对方右腰后侧。首先各向对方左侧拥抱,然后各向对方右侧拥抱,最后再一次各向对方左侧拥抱,一共拥抱3次。在普通场合行礼,不必如此讲究,次数也不必要求如此严格。

(9)亲吻礼。这也是西方国家常用的见面礼,有时它会与拥抱礼同时使用。行礼时,通常忌讳发出亲吻的声音,而且不应将唾液弄到对方脸上。在行礼时,双方关系不同,亲吻的部位也有所不同。长辈吻晚辈,应当吻额头;晚辈吻长辈,应当吻下颌或吻面颊;同辈之间,通常应当贴面颊,异性应当吻面颊。接吻,即吻嘴唇,仅限于夫妻与恋人之间,而不宜滥用,不宜当众进行。

(10)吻手礼。其主要流行于欧美国家和地区。它的做法是:男士行至已婚女性面前,首先垂手立正致意,然后以右手或双手捧起女士的右手,俯首以自己微闭的嘴唇,象征性地轻吻一下其手背或是手指。行吻手礼的地点,应在室内为佳。吻手礼的受礼者,只能是女性,而且应是已婚女性。

3.3 客户服务语言交际礼仪

交谈是一种艺术，它既在乎我们“说什么”，也在乎我们“如何说”，二者就像人的两条腿，缺一不可。“说什么”是内容，“如何说”是形式，内容和形式同时丰富才能获得良好的效果。

3.3.1 选择交际用语

与人交流，使用什么样的语言决定了别人对我们的印象，熟练使用世界上使用频率最高的六大礼貌用语可以让我们不论走到哪里都会受到别人的尊重和欢迎。这六大礼貌语及其内涵是：

(1)“您好”(Hello)，是热情的问候，良好的祝福。

(2)“请”(Please)，是礼貌的象征，谦恭的标志。

(3)“谢谢”(Thank you)，显示礼仪规范，强化尊重。

(4)“对不起”(Excuse me)，是道德的尺度，灵魂的水准。

(5)“没关系”(That's all right)，表示善于宽容，更见涵养。

(6)“再见”(Good-bye)，是亲切的道别，友谊的延续。

除了使用礼貌用语，在交际场合使用一些雅语，也会提升我们的修养与风度，往往能反映一个人的文明程度。雅语可以用在对一些名词的雅化上，以强调尊重之感，尤其是有些可能会产生歧视性含义的名词。比如可以把痴呆、低能人称为“智力障碍者”，把太平间的管尸体人员称为“阴阳天使”，把为病人服务的人称为“陪护人员”或“卫生员”，把捡破烂的人称为“拾荒者”，把扫大街清理垃圾的人称为“城市美容师”“环卫工作者”，把保姆称为“家政服务员”，把民工称为“外来务工人员”等，这充分体现出社会对不同从业者人格的尊重。

雅语还表现在对某些行为举止说法的雅化上，如把吃饭称为“用餐”“用膳”，把倒酒称为“满酒”“斟酒”，把喝茶称为“用茶”或“品茗”，把上厕所称为“净手”“方便”“去卫生间”等。西方人有时还会用“我要去草地上坐坐”“我要去看看星星、月亮”等含蓄的语言暗示。

礼貌用语与雅语是推荐的语言，有所说就有所不说，哪些语言是不能说或者要少说呢？脏话要少说。随口带着“靠”“我去”等口头禅只会让人反感。

填充词要少用。如“你知道”“对不对”“那个……这个……他说……我说……”“你想一想”“说实话”“就像”“嗯”“呃”等，这些词语，说者可能不觉得，但听者就很容易发现。

副词和形容词要恰当使用。副词和形容词如果使用过分，效果反而不好，如“非常”“十分”“最”“最最”“超级”等字眼。

总之，一个人使用的语言反映着一个人的身份、修养。问对方的职业“您在哪里高就”总会比“你在哪里混”要让人舒服得多。随口而出的一些脏话、不雅的口头禅也会在最短的时间内决定别人对我们的印象。

3.3.2 选择交际主题

礼貌用语与雅语可以提升人的档次，但双方见面还需要进行一些实质性的交谈。很多人不知道如何与对方展开话题，破除坚冰，感觉寒暄完就无话可说了，怎样才能形成其乐融融、交谈甚欢的场景？在交谈话题与内容的选择上，可以按照如下内容进行。

1. 双方感兴趣的话题

交谈主题应该选择双方感兴趣的话题，人际交往“双赢”是我们的第一选择。如何得知对方擅长什么、对什么感兴趣？以及如何碰巧自己会有与对方都感兴趣的话题？重要的人际交往活动是需要做一些功课的，见面前应该了解一点对方的基本信息及深层信息，知道得越多，在交往中越能从容、自在。此外，不断地拓宽自己的知识面，多培养一些业余爱好与兴趣可以增加个人的魅力与受欢迎程度。如果实在与对方没有共同感兴趣的话题，那就退而求其次，寻找对方感兴趣的话题而非仅仅自己感兴趣的话题。

与欧美人士交流，谈一谈交响乐、橄榄球、对方感兴趣的某项收藏、他们国家悠久的文化等，一定会让对方敞开心扉愉快交流。如果自己的身份是东道主或者对方是位尊者，这种“交往以对方为中心”的意识要更加明显。而作为客方成员或者位尊者，意识到对方在选择自己感兴趣的话题时，也要偶尔转换话题，找一个对方熟悉与感兴趣的话题，如此，交谈才是真正融洽与开心的。一个人滔滔不绝地说个不停，另一方却沉默寡言，这恰恰是无趣与失败的交谈。

2. 个人特质的话题

有时候来不及做功课不知道对方对什么感兴趣，也无从得知对方对什么比较熟悉，从对方身上寻找话题也是不错的一个选择。比如，对方就在我们眼前，他们的体貌特征、行事作风、声音特点、穿衣打扮、配饰选择等，只要是有特点的地方都可以成为我们的话题。

当然，这种以个人特质为核心的话题还有很多，人与人是不一样的，最重要的是我们有一双善于发现的眼睛，能够捕捉到这些信息并敢于分享出来。

3. 参与度高的话题

有一些话题不一定是双方特别感兴趣的，但却具有共享性的特点，即说出来人人都能聊上几句，不会出现有人能说有人插不上嘴的情况。比如天气、时下流行的事、时事新闻、热门的民生议题等，这些话题的最大好处就是人人都知道，不会把某些人排除在外。

不管是两人交谈还是小群体之间交谈，总是有人爱说有人不爱说，但主动选择聆听与被动的听不懂是两码事。好的交谈总是具有强大的包容性，能够让所有人参与进行，具有共享性。

4. 分享性的话题

分享是人的本能，需要人们通过交流而获得各式各样的情感满足。快乐、痛苦需要与人分享，但适宜交往分享的话题，是那些轻松愉快、快乐励志的话题，如哪里好玩、哪里好看、哪里好吃、哪里好买等，还有奇闻趣事也不错。这些话题富含各种信息，聆听者获得这些信息，犹如打开一扇窗，丰富了自己。

既然有所说就有所不说，有些交谈话题与语言是不能涉及的，一旦说出会破坏交谈的氛围也会损害自身的形象。

职场交际中要充分注意以下几方面。

1. 负面消极的语言和话题

负面消极语言是那些说了让人产生不愉快感受的语言，如气话、情绪性语言、不友好不耐烦的语言等。人有素养与修养的体现之一是对自身情绪与心情的控制，不论在职场还是在社交场合，发泄个人糟糕的情绪都是非常不明智的。情绪消极语如“不知道！不清楚！”“你怎么还不明白！”“急什么，没看到我在忙吗？”“我的态度就这样，怎么啦？”“这个不归我管！你问别人去！”“我很累！”等，说多了会破坏氛围，也会破坏别人对我们的印象。

2. 非议他人而多事的话题

俗话说“谁人背后不说人，谁人背后无人说”，但中国的先贤们早就指出了背后非议人的坏处，《弟子规》讲“道人恶即是恶，扬人善即是善”，《增广贤文》讲“来说是非者，必是是非人”。

这些观点具有普适性，不仅适用于与中国人交往，与世界其他国家的人交往也适用。非议别人可能有传到被议论者耳朵里的危险，最重要的是破坏自己在聆听者心目中的印象。

人无完人，视觉所能见到的均是内心图景的反映。如果实在忍不住想要谈论别人，就议论别人的优点，如果传到被赞美者的耳朵里，会增加好感。同时，会优化自己在交谈者心目中的印象。

一个心中有美、有善的人是走到哪里都受人欢迎的人。如果对方非议别人如何处理？是附和、沉默还是转换话题？为了避免给非议加码，较好的方式是礼貌地冷回应，如“嗯”“我理解”“我明白”，然后转换话题。大庭广众之下，需要尽量给人留面子，毫无情面地批评、指责、揭短会伤害当事人的自尊心，要尽量避免。

3. 低俗浅薄的话题

色情的小笑话常常会成为小聚的调味剂，但在较正式的场合，这种话题与语言尽量不要涉及，否则会降低自身档次，低俗浅薄的话题与语言总是难登大雅之堂的，要尽量避免。

4. 个人隐私的话题

对于个人隐私，东西方的标准并不一致。东方人受儒家文化的熏陶与影响，重视血缘与亲缘。而西方人讲究理性与法制，把公共空间与私人空间区分得比较清楚。

按照西方国家的标准，隐私话题包括收入问题、年纪大小、婚姻家庭、健康状况、家庭住址、电话号码等。这些信息别人是无权过问的。

有趣的是，中国人似乎对以上话题很感兴趣，特别是个人收入与婚姻家庭状况，这与中国的文化息息相关，重视血缘与亲缘的中国人往往把询问很多个人隐私信息视为关系亲密以及关心对方的表现。

如邻居家的大妈见到看着长大的小伙子从国外留学回来，可能会问一些如“现在哪里工作”“一个月挣多少钱”“结婚了没有”等问题以示关心。但是随着中国国际化程度的不断提高，年轻一代已经越来越接受西方国家的个人隐私的标准。

因此，中、青年人之间以及对外国人要严格遵循不问隐私的原则。隐私话题“家庭婚姻”不仅包括找没找朋友、结没结婚，离没离婚，还包括生没生孩子，很多大城市的女青年晚婚晚育或者保持单身，甚至丁克是非常正常的事情，贸然提问可能会让对方尴尬。

3.3.3 交际中巧妙应对

交谈是双方听、说角色的轮替，有听也有说。当对方说出一句话时，该如何得体地应对？正确地理解对方的意思是顺畅交流的前提条件。进行商务交际，面对不同文化背景的人，交谈的模式与对应的思路是不一样的。

相关链接
中西方对语言的不同理解

想要与不同文化背景的人顺畅交流，自由切换，了解有代表性的两种语境文化是非常必要的。美国人类学家爱德华·霍尔在1976年出版的《跨文化》(*Beyond Culture*)中提出了高语境文化和低语境文化的概念。

1. 高语境文化

高语境文化是指在一种文化的语言交际过程中，如果对语境的依赖程度比较高，而对所使用语言的依赖程度比较低，那么这种文化就是高语境文化。换言之，与高语境文化者交流，如果仅仅依赖言语而忽视非言语的语境，可能没有办法准确抓住对方的意思。

高语境文化主要出现在亚洲受到儒家文化影响和熏陶的国家，如中国、日本、韩国等，排名靠前的国家有中国、日本。

儒家思想的创立者孔子认为个人修养非常重要，要成为君子必须“自谦而敬人”。与人交往时对别人时刻要“抬”，对自己时刻要“贬”，“谦让”文化呈现中国礼仪之邦谦谦君子的交往模式。

如果每一个人都遵循这种“抬”他人“贬”自己的做法，与人交往时一定都会遇到两种情况：一是对方“抬”我们，面对别人的恭敬、恭维该如何回复，才是得体与正确的？二是对方“贬”自己，我们该如何恰当应对与得体作答？

与高语境文化者交流，这种“高抬”语言与模式随处可见，如“你太优雅了”“您是我们的骄傲”“您的课讲得太好了”“什么时候请您到我们哪里去指导啊”“您是我见过的最有才华的人”等。作为被高抬者，如何回复才是最得体的？

很多人选择“谢谢”作为回复，需要指出的是在高语境模式下“谢谢”的分量是不够的，因为这些高抬自己的赞美语有可能是真的，也有可能是夸张的，甚至是不存在的，如果只回复“谢谢”，那就意味着当事人接受与认同这种赞美。这恰恰不符合高语境文化的交谈对应模式，最佳的回复是“哪里哪里”“您过奖了”“不敢当”“谢谢夸奖”。

这类回复让人感觉很舒服，潜台词是“这些溢美之词是对我的高抬，在下有自知之明”。

第二种情况是对方“贬”自己，这种自谦语言与交谈模式也随处可见，比如招呼客人入席时说的“今天随便做了几个菜，没做准备，不成敬意”。这是典型的自谦表述，“没做准备”不是说真的没有做准备，而是自谦之说。

在东方国家，越是有修养、有本事之人往往越谦虚，遇到这类自谦之说，最佳的回复是加倍地肯定与赞美对方。根据心理学家的研究，当人表示“自谦”时，内心其实需要对方的肯定与认可，因此，此时不能顺着对方的话回答，而应该加倍地肯定与赞美对方，这才符合“谦让”文化下的应答要求。

2. 低语境文化

低语境文化是指在一种文化的言语交际过程中，如果对语境的依赖程度比较低，而对所使用言语的依赖程度比较高，那么这种文化就是低语境文化。换言之，与低语境文化者交流，对语境的依赖比较少，主要依赖语言就能抓住对方说话的意思。

低语境文化主要存在于中欧、西欧、北欧与美国，排名靠前的国家有德国、瑞士。这类文化者的特点有直话直说、反应外露、不重视语境、强调自我表达等。需要注意的是欧洲的法国、英国、意大利则同时具有高语境文化与低语境文化特点。与低语境文化者交流，不用绞尽脑汁揣测对方是不是“话里有话”，他们心里所想基本会直接表达，不会顾及“面子”“关系”等因素。

比如如果一位欧美人士赞美：“你的字写得真好！”如果我们的字的确写得很好，不用过分自谦，回复“谢谢，这是我多年练习的结果”就可以。如果认为自己的字写得一般，可以回复“谢谢，我已经练习很久了，我把你的话当成鼓励”也可以。

如果对方说“这次我发挥得不好，表现一般”，我们也无须说“哪里哪里，你表现真的很棒”，实事求是地说“没关系，你继续努力一定能够成功”就可以。当然，如果对方是一个小孩子或者需要鼓励的人，也可以说“我觉得你很棒”。

3.3.4 礼貌交谈方式

什么决定了人说话的水平高低？在表达同一种意思时，有的人说话让人听着舒服、如沐春风、温暖无比，有的人说话让人听着别扭刺耳、高傲冷漠、盛气凌人。都在表达同一种意思，为什么会有如此大的差别？人与人的天赋条件不同，受教育情况与人生经历也不一样，除了前面提到的使用礼貌用语、敬语、雅语等，还有一个很重要的方面是交谈方式的呈现。

交谈方式是属于“如何说”的范畴，谈话内容决定了我们的积累，交谈方式决定了我们的风貌。交谈方式是指如何把我们想要表达的意思，以更加礼貌和令人能够接受的方式呈现。

以用餐礼仪为例，如果就餐时需要额外的一双筷子，如何向服务员要呢？比较随意、粗鲁的方式是：“拿双筷子来！”比较礼貌的方式是：“服务员，请再拿双筷子来，好吗？”二者的区别是，第一种说法的句式是带命令的祈使句，是一种高高在上的、发号施令的语气；第二种说法就要委婉动听得多，不仅加了一个礼貌用语“请”字，还把句式换成了询问句，是一种协商的口气，听着让人更容易接受。

是否还有更加礼貌的方式呢？欧美国家的人还喜欢使用一种把“我”放在前面的询问法，如以向对方索要名片为例，以下三种问句的礼貌性逐渐加强：

“给我一张名片。”

“请给我一张名片好吗？”

“我能有这个荣幸得到您的一张名片吗？”

把我放在前面的语言非常委婉、动听，让人如沐春风，这种用法还能在很多方面使用，如与客户打招呼、邀会见、邀舞、邀饭局等。例如：

“您好！我能为您效劳吗？”或者“我能为您做什么？”

“您好！我能有这个荣幸和您会谈一次吗？”

“您好！我能有这个荣幸请您跳一支舞吗？”

“您好！我能有这个荣幸和您共进晚餐吗？”

“您好！我能有这个荣幸复制您的 PPT 吗？”

实际上，说话或者询问句以“我”开头或者说“我”，不说“你”是一种巧妙的技巧。

说你错误——“我感到很失望！我感到很遗憾！”

说你耍赖——“我感到很无奈！”

说你的要求无理——“我这里将有很大困难！”

说你背信弃义——“我觉得受到了很大伤害！”

在课堂上，如果遇到学生满脸疑惑，优秀的老师会问学生“我说明白了吗”，而不能询问“你们听懂了吗”。其实表达的是同一个意思，但询问方式的不同，效果会完全不一样。

“我说明白了吗”的潜台词是“如果你们没有听明白，那是我没有说清楚”，这句话的舒适度就比“你们听懂了吗”要高得多。

“你们听懂了吗”的潜台词是“我已经说得很清楚了，你们还没有听明白”。同样，如果公司老板要与下属谈谈，会说话的老板会说：“小王，十分钟后我在办公室等你”，而有的老板也许会这么说：“小王，十分钟之后你到我办公室来一下”。

没有人不需要尊重，越是地位不高、身份普通的人，越渴望得到尊重，尊重是个人价值的体现。如果我们希望得到别人的尊重和喜欢，希望彼此交往顺利进行，就要尝试从最细微的方面开始。

3.3.5 赞美他人技巧

林肯说过“每个人都希望受到赞美”，在商务交往中，适当地赞美对方可以增加个人魅力，提升受欢迎指数。恰当的赞美，往往可以活跃气氛，令对方心情畅快。因为不仅仅是人们都喜欢听好话，更重要的是赞美对方，是对当事人个人与社会价值予以肯定的体现，这恰恰是人人都需要的。

中国人更善于赞美亲人、熟人、领导，赞美普通交往对象却相对吝啬，在商务交往中，更羞于使用慷慨的赞美。有人曾质疑“为什么要赞美对方”，其实赞美就如同鲜花，“送人玫瑰，手留余香”。赞美他人说明我们内心有美、有善，才能发现对方身上值得赞美的“点”。

恰如其分的赞美，我们不会损失什么，却能给对方带来幸福感。这种美好的氛围又会像打乒乓球一样回到我们身上，谈生意容易签合同，谈政务容易达成一致，交流学术观点容易拉近距离。因此，赞美并非仅仅是给予，还会有收获。有人说“幽默是一种智慧”，其实高超的赞美也是一种智慧。

恰当的赞美应注意的原则如下：

1. 善用直接赞美与间接赞美

直接赞美是指赞美当事人，可以是有形的外貌着装，也可以是无形的能力和品德。间接赞美是指通过当事人身边的人、物、景等传达佳话，从而达到含蓄地赞美当事人的目的。

不管是直接赞美还是间接赞美，有具体“赞美点”赞美，比空洞的赞美更好。比如“你真棒”“你真成功”“你真有钱”“你办公室真好”“你们家真漂亮”……如果能够具体说出来棒在哪里，成功在哪里，怎么有钱，办公室怎么好，家怎么漂亮，会生动得多，说服力也更强。例如：“王教授，今天您的演讲太棒了，解开了我多年的困扰。”“总经理，您取得了这么大的成就，工作还这么努力，对我而言是个很好的榜样呀！”“先生，我很冒昧地请问您，这条领带是您自己挑选的吗？搭配得很不错！”

间接赞美比直接赞美更加含蓄，可以是当事人身边的一切，如公司、家庭等，它们是一个人的延伸。有一种说法，看一个人的品位看他的太太，看一个人的实力看他的对手，看一个人的修养看他的居室。讲的都是一个人周围的一切，反映这个人的状态与品格。间接赞美表达起来不露痕迹，效果却一点也不比直接赞美差。

例如："很多客户暗地里说，贵公司的竞争能力太强了，他们根本无法与你们抗衡。""听说您有位漂亮的太太，真令人羡慕！""贵公司的规模在此行业里高居榜首，很多同行说要迎头赶上，但结果不仅没有赶上，反而和你们的距离越来越远。""这是您的孩子吗？真漂亮啊！""您的办公室布置得相当有格调，让人赏心悦目。""您这茶可真不错，滋味鲜爽，是今年新上的碧螺春吧？"

间接赞美遵循的是爱屋及乌原则，主人爱狗，你应该赞美他养的狗；主人养了许多金鱼，你应该赞美那些鱼的美丽。赞美别人的工作成绩，最心爱的宠物，最费心血的设计，都会引起对方的好感。

2. 区分男性赞美与女性赞美

男女性别不同，对个人的关注点也不太一样。通常来说，女士注重外在感觉，男士重视内在感觉。如果她们相貌出众、服饰得体，应该给予肯定。例如："张总，之前一直听说您是女强人，今天见面才发现您还这么有品位，服饰搭配堪称一流啊！""听说您曾经是大学的校花，厉害厉害。"

还有一类赞美是有关保养方面的，虽然女性年龄是个人隐私，直接询问是不礼貌的，但有一类情况例外，就是那些保养较好，显得很年轻的女士。她们往往爱问别人的问题是："你猜我多大啦？"如果实际年龄是 60 岁，但看上去就是 40 岁的样子，猜出的年龄比实际年龄小很多，当事人一定非常高兴，充满了喜悦之情。

此外，随着女性的解放，越来越多的女性步入职场，成为与男性不分上下的巾帼英雄，她们要忙于事业，还要承担家庭的责任，我们把这种女性称为双肩挑型。因此，女性拥有成功的事业是很不容易的，应该为她们的成功点赞，如"同行业的人称呼您为铁娘子，远见与胆识不一般，真令人佩服"。

当然，还有一点也是可以成为赞美点的，与您打交道的女性，如果事业成功，同时又拥有非常幸福、和谐的家庭，这也是最大的一个亮点，因为这一点是不容易做到的。例如："我见过很多事业成功的女性，也见过很多家庭经营得好的全职太太，可像您这样家庭和事业都经营得好的人真是太少了！"这正是对她所有付出的一种肯定与承认，这样的赞美，想不打动对方的心都很难。

相比之下，男性更加重视内在的东西，如能力、勤奋、诚信、魄力等。那么，赞美这些也是很不错的，如"王总，都说您是这个行业的专家！""跟您做生意不用担心，您的信用最可靠了！""能不能请教一下，您经过了怎样的努力，才拥有了今天事业的成功？"当然，如果对方是一位事业成功同时形象出众的人，赞美出来也是不错的，如"王总不仅事业成功，而且一表人才，英俊潇洒"。

3. 赞美的禁忌

赞美一定要以事实为依据，可以适当地夸大，但是绝不能凭空创造，否则就是阿谀奉承了，那会起反效果。恰如其分的赞美才是美好的。

法国作家大仲马有一次去俄国旅行，来到一座城市游览，后来决定去看看这个城市最大的书店。老板听到个消息觉得万分荣幸，决定做点什么来让这位法国著名作家高兴。于是，他在所有的书架上摆满了大仲马的著作。大仲马走进书店，见书架上全是自己的书，很吃惊地问老板："其他作家的书呢？"书店老板一时愣住了，不知如何应对，只得答道："其他作家的书——全、全卖完了。"

这本来是个笑话，但是很容易就能看出，这个老板不得体的赞美造成了相反效果。他本来想好好地奉承一下大仲马，然而他没有找准具体的赞美点，信口胡说，结果适得其反。因此，如果想把赞美说到人心坎上，一定要以事实为依据，可以夸大但不能编造。

实践训练

见面场景模拟训练

实训目的：掌握见面礼仪的基本规范，展现出良好的交际形象。

实训时间：1 课时。

实训地点：实训室或教室。

实训步骤：

(1)实训前需要事先设计见面的场景，准备名片、小礼物若干。

(2)将全班学生分成若干组，每组 3 ~ 5 人，每组设计一个见面场景，将称呼、介绍、握手、递接名片、礼物馈赠等交际礼仪连贯地演示下来。表演之前，每组应就设计的场景和成员的角色进行说明。

(3)学生对各组的表演进行评价，最后教师总结。

课后练习

一、判断题

(1)客户服务人员在与客户交往时，要尽量使用正式语言。 ( )

(2)客户服务人员要尽量避免用命令式的语言同客户交谈。 ( )

(3)与人交谈时要目不转睛地盯着对方看。 ( )

(4)"年龄"不属于隐私类话题，可以在交谈中询问。 ( )

(5)与人交谈时要注意聆听。 ( )

二、思考题

(1)设想几种不同的社交场景，如何根据交往对象不同进行称呼？

(2)请面对全班同学做 1 分钟自我介绍。

(3)设计几个不同人物身份和场景，模拟训练正确的介绍方法。

(4)假如你明天要拜访一位重要客户,列出你需要做哪些形象准备和资料准备。

(5)王秘书做秘书工作多年,积累了不少经验。近日,领导让他给新来的秘书介绍下接待经验,如果你是王秘书准备怎样介绍?

三、案例分析

【案例分析1】

注 意 称 呼

一天,有位斯里兰卡客人来到南京的一家宾馆准备住宿。前厅服务人员为了确认客人的身份,在办理相关手续及核对证件时花费了较长的时间。看到客人等得有些不耐烦了,服务人员使用中文跟陪同客人的女士解释,希望能够得到对方的谅解。谈话中,服务人员习惯性地用了"老外"这个词来称呼客人。谁料这位女士听到这个称呼后立刻沉下脸来,表示了极大的不满。原来这位女士不是别人,正是客人的妻子。见此情形,这位服务人员立即赔礼道歉,但客人的心情已经大受影响,始终不能释怀,还对这家宾馆产生了不良的印象。

思考讨论题:

(1)交际中怎样称呼才能表达敬意?

(2)本案例对你有何启示?

【案例分析2】

相逢一笑泯恩仇

一次在上海飞往广州的飞机上,有两位外国女郎金发碧眼、衣着华丽。可刚上飞机她们就皱起眉头,掩着鼻子直嚷机舱里有怪味。一位空姐微笑着走来,请她们原谅,并递上一瓶香水。香水却被她们倒在了角落里,接着又是一连串的刁难。虽然空姐觉得自尊受到伤害,但仍笑脸相待,一一满足她们的要求。

当空姐给她们送来可口可乐时,她们还没喝,就说可口可乐有问题,甚至将可乐泼到空姐身上。空姐强忍这种极端无礼的行为,再次把可口可乐递过去,微笑着不卑不亢地说:"小姐,这可乐是贵国的原装产品,也许贵国这家公司的可口可乐是有问题的。我很乐意效劳,将这可口可乐连同您的芳名及地址寄到这家公司去,我想他们肯定会登门道歉并将此事在贵国的报纸上大加渲染的。"两个女郎目瞪口呆,而那位了不起的空姐,还是面带微笑地将其他饮料送给她们。

事后这两位女郎留了一封信,信中说自己太苛刻、太过分,而中国空姐的服务、中国空姐的微笑,世界一流,无可挑剔。

思考讨论题:

(1)本案例对你有何启示?

(2)微笑在交际中有何作用?

第4章 联络客户礼仪

互联网时代是一个神奇的时代，它把所有的距离都拉近了。各种先进的通信工具让人们能够用最快、最便捷的方式联络和沟通，减少了原来繁杂的程序，节约了时间，方便了工作和生活。各行各业的工作，更是随着现代科学技术的发展，运用各种现代技术，沟通更为快捷而方便。虽然节奏变快，事情变得简单，但是有一样东西却还是不能少，那就是礼仪。

在客户服务工作中，电话、短信、视频通话、邮件等电子通信工具，扮演着非常重要的角色。在正式见面之前，人们常常会通过这些通信工具彼此联络，因此，它们已经在见面之前起到了形成印象、塑造形象的作用。

案例导入

电话里的女高音

某杂技团计划于下月赴美国演出，该团团长刘明就此事向市文化局请示，于是他拨通了文化局局长办公室的电话。

可是电话响了足足有半分多钟时间，不见有人接听。刘明正纳闷着，突然电话那端传来一个不耐烦的女高音："什么事啊？"刘明一愣，以为自己拨错了电话："请问是文化局吗？""废话，你不知道自己往哪儿打的电话？""哦，您好，我是市杂技团的，请问王局长在吗？""你是谁啊？"对方没好气地盘问。刘明心里直犯嘀咕："我叫刘明，是杂技团的。""刘明？你跟我们局长什么关系？""关系？"刘明更是丈二和尚摸不着头脑。"我和王局长没有私人关系，我只想请示一下我们团出国演出的事。""出国演出？王局长不在，你改天再来电话吧。"没等刘明再说什么，对方就"啪"地挂断了电话。刘明感觉像是被人戏弄了一番，拿着电话半天没回过神来。

讨论：

(1)电话里女同志的做法对吗？你遇到过类似的现象吗？

(2)你认为打电话的正确方式有哪些？

(3)结合本案例，谈谈你受到的启发有哪些？

4.1 固定电话礼仪

4.1.1 接听电话准备

打电话并非拿起电话就拨，重要通话是需要做一些准备的。具体来说，客户服务人员培养和维护良好的电话形象，应当从通话的准备、态度、语言、时间等方面予以准确把握。

任何形式的人际交流能否取得最后的成功，往往取决于交流各方是否在交流前做了准备，及所做准备是否充分。接打电话也是如此。客户服务人员只有在通话前做好充分的准备，才能使通话得以顺利进行，从而准确阐述观点，及时传递信息，有效化解分歧，达到合作目的。

1. 内容准备

在拨打电话之前，客户服务人员首先必须明确自己所要找的受话人的一般情况，包括受话人姓名、性别、职务、年龄等，以免发生尴尬。同时须明确受话人的电话号码，仔细核实，谨慎拨打。

更为重要的是，客户服务人员在通话前应当对自己所要传达的信息和阐述的要点有明确的把握，最佳办法是事先把这些内容写在便笺上，预备一个条理清晰的提纲，这样，电话一通，发话人就可以依照提纲，有条不紊地进行阐述了，不至于遗漏要点或者语无伦次，甚至因一时想不起来该说什么而尴尬地僵住。有鉴于此，客户服务人员可制作统一的电话记录表，以便通话顺利进行和日后查阅。

2. 仪态准备

在一般情况下，客户服务人员不论是拨打电话还是接听电话，都必须全神贯注。首先应当暂时放下自己手头的一切工作，端坐或端立于电话前，然后从容地拿起电话，微笑通话。通话前要把自己情绪调整好，人们往往以为在电话里讲话，谁也看不见谁，讲起话来就不注意表情和动作。其实这是不对的，如果你希望对方了解真正的你，就必须把笑容、点头以及手势变成对方听得见的声音，激动时还可以带上动作，把声音表情夸大一些；因为没有表情时讲出来的话，往往是干涩而没有感情的，对方一听就能想象出来；对方想象到你毫无表情地和他谈话，心里也就没有热情了，这样就中断或阻隔了两人的情感交流。

如果正是心情不好时有找你的电话，在接过电话前，一定要稳定情绪，使自己高兴起来，不要把烦恼和不高兴传染给对方，更不能因对方在不适合的时候打来电话而发火；因为对方并不知道你在干什么，也许是为了告诉你一件很重要的事，如果你一说话就带出一股不欢迎或不耐烦的情绪，对方马上就能觉察，想说的话也就有可能不说了。

通话时，通话人除了必须执笔做些适当、简短的记录，以及可以利用一些与通话内容相关的书面资料外，切不可三心二意地去做任何其他事情，否则既不尊重通话对象，也不利于交流沟通。

应当注意的是，通话虽然只是一个“只闻其声，不见其人”的交流过程，但通话人的神情举止完全可以通过声音的变化使对方清晰地觉察到，通话人可以根据声音来判断对方到底是全神贯注，还是心不在焉，到底是和蔼可亲，还是麻木呆板，进而推断对方对自己尊重与否，从而微妙地影响交流的进程与效果。

有些客户服务人员为了方便，喜欢使用免提通话，以便腾出手来做其他事，这同样有违全神贯注的基本要求，是不尊重对方的表现，不仅不能提高工作效率，反而有可能引起对方的误会和不满，进而影响工作。

3. 记录准备

公司任何一次公务来电，都有可能是一次重要的信息传递。因此，客户服务人员都应当在自己或公用的电话旁配备好完整的记录工具，要养成一听到电话铃，就拿起纸笔的习惯；为了避免因记不住或记不清发话人所传递的信息，要求发话人重述，甚至遗漏信息要点的情况，受话人应在接听电话时，进行适当的要点记录，避免反复，节约时间。

4. 补缺准备

由于种种原因，客户服务人员往往会在办公时间，暂时离开自己办公桌处理其他要事，以致自己无法接听他人来电。此时，一般可采取如下两种应对措施。

(1)委托他人代为接听自己的电话。让受托之人嘱托来电者，留下其姓名、单位及电话号码，转告对方自己会在回办公室后，即刻复电，并致歉意。一般不宜要求对方隔时再来电，以免给人以“摆架子”之嫌；也可请受托之人在对方同意的情况下，代为记录来电内容，但须确保记录准确，以免误事。

(2)设置电话录音。预留录音时应使自己的发音谦逊友好，其基本内容大致如下：“您好！这里是某某部门，现工作人员因公外出，请您在信号声过后留言，或留下您的姓名和电话号码。我们将尽快与您联络。谢谢。”

5. 选择通话时间

通话最佳时间，是在双方事先约定的时间或对方方便的时间。

除非有要事必须立即通告外，不要在别人休息的时间打电话。例如：每天上午 7 点前、晚上 10 点后及午休时间，用餐时打电话，也不合适；另外要注意，给海外打电话，要先了解一下时差，不要不分昼夜地打扰别人。

打公务电话，尽量要公事公办，不要在别人私人时间，特别是节、假日时间里，麻烦对方。如果能有意识地避开对方的通话高峰时间、业务繁忙时间、生理厌倦时间，打电话的效果会更好。会计师最忙的时候是月初和月末，；医生最忙的时候是每天上午，下雨天比较空闲；销售人员最闲的日子是热天、雨天或冷天，或者上午 9 点前，下午 4 点后；行政人员上午 10 点半后到下午 3 点最忙；公务员最适合的时间是上班时间，但不要在午饭前后和下班前；教师最适合的时间是放学的时候；家庭主妇最适合的时间上午 10 点至 11 点；忙碌的高层人士最适合的时间是上午 8 点前下午 5 点后。

每次通话时间的长短都要有所控制，基本的要求是宁短勿长。提倡“三分钟原则”，在打电话时，应当自觉地、有意识地将每次通话的时间，限制在 3 分钟以内；在通话开始后，除了要自觉控制通话时间外，必要时还要注意受话人的反应；比如，可以在开始通话时，先问一下对方，现在通话是否方便，如果对方不方便，再约另外的时间。

如果通话时间较长，最好先征求一下对方意见，并在结束时略表歉意；在对方节假日、用餐、睡觉时，万不得已打电话影响了别人，不仅要讲清楚原因，而且不要忘了说声：“对不起。”在别人工作时间里，原则上不要因私通话；在和对方通话时，可以多称呼对方，不仅会使对方专注，而且还会增加你的感情色彩。

4.1.2 接听电话原则

在通话的过程中，自始至终，都要尊重自己的通话对象，待人以礼，要表现得文明大方。打电话时要注意以下几点：

(1)在正式通话前，首先要说一声："您好！"接下来要自报家门，以让对方知道自己是谁。在电话里自报家门，通话人有四种模式可以借鉴：报本人的全名；报本人所在的单位；报本人所在的单位和全名；报本人所在的单位、全名和职务。其中第一种模式主要用于私人交往中，后三种模式适用于公务交往。最后一种模式是最正规的。

(2)不论自己是什么身份或是有什么值得生气的事，给别人打电话时，都不应该厉声呵斥，态度粗暴无理，低三下四也没有必要；如果对方电话有总机，不要忘了对总机话务员问声好。比如："您好，请转×××，谢谢！"碰上要找的人不在，需要接听电话的人代找，或转告、留言时，态度同样要文明而有礼，并且还要用"请""麻烦""劳驾""谢谢"之类的词。

(3)打电话时，最好用手拿好话筒，尽量不要在通话时把话筒夹在脖子下，抱着电话机随意走动，或是趴着、仰着、坐在桌角上，或是高架双腿和人通话。拨号时，不要以笔代手；通话时，不要嗓门过高；终止通话放下话筒时，应轻放；如果边打电话边吃东西，在公众场合或对方不是你十分亲密的朋友面前，都是失态的。

(4)通话时要注意控制音量。不管打出还是接电话，话筒和嘴都要保持3厘米左右的距离，声音宁小勿大；用电话谈话，必须完全依靠声音，电话声音就是唯一的使者，你必须通过它给对方一个良好的印象。所以，传到电话那端的必须是一个清晰、生动、中肯、让人感兴趣的声音，首先音量要适中，更要注意发音和咬字准确。

不管是长途还是市内电话，都不要大喊大叫，要想着你是对着对方的耳朵说话；如果电话里有杂音，或者其他毛病，对方听不清楚时自然会提示你大点声，此时你就可以适当加大音量；但如果你听不清对方的声音，可以礼貌地说："对不起，您的声音我听得不是很清楚。"或"对不起，话机好像有什么问题，不是很清晰。"加以提示后，对方自然会加大音量。

4.1.3 接听电话礼仪

(1)要接听及时。听到电话铃声响起时，要立即停止自己所做之事，亲自接听电话，一般以电话铃声响三次，拿起话筒为最好时机。

(2)行为合乎礼仪。接电话时，一定要使自己的行为合乎礼仪，一般应注意三个步骤：

①拿起话筒后，应自报家门，并首先向对方问好，如："您好"，"您找哪位？"

②通话时，要聚精会神地接听电话。

③通话终止时，要向对方道一声"再见"。

接电话时不要与人交谈、看文件或者看电视、听广播、吃东西。如在会晤客人或举行会议期间，有人打来电话，可向其说明原因，表示歉意，如"对不起，我正在开一个很重要的会议，会议结束后，我与你联系。"当通话因故暂时中断后，应该由发话人或是职务低的一方立即给对方拨过去，不要不了了之，或只等对方打来。

(3)接到打错的电话。拨错电话是常事。如果接到打错的电话，要简短向对方说明情况后挂断电话，不要为此勃然大怒，甚至出口伤人。有时候接起电话时，却听不见对方说话，这时如果不分青红皂白，在连续问候几声而没有人应答，就破口大骂，未免显得太没修养。要知道，这可能是电话线路出了问题，造成了你听不见对方的声音，而对方却能听见你声音；如果破口大骂，万一对方是你的客户或上级，会对你造成极大的损失。对于恶意骚扰的电话，应简短而严厉地批评对方，没有必要长篇大论或大说脏话；如果问题严重，甚至可以考虑报警。

(4)两部电话同时响起。当两部电话同时响起，或者在接听电话时，恰好另一个电话打来，可先向通话对方说明原因，要对方不要挂电话，稍候片刻，然后立即去接另一个电话。待接通之后，先请对方稍候，或过一会儿再挂进来，也可以记下对方电话稍候打过去，然后再继续接听第一个电话，不管多忙，都不要拔下电话线。

(5)不想继续接听这个电话。如果是找你的而你又厌烦的电话，可以试着采取下面的方法礼貌而婉转地中断通话：告诉对方有另外一个紧急电话打进来；告诉对方有客人来访，你必须过去招呼了；告诉对方有急事要马上处理；告诉对方领导正在叫你，你不方便再继续通话。

(6)结束通话。通话终止时，不要忘记向对方说声“再见”。出于礼貌，应该让对方先挂断电话。

4.1.4 转接电话礼仪

在工作中，经常会代接他人的电话，代接电话时应注意如下礼仪：

(1)代接电话时，讲话态度要认真，被找的人如果就在身旁，应告诉打电话者：“请稍候。”然后立即转交电话，不要抱着恶作剧或不信任的态度，先将对方“调查一番”，尤其是不允许将这类通话扩音出来。

(2)被找的人如果尚在别处，应迅速过去寻找，不要懒于行动。连这点“举手之劳”都不愿意做，蒙骗对方说“人不在”，或是大喊大叫“某人找某某人”，闹得“世人皆知”，让他人的隐私“公开化”，是非常没有礼貌的举动。

(3)倘若被找的人不在，应在接电话之始，立即相告，并可以适当地表示自己可以“代为转告”的意思。不过应当先讲“某人不在”，然后再问“您是谁”或“您有什么事情”，切勿“本末倒置”过来。免得让打电话者疑心：他要找的人正在旁边，可就是不想接电话。表示自己可以“代为转告”的意思时，应当含蓄一些，如：“需要我为您效劳的话，请吩咐”，听上去就“可进可退”；不要一开口就“不由分说”，说什么“你有什么事情，都尽管告诉我，我一定不会‘贪污’。”只有在比较熟的人之间，才可以直接询问：“您有留言吗？要不要我告诉某某人，一回来就打电话给您？”

(4)转接电话，拿着话筒和放下话筒一个样，很多人在拿着话筒时，通常会比较注意自己的语言，会说“您找哪位？请您稍等。”放下电话找人时，往往忘了对方也能听见，变得随心所欲，就像前面案例中所说的，变成了“是个男的”，或者说“一个有外地口音的人”“一个声音挺娇的小姑娘”等，当对方在电话里听到这些形容方式时，会感到不愉快；因此转接时，要同样用客气的方式叫人，或者应该用手捂上话筒，注意隔音。

(5)做好电话记录。如果对方要找的人不在，要尽量做好电话记录工作。记录内容包括什么人、什么时间打的电话、大概是要说什么事(如果对方不愿意不必强问)、对方有什么要求(看到留言条马上回电话,还是晚上再打电话等)。电话中传达的事情,应重复要点,对于数字、日期、时间等,应再次确认以免出错。通常很多人在转接电话时不予记录或者记录得非常简单,只有一个姓和一个电话号码,这样若对方要找的人工作繁忙,可能得不到及时回复。

(6)确认对方姓名身份,尽量用褒义词语。替人转接电话,确认对方姓名时,尽量要用褒义词语,不要脱口而出,用习惯用语去确认对方的姓名。比如"您姓孙,是孙子的孙吗?""您姓冷,是冷淡的冷吗?"诸如此类,让对方听了感到不快;其实可以改成"是孙子兵法的孙吗?""是冷热的冷吗?"在记录对方电话号码时,则一定要重复,以免记错。

4.2 文书礼仪

4.2.1 商务信函礼仪

业务信函又称公函,是为开展各项业务而用的。此种信函在旧时代已经有所应用,但不太普遍,而在现代社会的运用则极为广泛;尤其是随着社交生活、经济生活的长足发展,各类业务用函已经成为邮政信函的一个重要的部分。

业务信函因业务的不同而有许多种,一般来说,各种信函都有自己的独特之处。但是,这些信函也有相当的共同之处,其中最大的特色是"公",无论是抬头、结尾,还是正文的用词,都显示着与私人信函的不同。

业务信函的内容完全取决于业务的性质,比起私人信函,它们内容上的共同要求是清楚明白,简明扼要;提笔写信以前,最好能认真仔细地考虑,想清楚要说什么和怎么说,然后礼貌而又开门见山地写出来,当谈完自己要谈的事情时,即刻收笔。结尾也不宜闲言碎语、拖拖沓沓,为把握起见,这种信函最好还是先拟一个草稿,反复修改再誊清或打印,在这样的信函中,出现错字病句,都是对自身形象的损害。

(1)开头。业务信函的抬头应郑重。私人信函中过分亲昵的称呼在这里是不适用的。对于相对熟识的人,你可以称"×××先生"或"×××女士",对于一般熟识的则可以称其职务。这里的"熟识"可以是仅只通信联系而从未谋面的情形。西方此类信函在上述称谓的前边加"亲爱的",我国习惯上加"尊敬的"一类。如果想建立持续的业务联系,进而发展到私人关系,可以改变称呼而试探对方的意向;比如,中式的方法,可以直接改称"××兄",或省去姓写"××先生";如果对方的回信也如此称呼你,说明他认可了这种关系,否则表明宁愿维持原来那样的关系。

(2)称呼。业务信函在许多情形下是写给不知姓名的人的,此时的称呼可以有以下情形:只称其为"先生"或"女士"(或"小姐"),且在前边加上"尊敬的"一类字眼;以职务相称,如"经理先生""编辑女士""主持人小姐"一类均是;假如以职务相称则有些滑稽,如"消费者投诉处理科科长先生"一类,就不如直接称"尊敬的先生"。此外,这种情形下不能用太过泛泛的称谓,否则可能收不到效果,比如称"有关人士台鉴","有关人士"就可能觉得与己无关而搁置一边;当然,如果能够通过一些渠道打听清楚你要联系的人的姓名,要更好一些。

(3)结尾。结尾的落款要求和抬头相对应,抬头是哪种关系程度的称呼,落款也应是相应的程度,比如称呼是连姓带名的“××先生”,落款就是连姓带名的“××”;称呼是不带姓的“××先生”,落款就不带姓;大企业、大单位的业务用函往往是打印的,但落款处还要有亲笔的签名。

一般的企事业单位都有自己的专用信笺和信封。对于高规格的业务活动来说,对此也有比较严格的要求。一般来说,信笺、信封都应有单位的名称、徽标以及地址、电话,样式上应稳重而具有吸引力,质地上尽可能优良,印刷上尽可能优美,借以表明单位的实力和形象。

4.2.2 各种商务文书礼仪

1. 邀请信礼仪

这是用于邀约的一种社交信函。邀请信一般内容都比较简单,但措辞要讲究,既要诚恳,又不能让对方觉得像是要挟。收到邀请的人无论应约与否,都要及时回复。

2. 推荐信礼仪

这是单位或个人介绍某人担任某项职务或工作的信函。推荐信的发出者可以是和被举荐人有交情或业务关系的人,也可以是有某种关系的组织单位;收信人一般是某个组织或单位,也有私人,如推荐任某人的私人秘书、助手、合作者等。推荐信要尽可能介绍被推荐人的详细情况,需实事求是,态度上也要适当,要留有余地不可强人所难。

3. 感谢信礼仪

感谢信是为感谢对方的关心、支持和帮助而写的书信。它的对象及事迹,一般都和写感谢信的人有直接的关系。因此,应满怀感激之情,把对方的好思想、好作风以及光荣事迹概括地写出来。感谢信不仅有感谢的意思,而且有表扬的内涵。

感谢信的格式:

(1)第一行。正中写“感谢信”或“致×××的感谢信”等字样,字体要大些。

(2)开头。顶格书写感谢对象的单位名称或个人姓名。

(3)正文。从第3行空两格起,写感谢的内容和感激心情。首先,要精炼地叙述对方的好品德、好作风与先进事迹。特别是要重点叙说在关键时刻,因对方的关心、支持、帮助而产生的效果。然后,再表示向对方学习的态度和决心。

(4)结尾。写上表示敬意、感激的话,如“致以最诚挚的敬礼”“此致”“敬礼”等。

(5)署名。署单位名称或个人姓名,并注明写信的年、月、日。

感谢信注意事项:

(1)要把被感谢的人物、事件,准确地叙述清楚,使对方能够回忆起来或让他人了解清楚。

(2)应满怀感激之情去议论和评价事迹的深刻含义,并表示谢意和学习的决心。

4. 吊唁信礼仪

这是祭奠死者(吊)、慰问家属(唁)的一种信函,信的内容亦即悼念死者,劝慰家属。这种信要针对具体对象而遣词命意,文字要庄重、朴实,感情要真挚,吊唁信是不能亲临悼念、慰问才用的,所以应及时发出。吊唁信一般是发给丧家(私人间)或治丧组织(组织间)的,如果需要更快地达致对方,也可以用电报,这也就是唁电。

5. 慰问信礼仪

当亲友患病、受灾或遭遇其他不幸时,无法前去探望而发出的信,就是慰问信。这种信不仅限于亲友间，单位（或其代表）亦经常发出此种信函。一封真切动人的慰问信，会给对方带来莫大的欣慰，增强对方克服困难、战胜灾难的勇气和力量。慰问信的内容是表达关切之情，劝慰对方不为遭遇所难，鼓励对方鼓起勇气、克服困难。这种信切忌以不必要的言词勾起对方的痛苦回忆，更不能责备对方的过失。慰问信要写得真挚诚恳，同时还要及时写好，及时发出，否则就没有意义了。

6. 致敬信礼仪

这种信函的对象一般是个人，间或也有团体（如雷锋班一类）；写信人可以是个人，也可以是组织。致敬信一般在个人的生辰寿诞或有其他重大事件时发出。信的内容主要是称颂收信人的业绩、贡献，表达自己对他的敬意。如果对方曾关怀、帮助自己，信中也要提及。这种信函一般宜写得欢快、热情。

7. 祝贺信礼仪

这是一种运用比较广泛的信函，私人信函中也较多见。作为业务信函的祝贺信，大多是组织、单位或代表组织、单位的个人发出的。某个团体、企业的成立，某次重要会议的召开，某项工程的竣工以及其他所有值得庆贺的事件的发生，都可用此种信函表示庆贺。商业性的祝贺信写来可以随便一些，一般的夸张、溢美之词也可以有；但政治性、社会性的祝贺信，却要实事求是，评介要恰如其分，言词也要郑重。

8. 商洽信礼仪

这是单位或个人间因业务关系而用的一种信函。这种信函旨在就某一问题进行书面商讨。无论是在个人间还是在组织间，首次就问题商榷，要就这一事项的缘起、目的等阐明、提出具体的意见和建议，乃至具体计划。如果是商业方面的商洽函，有关数据、指标等都要明确无误。商洽函应该恳切，采取征询的口吻，不能显出强加于人的样子。

9. 聘任信礼仪

前述邀请信和这里的聘任信一样，其功用都有另一种应用文样式可代替，即请柬和聘书。不过，对于单一的或特殊的对象来说，信函的样式显得更为郑重、恳切。请人任职，可以发聘书，但为对受聘者表示器重和敬仰，则可由单位的负责人发聘任信。聘任信曾比较流行；当今的外企、合资企业以及其他一些机构也有用聘任信的；随着我国尊重人才风气的完善和行政首长负责制的形成，聘任信会逐步普遍起来。聘任信写来要充分体现诚意，其内容最要紧的是写明拟聘担负的职务、责任以及报酬等。

4.2.3 与客户交往信函礼仪

在商务交往中，因为各种各样的实际需要，商务人员必须对一定的交往对象发出约请，邀请对方出席某项活动，或是前来我方做客。这类性质的活动，被商务礼仪称为邀约。

当一方邀请另一方或多方人士前来自己的所在地或者其他某处地方约会，以及出席某些活动时，他不能仅凭自己的一厢情愿行事，而是必须取得被邀请方的同意与合作。作为邀请者，不能不自量力，无事生非，自寻烦恼，既麻烦别人，又自讨没趣。作为被邀请者，则需要及早地做出合乎自身利益与意愿的反应。不论是邀请者，还是被邀请者，都必须把邀约当作一种正规的商务约会来看待，遵循一定的行为规范，这就是邀约礼仪。

对邀请者而言，发出邀请，如同发出一种礼仪性很强的通知一样，不仅要力求合乎礼貌，取得被邀请者的良好回应，而且还必须使之符合双方各自的身份，以及双方之间关系的现状。

在一般情况下,邀约有正式与非正式之分。正式的邀约,既讲究礼仪,又要设法使被邀请者备忘,故此它多采用书面的形式。非正式的邀约,通常是以口头形式来表现的,相对而言,它要显得随便一些。

正式的邀约,有请柬邀约、书信邀约、传真邀约、电报邀约、便条邀约等具体形式,它适用于正式的商务交往中;非正式的邀约,有当面邀约、托人邀约以及打电话邀约等不同的形式;它多适用于商界人士非正式的接触之中。前者可统称为书面邀约,后者则可称为口头邀约。

1. 书信邀请

以书信形式对他人发出的邀请,称为书信邀约。比之于请柬邀约,书信邀约显得要随便一些,因此多用于熟人之间。

(1)用来邀请他人的书信,内容自当以邀约为主,但其措辞不必过于拘束。它的基本要求是言简意赅,说明问题,同时又不失友好之意。若可能,它应当打印,并由邀请人亲笔签名;比较正规一些的邀请信,有时又称为邀请书或邀请函。

【例文】

尊敬的奥海公司负责人:

“2008·大连国际软交会”定于今年5月8日至28日在大连星海展览中心举行,欢迎贵公司报名参加。

报名时间:3月工日至20日

报名地点:春海街10号

联系电话:123456

组委会敬邀

2008年2月16日

(2)在装帖与款式方面,邀请信均不必过于考究。其封套的书写形式,与书信基本相同。

2. 电报邀请

电报邀约,即以拍发专电的形式,对被邀者所进行的邀约。

(1)电报邀约与书信邀约,在文字上都要求热情、友好、恳切、得体。除此之外,电报邀约在准确、精练方面的要求更高,这是由电报这一形式本身所决定的。

(2)电报邀约速度快,准确率高。因此多用于邀请异地的客人。在具体内容上,它与书信邀约大致类似。

3. 传真邀请

传真邀约,指的是利用发传真的形式,对被邀请者所进行的一种邀约。在具体格式、文字方面、其做法与书信邀约大同小异。但是由于它利用了现代化的通信设备,因而传递更为迅速,并且不易丢失。此外,还有一种电子邮件邀约,其做法基本与传真相似。

4. 请柬邀请

在正式邀约的诸多形式之中,档次最高、也最为商界人士所常用的当属请柬邀约。凡精心安排、精心组织的大型活动与仪式,如宴会、舞会、纪念会、庆祝会、发布会、单位的开业仪式等等,只有采用请柬邀请嘉宾,才会被人视之为与其档次相称。

请柬又称请帖。它一般由正文与封套两部分组成。不管是上街购买印刷好的成品,还是自行制作,在格式与行文上,都应当遵守成规。

(1)请柬正文的用纸,大都比较考究。它多用厚纸对折而成。以横式请柬为例,对折后的左面外侧多为封面,右面内侧则为正文的行文之处。封面通常讲究采用红色,并标有“请柬”

二字。请柬内侧，可以同为红色，或采用其他颜色。但民间忌讳的黄色与黑色，通常不可采用。在请柬上亲笔书写正文时，应采用钢笔或毛笔，并选择黑色、蓝色的墨水或墨汁，红色、紫色、绿色、黄色以及其他鲜艳的墨水，则不宜采用。

(2)在商务交往中所采用的请柬，基本上都是横式请柬。它的行文是自左而右，自上而下地横写的。除此之外，还有一种竖式请柬。它的行文，则是自上而下，自右而左地竖写的。作为中国传统文化的一种形式，竖式请柬多用于民间的传统，因此在这里将它略去不提。

(3)在请柬的行文中，通常必须包括活动形式、活动时间、活动地点、活动要求、联络方式以及邀请人等项内容。

(4)在请柬的左下方注有“备忘”二字，意在提醒被邀请者届时毋忘。在国际上，这是一种习惯的做法，西方人在注明“备忘”时，通常使用都是同一个意思的法文缩写“P. M.”。

【例文1】

谨订于2008年5月8日下午8时正于本市金马大酒店水晶厅举行华信集团公司成立六周年庆祝酒会，敬请届时光临！

联络电话：12345678

备忘

(5)落款的形式，在上文中，会看到其中邀请者的名称在行文时没有在最后落款，而是处身于正文之间。其实，把它落在最后，并标明发出请柬的日期，在商务交往中也是允许的。

(6)被邀请者的“尊姓大名”没有在正文中出现，则是因为，姓名一般已在封套上写明白。要是“不厌其烦”地在正文中再写一次，也是可以的。在正文中，“请柬”二字可以有，也可以没有。

【例文2】

请　　柬

尊敬的蒋勤先生：

11月6日19时为李娟小姐饯行，席设本市南京路8号德大西茶社，恭请光临！

周××谨订

10月20日

(7)在对外交往中使用的请柬，应采用英文书写。在行文中，全部字母均应大写，不分段，不用标点符号，并采用第三人称。这是商界习惯做法。

(8)在请柬的封套上，被邀请者的姓名要写清楚，写端正。这是为了向对方示敬，也是为了确保它被准时送达。

5. 回复邀约的礼仪

任何书面形式的邀约，都只有在邀请者经过慎重考虑，认为确有必要之后，才会发出的。因此，在商务交往中，商界人士不管接到来自任何单位、任何个人的书面邀约，都必须及时地、正确地进行处理。自己不论能不能接受对方的邀约，均须按照礼仪的规范，对邀请者待之以礼，给予明确、合“礼”的回答：或者应邀，或者婉拒；置之不理，厚此薄彼，草率从事，都有可能自作自受，自找麻烦。

有些善解人意的商界人士为了体谅被邀请者，在发出书面邀约时，往往会同时附上一份专用的“答复卡”。上面除了“接受邀请、不能接受”这两项内容外，再没有其他任何东西；这样，被邀请者在答复时，只需稍费“举手之劳”，在以上两项之中，做一回“选择题”，在二者之中选上一种,划上一笔,或是涂去其一,然后再寄回给邀请者就行了。

回复邀请的方式有:

(1)对书面邀约所进行的答复,通常采用书信的形式。在商务礼仪中,它被称为回函;回函基本上都需要亲笔书写,以示重视。如果打印回函,则至少应当亲笔签名。

(2)所有的回函,不管是接受函还是拒绝函,均须在接到书面邀约之后3日之内回复,而且回得越早越好。

(3)在回函的行文中,应当对邀请者尊重、友好,并且应当对能否接受邀约这一关键性问题,做出明确的答复。切勿避实就虚,让人觉得"难解其中味"。如果拒绝讲明理由,就可以了。

(4)回函的具体格式,可参照邀请者发来的书面邀约。在人称、语气、措辞、称呼等方面,与之不相上下,就算不上失礼。

【例文1】

中岛公司董事长兼总经理邹烈兴先生非常荣幸地接受中科信息有限公司总裁袁伟超先生的邀请,将于本月20日上午9时准时出席贵公司开业仪式。

谨祝开业大吉,顺致敬意!

王伟业留上5月2日

在接受邀请回函时,应将有关的时间与地点重复一下,以便与邀请者"核实"无误。在拒绝邀请函时,则不必这样做。

拒绝邀约的理由应当充分,卧病、出差、有约在先等,均可采用,在回绝邀请时,万勿忘记向邀约者表示谢意,或预祝其组织的活动圆满成功。

【例文2】

尊敬的李树成先生:

我深怀歉疚地通知您,由于本人明晚将乘机飞往德国法兰克福市洽谈生意,故而无法接受您的邀请前往波特曼饭店出席贵公司举办的迎春茶话会。恭请见谅,谨致谢忱。

此致

敬礼

陈婷敬上

1月16日

4.3 通信工具礼仪

4.3.1 手机礼仪

随着手机的日益普及,无论是在社交场所还是工作场合,放肆地使用手机,已经成为礼仪的最大忌讳之一,手机礼仪也越来越受到关注。在国外,如澳大利亚电讯的各营业厅就采取了向顾客提供"手机礼节"宣传册的方式,宣传手机礼仪。

1. 公共场所使用手机礼仪

（1）公共场合特别是楼梯、电梯、路口、人行道等地方，不可以旁若无人地使用手机；使用手机时，应该把自己的声音尽可能地压低一些，而绝不能大声说话，以免引起路人的侧目。

（2）在会议中，和别人洽谈时，最好的方式还是把手机关掉，起码也要调到震动状态；这样既显示出对别人的尊重，又不会打断发言者的思路；而那种在会场上铃声不断，并不能反映你"业务忙"，反而显示出你缺少修养。

（2）在其他一些场合，比如在剧院里看电影或欣赏文艺演出，打手机是极其不合适的，如果非得回话，或许采用静音的方式发送手机短信，相对合适一些。

相关链接

选择打电话的空间环境

2. 手机短信礼仪

短信虽然是通过手机发送的，但基本的格式与信函其实是一样的，正式的短信应当有抬头称呼、有落款签名、格式与信函一样。因为手机发送时有自动的时间记录，日期可以不写。

编写短信时应尽量简短，但是不要简练到让对方看不懂，甚至没有标点符号。收到短信要及时回复，不要发送内容不健康的手机短信。编辑和发送的短信内容应当文明、得体。在办公室里如果频频响起手机短信的提示音，对其他人是一种不小的干扰。因此，最好将手机短信接收设定为振动状态或调低提示音量。重要的商务事宜不要通过短信发送，即便信息不会丢失也显得不够严肃。

4.3.2 微博礼仪

微博是近几年兴起的一种网络传播和交流的方式，其实就是一种通过关注机制分享简短信息的广播式的社交网络平台。微博可以相互关注，可以共享信息，可以交朋结友，而且使用起来极为方便和快捷，因而一经问世，立即风靡社会，现在依然是很受欢迎的自媒体和社交平台。

对话，是微博的基本形式。虽然大家在微博上彼此互动，却不见其人，但微博绝非是一个纯粹的虚拟空间。微博上的一言一行，都能体现出每个 ID 用户的学识、气质与品行素养。而企业的官方微博，更是一个直接的窗口，它发出的声音代表企业的观点和立场，所以它展现的是一个企业和一个品牌的内涵。对于员工来说，不论是个人的微博，还是企业的微博，都应特别注重方法技巧与礼仪规范。

相关链接

乱发帖子受处罚

对于个人微博，发布信息语言一定要文明高雅，内容要清新可读，不可恶鄙粗俗，更不可攻击他人，甚至公开骂人。生气时尽量不发微博，别让自己的心情影响到大家。发送前一定要检查是否有错别字；转发时必须确保自己了解这件事情；评论别人的微博时，要了解原文，客观地发表自己的意见，不能信口雌黄，更不能随意骂人，语言粗俗，这些都是基本的发微博的礼仪。

同时，微博也是一个网络社交的平台，在微博上同样讲究礼尚往来，互相关注也是一种礼貌。一般说来，我们会优先关注那些已经关注自己的人，那些回复自己消息的人，主要是获得心理的认知，感觉到互联网上有人关注你，体会到人与人之间的相互尊重。如果别人关注你，你也应当适时回访，也加上关注，“互粉”才是礼貌的。

企业的官方微博，要对大事件高度敏感，对于一些公众最为关心或是当前的热点，不妨多加转发；对于一些公益活动，不妨积极参与并转发；对于企业客户要全心全意服务，并从服务中提升企业的形象。

4.3.3 微信礼仪

微信是一款快速发送文字和照片、支持多人语音对讲的手机聊天软件。微信可以玩游戏，还能跟微信好友们比个高下，获得排名。使用微信时，我们同样要以“礼”待人，在微信中对别人嘲笑、谩骂、公开叫板，这都是不礼貌的行为。微信朋友圈的内容跟一个新闻网站没有区别，人们看朋友圈就是去看新闻，看热闹，当然也有人通过看朋友圈去学习。看到别人朋友圈有好的文章和内容时，可以分享给更多的人，同时不要忘了给对方点个赞。如果是很熟悉的朋友或者同事，发一些有见解的评论也是可以的。切忌在朋友圈里与人开一些不合礼仪的玩笑。

微信好友除了自己原来的 QQ 好友和手机通讯录好友，还为你打开了一片新天地，去认识微信上的 6 亿用户，可以随意加他人为好友，但如果不懂礼貌，别人就会对你不理不睬。使用微信的礼仪，其实和人们平常的交际礼仪和电话礼仪一样，尊重别人是第一位的。

相关链接

令人反感的网络行为

运用微信发布信息要注意以下方面：

(1)发信息要有礼貌，不要发一些不文明的内容，即使是转发也不行。别人向你“打招呼”时，应尽可能及时予以回应，这也是基本的礼貌。对别人发来的信息要及时回复，争取做到一分钟内回复，最起码也不能让信息隔夜，这是尊重别人的表现。如果因为事情耽误了看信息，发现时一定要告知对方，并请对方原谅。

(2)朋友圈里的内容最好原创，不要动辄转发别人的内容，很多时候，你觉得新鲜的内容，其实都是别人熟知的，发出去让人觉得无味，也会降低自己的身价。尤其是一些不健康的内容，转发就更没有意义。

(3)多为朋友点赞。在微信上，你想让人关注你，经常翻看朋友圈，感兴趣的就点个赞。为别人点赞，有的是因为内容确实值得点赞；有的是因为对方分享与转发的东西对社会有益，具有正能量；还有的是因为对方是你的朋友、同事或者知己。多赞别人，你才能靠互动获得更多好评，赞了再转。看到别人精彩文段和图片意欲转发时，应先“赞”后转，这是礼貌，也是涵养。

(4)切忌频繁刷屏，特别是广告刷屏就更不礼貌。微商是热潮，许多人利用工作之余去做这个行业，本来没什么，但整天不断地刷屏，只为宣传自己的产品，这样就显得自私而不礼貌了。并不是所有的人都会对你的产品感兴趣，你可以试着与你曾经聊过，并对你产品感兴趣的人发发资料,刷屏并不是明智之举,搞不好还会被别人拉黑。

(5)不能泄露他人隐私。不能随意发表未经他(她)人同意、带有个人隐私性质的内容和图片,不要涉及人权和肖像权。

对于微信上的群聊,更需要讲究礼仪。公共群就像一个主题茶馆,发起人开设了一个群,给大家一个聊天喝茶的地方,但既然是主题茶馆,就要切合主题,不要无限跑题。非常私密的话题可以加好友私聊。不要谈论和转发太多跑题的话题,不要发大图和很长的语音,那会很消耗流量,有用的图和语音还能受人欢迎,要是没用的无聊的内容就会在背后挨骂了。一个群里人多嘴杂,最好不要议论一些敏感话题,更不要擅自说一些自己的观点,不管这些观点是否正确,毕竟群里并非个个都是熟人,也不是每个人都了解,不惹麻烦是最好的。

4.3.4 电子邮件礼仪

电子邮件作为现代办公的重要沟通渠道,已经像人们打电话一样平常和普遍了,它在使用的过程中同样需要讲礼仪。

首先主题不能为空白,这是一种最失礼的表现。这样对方可能会误认为是恶意邮件,在没打开之前就删除了。其次,最好注明是来自某某公司或部门的邮件,便于收件者保存和整理。再次,主题切忌含糊不清,不要用混乱无实际意义的主题。最后是回复对方邮件时,主题可根据内容进行修改,而不是一堆看不懂的东西。

在邮件用语里,发送、抄送、密送分别用“To”“CC”“BCC”代指。“To”后面的对象,是指要受理这封邮件的主要对象,理应对邮件予以回复响应。“CC”的人是只需要知道了解该邮件内容,回复与否可自行决定。“BCC”所说的密送是指收件人并不知道还发给了谁,该功能可能用于非常规场合。需要注意的是,发送和抄送的对象的排序,最好遵循一定的顺序,比如按部门顺序或职务高低。适当的规则会给人以稳妥知礼的印象。

邮件正文在行文上,应该具备商务公函的要素,简明扼要、条理清晰。尤其要注意的是,切忌在公务邮件中使用网络语言及表情符号,这会给人轻佻的印象。邮件正文要简洁,不可长篇大论,以便收件人阅读。用语要礼貌,以示对收件人的尊重。特别要注意使用标点符号,正确地断行、断句。如果是写英文邮件,不要全部采用大写字母,否则有骂街的嫌疑。

每封邮件的结尾都应该进行签名。签名档可包括姓名、公司、部门职务、电话、传真、地址等信息,但不宜行数过多,以四行为限。签名档字体要与正文匹配,注意简体、繁体、英文等,签名档字号应比正文字号略小。

发电子邮件沟通交流时,要注意以下几方面:

(1)发邮件要慎选功能。

(2)不要转寄一连串的信件,不要请求回复和阅读回执,不要向收件人要求回消息。

(3)如果你在发信时还另外加了附件,一定要在信件内容里加以说明,以免对方没有注意到。不要附上太大的文件,挤占收信人的邮箱空间,最好保持在1兆(MB)。

(4)定期打开收件箱查看邮件,以免遗漏或耽误重要邮件的阅读和回复。一般应在收到邮件当天予以回复。如果涉及较难处理的问题,要先告诉对方你已收到邮件,来信处理后会及时给予正式回复。

(5)不要发送或转寄包含损害名誉的、诽谤的、攻击性的、种族主义的或淫秽语言的电子邮件,不要转寄含有病毒的邮件。

(6)除非获得允许,否则不要复制消息和附件,不要使用邮件讨论机密信息,不要回复兜售信息,谨慎使用抄送邮件。

(7)对于标题稀奇古怪或者干脆没有标题的信件,不要出于好奇而随便打开,因为那极有可能是某种病毒,要有网络安全的意识。

(8)对于过期的或是已经完成并不需要长期保存的邮件,要及时清理删除,以保证邮箱的空间。对于有价值的重点邮件,可以专门进行保存。

网络虽然是一个虚拟的世界,但它又确实存在于我们的生活中,它强大的功能让人们工作和生活都离不开它。网络中的礼仪与工作中其他礼仪一样不可缺少,它同样体现一个人、一个企业的文化与修养,因此,使用时同样要守规矩、讲文明。

4.3.5 视频礼仪

随着科技的发展,视频通话的机会逐渐增多,只要有网络,通过 SkypeFaceTime、微信(WeChat)等软件进行视频通话,可以节省国际长途通话产生的费用,还能看到对方的形象,安装在平板计算机(如 iPad)或手机上面还可以移动通话,因此,越来越受到人们的青睐。视频通话除了在生活中被广泛运用,在工作层面,如国际面试、谈判、会谈、会见中也被采用,并且呈上升趋势。

1. 注意协调时间

国际视频通话时差是一个必须引起重视的问题。双方必须协调彼此都方便的时间,有时一方是白天一方是晚上,这样就要本着"体谅"的原则,不能只考虑自己。如果双方没有办法约到一个都方便的时间,必须一方将就另一方时,最好双方轮流替换以示公平。

此外,一旦确定好通话时间,必须确定时差,对方的时间是多少? 自己的时间是多少? 有网站提供时差转换服务,自动转换双方国家的日期时间,避免了时差计算的苦恼。此外,国际人士的时间都非常宝贵,视频通话时尽量高效,东拉西扯、谈到哪儿算哪儿的方式,不适合公务性交谈,很正式的视频通话,双方会约定基本的交谈时间,如大约 10 分钟或者 20 分钟等,如果约了 10 分钟,最好不要谈 20 分钟,因为对方下面的时间可能有安排了。尊重对方也包含着尊重对方的宝贵时间。

2. 重视设备与环境

视频通话对设备和网络有要求,如网络是否顺畅? 计算机、平板计算机、手机等电子设备的状态是否良好? 会不会出现通话时声音或者头像卡住的情况? 硬件设备是视频通话顺利进行的保障。如果是重要的视频通话,一定要多次调试。另外,视频通话的环境也很重要,是否安静? 会不会很吵闹? 会不会经常被打断? 尤其是重要的工作视频通话,出现干扰不仅会影响通话的效果,也会给他人留下企业管理较差的印象。

3. 理清交谈内容

重要的视频通话需要草拟提纲或者拟出交谈草稿,以保证交谈时顺畅无阻。尤其是当人们用非母语与对方交谈时,也许会出现忘词、不知道如何表达的情况,这就需要把工作做在前面。如果视频通话过程需要翻译协助,要提前与翻译沟通好通话的基本内容,以免影响效果。总之,良好的准备工作是顺利通话的保证。

4. 保持良好形象

视频电话与传统电话以及邮件的最大区别是可以看到彼此的容貌。因此,除了要做好传统电话礼仪的规范，还要重视个人形象。第一印象在双方见面的几秒后就形成了，科技发展使双方见面的形式发生改变，第一次见面也许是通过视频。由此，重要的视频通话，应把仪容仪表、表情举止考虑进去。视频通话呈现的是局部形象，即围绕头、胸的个人形象黄金三角区，因此，这部分是重点。

此外，缺少目光接触的交谈与不适宜的肢体动作，也会为个人形象减分，眼神游离、目光涣散给人缺少自信的印象；手部动作过于频繁，如用手托下巴、理头发、擦眼睛、摸鼻子、拉耳朵、双手头后交叉等，都会给人留下不文明与不稳重的印象。

4.4 接听投诉电话礼仪

在商务活动中，接听客户的投诉电话在所难免。作为客户服务人员，能否在客户盛怒时，降低他们的情绪，做好沟通工作，解决客户的问题，会在很大程度上影响公司的公众形象，对公司的发展起着一定的作用。

4.4.1 基本要求

电话铃响三声内必须拿起电话，主动问候："您好！ 客户服务中心×××。请问您有什么问题？"对服务请求电话，要按规范做好记录。注意在接听投诉电话时，一定要采用文明、礼貌的语言，保持热情、友好的态度。接听投诉电话应保持平和的心态，多听少说，尤其不能推脱责任，避免向客户表露情绪，避免与客户纠缠以往的不快，避免向客户陈述公司内部的运作细节。对由于自身的工作或产品质量问题给客户所带来的不便及不满，应给予真诚的道歉；同时应认真做好记录，并按规定程序逐级反映。在接听投诉电话时，务必要认真负责；可解决的问题，应当场解决，不拖延时间；暂时不能够解决的问题，应做好记录，交办、转办，并告诉对方今后与之联系的方式，或大致可以做出答复的时间。要使对方真切地感受到，他是受欢迎、受保护、被重视的。

4.4.2 提问的好处

很多人认为，向客户提问题是为了得到答案，但有的时候不是。在客户服务中很多提问的目的都不是为了得到答案，而是为了洞察当时客户的问题，提问的目的只不过是给客户提供一种发泄的渠道而已。

（1）通过提问，尽快找到客户想要的答案，了解客户的真正需求和想法。

（2）通过提问，理清自己的思路。这对于客户服务人员至关重要。"您能描述一下当时的具体情况吗？""您能谈一下您的希望、您的要求吗？"这些问题都是为了理清自己的思路，让自己清楚客户想要什么，你能给予什么。

（3）通过提问，可以让愤怒的客户逐渐变得理智起来。客户很愤怒，忘记向你陈述事实，客户服务人员应该有效地利用提问的技巧："您不要着急，一定给你解决好，您先说一下具体是什么问题，是怎么回事儿？"客户这时就会专注于对你所提的问题的回答上；在他陈述的过程中，情绪就会从不理智而逐渐变化起来，这就是提问的好处。

4.4.3 提问的方法

(1)尽可能地询问打电话的人有什么需要帮助的,问一下他是否要留言,并且仔细地做记录,永远都不要对打来电话的人的问题说:“我不知道。”

(2)要尽量地给对方一个答复,或者对她说你会马上找人来处理这件事。

(3)你要尽可能快地给她答复,如果答复他需要较长的时间,你应该让她放下电话,说你会给他打回去。

(4)如果你需要让对方不要挂电话,应该先对他说一下。

(5)如果对方提出的要求,对于你或者公司来说是非分的或者过分的,不要很自然地说:“不,你的要求我们不会满足的。”你应该说:“这个,我不能肯定,我弄清楚了再打给你,好吗?”即使答案仍然是“NO”,客户也会觉得你做过了努力。

4.4.4 提问的技巧

1. 提出针对性问题

什么是针对性问题呢?比如说,像中国移动或者中国联通10000、1860服务热线,可能客户投诉说:“开机的时候,手机坏了。”或者说:“始终信号不好,接收不到,或者干脆屏幕什么显示都没有。”这个时候,客户服务人员可能会问:“那您今天早晨开机的时候,您的屏幕是什么样子的?”这个问题就是针对性的问题。针对性问题的作用是什么呢?能让你获得细节。当不知道客户的答案是什么的时候才使用,通过提出一个有针对性的问题,就这些问题进行了解。

2. 提出选择性问题

选择性问题也算是封闭式问题的一种,就是客户只能回答“是”或者“不是”。这种提问用来澄清事实和发现问题,主要的目的是澄清事实。比如说:“您朋友打电话时,开机了吗?”开了或者没有开,也许会说不知道,客户只能回答“是”或者“不是”。

3. 提出了解性问题

了解性问题,是指用来了解客户资讯的一些提问。在了解资讯时,要注意有的客户会比较反感提这个问题。比如说咨询:“您什么时候买的”“您的发票是什么时候开的呀”“当时发票开的名头是什么呀”“当时是谁接待的呀”等,客户觉得像在查户口;作为客户服务人员,提这些问题的目的是为了了解更多的资讯,这些资讯对客户服务人员是很有用的,可是客户有时不愿意回答,懒得回答。“我早忘了。”客户会这么跟你说,因此在提了解性问题时,一定要说明原因“麻烦出示一下您的身份证,因为要做登记”“麻烦您办理一下密码,因为……”,这称为了解性问题。

4. 提出澄清性问题

澄清性问题,是指正确地了解客户所说的问题是什么。有时会夸大其词说:“卖的是什么破手机呀,通话质量特别差,根本听不清楚。”有一家手机专卖店“××电讯”,经常收到这种电话;这时客户服务人员,首选要提澄清性问题,因为你这时候并不知道客户所说的质量差,差到了什么程度,这时可以问:“您说的通话效果很差,是什么样子,您能详细地描述一下吗?是一种什么样的差?”了解客户投诉的真正的原因是什么,事态有多严重,这称为澄清性问题。

5. 提出征询性问题

征询性问题,是告知客户问题的初步解决方案。当你告知客户一个初步解决方案后,要让客户做决定，以体现客户是“上帝”。比如，客户抱怨产品有质量问题，听完他的陈诉，你就需要告诉他一个解决方案：“您方便的话，可以把您的计算机拿过来，可能需要在这放一段时间，这就是我的解决方案。”再比方说你答应给客户更换，因为是属于退换承诺期内的，这时客户服务人员怎么去回答客户呢？当发现确实有质量问题时，客户服务人员往往跟客户说：“那这样吧，给您换一台吧。”很少有人说：“我帮您退了，您看可以吗？”或者说：“帮您退了，您看这样行吗？”为什么他不说后一句，因为您知道对方肯定会同意的；有的客户服务人员在这个时候还要表现出是施舍给客户的，所以忽略了运用征询的方法来结束你对客户的服务。

6. 提出服务性问题

服务性问题，也是客户服务中非常专业的一种提问。使用的方式一般来说，是在客户服务过程结束时用的，其作用是什么呢？即超出客户的满意。“您看还有什么需要我为您做的吗？”当去一个档次比较高的五星级酒店时，这句话会经常听到；没有经过培训的人员通常都不会说这句话。服务性问题的提出，是体现一个企业的客户服务是否优质的一个标准。比方说，去一些档次比较低的三星级宾馆，前台服务人员要帮客户开门；打开门，客户服务人员却先进去了；而档次高一些的酒店，就会让客户先进去，除非是提行李的人员。这就是高标准的客户服务，而这种服务在普通地方很难享受得到。

7. 提出开放式问题

开放式问题，是用来引导客户讲述事实的。比方说：“您能说说当时的具体情况吗？”“您能回忆一下当时的具体情况吗？”一句话问出来，客户就滔滔不绝了，这就是开放式问题。

8. 提出关闭式问题

关闭式问题，就是对客户的问题做一个重点的复述，是用来结束提问的。当客户描述完问题以后，你说：“您的意思是想重新更换产品，是这样的吗？”这是一个关闭性的问题。

4.5 接听英语电话

随着全球一体化程度的不断加深，中国人的企业和世界各个国家的企业合作的项目也越来越多，接听英语电话，也成为商务交往中常常会遇到的事情。接听英语电话也需要掌握一些技巧，在接听过程中保持亲切和气的态度，注重礼貌通话也是很重要的。

4.5.1 接听一般英语电话

在公司接听电话时，一般要先报上自己的姓名与公司的名称，比如：This is Rita Chang of ABC Trading Company.（这里是 ABC 贸易公司的 Rita Chang。）或者也可以说：ABC Trading Company. Can I help you？（ABC 贸易公司，我能为你做些什么吗？）如果接听的是分机，要报上自己部门的名称，比如：ABC Trading Company，Overseas Sales Department. Can I help you？（ABC 贸易公司海外销售部。我能为你做些什么吗？）打电话一方听到这样的话后，要告诉对方自己想找的人：I'd like to speak to Mr. Brown，please.（麻烦一下，我想和 Brown 先生说话。）或者告诉对方自己要转的分机号：Could I have extension 321，please？（请转接分机 321）如果想转接某个部门，而非具体某个人时，可以说：I'd like to speak to someone in the Personnel Department.

(我想和人事部的人讲话。)如果接听者即是打电话者要找的人,可以简单地回答:Speaking.(我就是,请讲。)

如果想了解对方打电话的目的,千万不要问:Why are you calling?(为什么给我们打这个电话?)

因为这样极其不礼貌。恰当的说法是:What is this call regarding?(您打这个电话是关于什么事情呢?)这实际便是电话谈话的开场白,双方可以从这里开始进入正题。

下面是一次英语电话的接打例子,可以提供一些提示:

A:Hello! Is this Commercial Information Consultancy Company?

喂,请问是"商业信息咨询公司"吗?

B:Yes,CIC. May I ask who is calling?

是的,CIC 公司。请问您是哪位?

A:This is Lisa Wang,International Trade Group.

我是王莉莎,是"国际贸易集团公司"的。

B:What can I do for you,Miss Wang?

有什么事吗,王小姐?

A:I'd like you to give me some information about an American company. Its name is Johnson International Fastfood Co. Limited.

我希望你们提供一些一家美国公司的消息。公司名称是"约翰逊国际快餐有限公司"。

B:Could you repeat the name of the company,please?

可以再说一遍该公司的名字吗?

A:Johnson International Fastfood Co. Limited.

"约翰逊国际快餐有限公司"。

B:Just a moment,please. Let me check about it on our computer.

请稍等。让我在计算机里查一下。

A:Thank you.

谢谢。

B:We do have the company listed in our information system,Miss Wang. What information are you interested in?

我们的信息系统中有该公司的情况,王小姐。你想知道些什么?

A:The more detailed,the better.

越详细越好。

B:When do you need it,Miss Wang?

什么时候要?

A:As soon as possible.

越快越好。

B:Can you tell me your fax number? I'll fax you the information.

你能告诉我你的传真号码吗?我传真给你。

A:That's a good idea. Our fax number is 63590158.

好主意。我们的传真号码为 63590158。

B：All right. You'll have it soon.

好的。你要的信息不久就会收到。

A：Thank you very much.

真是太感谢你了。

B：My pleasure.

不用客气。

4.5.2 接听打错英语电话

(1)如果是外线打错时，可以回答：

I am afraid you have the wrong number.

不好意思，您打错电话了。

This is the LI JIA Hotel，2234-1156.

这里是丽嘉酒店，电话是 2234-1156。

(2)如果是总线转错内线时，可以回答：

This is Room Reservations. I'll transfer your call to Restaurant Reservations.

这里是客房预约处，我帮您转接到餐厅预约柜台。

I am afraid this is a direct line. We cannot transfer your call to the Chinese Restaurant. Please call 2234-1156.

不好意思，这是直拨电话。我们无法为您转接中式餐厅。请您改拨 2234-1156 好吗？

(3)当负责的工作人员不在时，可以回答：

I am afraid Mr. Lin is out at the moment. He should be back around 5 p. m. .

不好意思，林先生现在外出。他应该会在下午 5 点左右回来。

I am afraid Mr. Hao is on another line. Could you hold the line，please?

不好意思，郝先生正在接电话。请您稍等一下好吗？

I'll tell him to call you back when he returns.

他回来时，我会请他回电。

May I have your name and phone number，please?

请告诉我您的名字和电话好吗？

(4)当会话结束时。

结束电话中的对话时，不可以简单地说“bye-bye”，最好说：

Thank you for calling.

感谢您的来电。

You are welcome，sir.

先生，不客气。

We look forward to hearing from you.

我们静候您的佳音。

Please contact me if you have any further questions.

如果您有任何其他问题，请和我联络。

实践训练

模拟接打电话

实训目标：掌握接打电话的基本礼仪。

实训学时：1 学时。

实训地点：教室。

实训方法：学生两两一组，分别扮演计算机销售人员和客户，设计客户购买了计算机以后，出现了质量问题，与销售人员联系，进行维修的情景，进行接打电话的演练，然后互换角色，学生和老师进行评议，选出最佳接听电话者和最佳打电话者。

课后练习

一、判断题

(1)接听英语电话结束通话时可以直接说“Bey-Bey”。 (　　)

(2)对于客户的投诉电话，客户服务人员要据理力争，不合理的要求要马上予以回绝。 (　　)

(3)接电话时直接说“您好”就行，不用做自我介绍。 (　　)

(4)电话记录的主要内容就是5W1H。 (　　)

(5)接听电话结束时，应该由打电话者先挂断电话。 (　　)

二、思考题

(1)在网络这个虚拟世界中，应该注意哪些礼仪？

(2)如何做电话记录？

(3)接听及拨打客户电话前的准备有哪些？

(4)接听电话有哪些礼仪？

(5)给大家讲一个你经历过(或听说过)有关手机短信的故事。

三、案例分析

【案例分析1】

对方会看到你打电话的表情

日本有一个特别有名的销售员，有人结合他的经历写了一本书，叫《史上最伟大的推销员》。这个推销员的伟大之处在哪儿呢？他的工作中又有哪些有趣的故事？

有一天晚上，他到家后，比较累了，决定先睡一觉。但他定了一个闹钟，同时告诉老婆，晚上十点的时候，一定要把他叫起来，因为他跟一个很重要的客户约好在十点半的时候打电话。

到十点的时候，不等老婆催他，他听到闹钟就醒了，然后去洗手间洗漱，接着又是刮胡子，又是穿衬衫，打领带，还穿上了西装和皮鞋。最后拿了个本子，在电话机旁正襟危坐，一到十点半就准时给对方打电话。

业务倒是谈得很顺利，十几分钟就搞定了，但是他这番怪举动让他老婆感到很奇怪："不就一个电话吗？有必要搞得跟个神经病似的吗？大半夜的还要起来精心打扮一番，好像现在不是晚上，而是星期一的早晨。"

你猜他是怎么解释的？他跟他老婆说："如果我很邋遢、很懒散，对方虽然看不到我的样子，但是我自己的精神面貌不好，就会通过我的语气变化传达到对方那里。经过这么一番打扮，我看起来正式多了，人也精神多了。虽然看不见对方，我也要尊重对方，我相信，对方一定能感受得到！"

一个人的成功与伟大，从来都不是无缘无故的。他凭借着这样的好心态，赢得了众多的客户。很多客户觉得，不管什么时候和这个推销员打电话，都会感觉他精神百倍，好像全心全意在做这件事。客户要是感觉到你是全心全意的，哪怕只是对待一个电话，他也会觉得受到了极大的尊重。

思考讨论题：

(1)与客户进行电话沟通时，怎样让客户觉得你是尊重他(她)的？

(2)本案例对你有什么启示？

【案例分析2】

小道消息

小丽接到一个电话："帮我叫一下小飞。"小丽听出是公司老总的声音，她赶紧把小飞叫来，自己就在不远处竖起耳朵听电话，她听到小飞说："好，我马上去您办公室。"小飞匆匆走了。小丽立即跑到张大姐那里："张大姐，总经理叫小飞去一趟，一定是他那天喝醉酒打人的事被总经理知道了，这还不得严厉处分，弄不好开除呢。"过了几天，单位里都在传小飞喝醉酒打人被总经理狠狠批评的事情了。

思考讨论题：

(1)小丽做错了什么？

(2)日常工作中，应如何代人接转电话？

第5章 客户服务接待礼仪

客户服务接待是指商务活动中的迎来送往，是企业必不可少的日常事务之一。也是企业形象最直观的外在表现，对企业形象的塑造具有举足轻重的作用。“接待无小事”，“接待显形象”，因此，无论是言谈举止还是行为方式，都必须遵守礼仪规范。在商务接待中，企业恰到好处地施以接待规格和礼仪，不仅会给来访客户留下良好印象，而且有助于商务交往的顺利进行，甚至会得到意想不到的收获。

案例导入

接待不周的结果

韩国某政府机构为韩国一项庞大的建筑工程向英国工程公司招标，经过筛选，最后剩下了四家候选公司。韩国某政府机构派代表团到英国亲自去各家公司进行商谈。代表团到达伦敦时，第一家候选公司没有复核飞机到达时间，未去机场迎接代表团。人生地不熟的代表团只能自己找了一家宾馆安顿下来，联系第一家候选公司，这家候选公司的办公室接待负责人赶紧道歉，韩国代表团同意第二天上午9点，在英国这家公司的办公室会面。

第二天，英国公司的经理及接待负责人早早地在办公室等候，但直到下午两点才接到客人的电话，说：“我们一直在宾馆等候，可是始终没有人来接我们，对于这样的接待，我们不能接受。我们已订了6点的机票飞赴下一目的地，再见！”

讨论：

(1)英国公司的接待出现了什么问题？

(2)韩国公司为什么不辞而别？

(3)如果想要挽回合作，英国公司应该怎样做？

5.1 前台接待礼仪

前台,是一个单位的脸面或名片。前台接待员是这个单位的“形象代言人”,因此前台接待员的礼仪规范程度,对塑造单位形象起着非常重要的作用。

相关链接
出乎意料的礼仪结果

5.1.1 前台接待基本内容

主要工作有以下几种:迎送客人和同事上下班,接待来访者,接听电话。不同行业前台接待有不同形式,还有不同的区别。

(1)酒店前台接待,熟悉酒店的基本情况,可以快速、准确地为客人提供问询、登记入住、结账,以及电话预订、转接等服务。

(2)公司前台接待,主要工作是礼貌地迎送客人,第一时间为来访客人提供咨询、沟通等服务,也为公司内部人员提供接待工作,同时进行电话咨询等服务。

(3)餐馆前台接待,根据各自的分工不同,门口迎接的接待主要是在前台欢迎客人,并根据客人的要求安排协调座位,引导入座,把接待就医递交给餐桌接待员;待客泊车接待是为客人节省停车时间,为开车的客人提供更贴心的服务。

(4)写字楼前台接待,需要熟悉写字楼内所有单位的名称和位置,能够迅速地为来客提供服务。

(5)银行前台接待,一般是大堂经理接待,主要是介绍新业务,协调和解决银行网点的相关问题。

(6)医院前台接待,通常情况下称为问询处或导医处,为不熟悉医院情况和就医流程的人员提供问询、解释、引导等帮助。

(7)行政机关的前台接待,大多设置为门卫值班室,基本工作是收发信件,做好来访登记,谢绝推销人员或闲杂人员进入办公区。

5.1.2 前台接待礼仪

前台接待的礼仪要求主要是针对公司和企业类型的前台接待提出的。

1. 基本仪态及形象要求

(1)前台接待员应具备优雅、得体、自然的举止,坐、立、行都要保持良好的仪态。要保持规范优美的站姿,给人端正挺拔的感觉;要塑造优雅的坐姿,给人文雅稳重的感觉;要学会正确的走姿,给人轻快洒脱的感觉。

(2)前台接待员要始终保持良好的精神面貌,妆容以淡妆为宜,服饰注重大方得体或按单位具体要求穿着，面对来访者或接听电话时，都应保持微笑，把热情传递给对方。

2. 迎接客人和同事上下班

作为前台接待员，要迎接客人和同事上下班，其上班和下班时间就要相应的提前和延迟。通常情况下，每日上班应提前十分钟，下也应推迟十分钟，应着装整齐、面带微笑地以礼貌规范的站姿，在前台向客人和上下班的同事主动问候，送别可行注目礼或点头礼，便于营造和传递和谐、融洽的工作气氛。

3. 接待来访者

来者都是客，每一位来访者对单位或企业来说都是尊贵、重要的客人，前台接待员都应该表现出热情友好的态度，都应该一视同仁地进行接待，全心全意地为其提供服务。

(1)当遇到有客人来访时，前台接待员应立即起身站立，朝客人轻轻点头，微笑致意、使用之明礼貌用语主动热情地和客人打招呼，并问候客人。

(2)如果是陌生的客人，可以使用“您好，请问您找哪一位？”“您好，请问有什么可以帮您的？”“您好，请问有预约吗？”等礼貌用语。同时，需要问清客人的姓名及单位或公司名称，可使用“请问先生(女士)贵姓？”“请问您是哪家公司的？”等语言。

(3)如果是认识的客人，可以使用恰当的尊称，最好能正确称呼客人的姓氏和职务，如“您好，王经理，今天有什么可以帮您的？”这样，会让人感觉非常亲切和自然。

(4)咨询、办理业务，仔细听清客人咨询的问题后，如能解答，应予以耐心细致地回答，如不能准确回答，应表示歉意，并帮其询问相关业务部门再作答，或联系相关部门人员出面回答，不能以“不知道”来搪塞客人。

(5)有预约联系的情况。前台接待员在确认来客找谁和有预约后，应请客人稍等，立即为其联系。联系好后，应用规范手势指引来客找到具体的办公地点，或告知办公室的门牌号。

如果遇到预约好要找的人员正忙，应主动向客人解释原因，最好能告知等待的时间，请其稍等，并招呼客人到休息室稍作休息，引导入座，提供茶水、饮料及报纸杂志等。要找的人员长时间仍未出面招呼客人时，前台接待员应帮其再次联系，提醒要找人员有预约客人正在等待，根据情况向客人做出反馈信息。

(6)没有预约联系的情况，来访者没有进行预约，但明确找哪位后，前台接待员可以打电话给相关同事或领导秘书或助理，告知哪个单位的谁来访，请示是否方便接待。

(7)如果客人要找的人不在，应该明确告诉对方本单位人员到何处去了，何时回来，询问来访者是否愿意等待或预约，也可以请来访者留下姓名、电话、地址，以方便下一步的联系。

(8)当客人谈完业务离开单位时，前台人员要起身礼貌送行，常使用“请慢走”“谢谢光临”“欢迎下次再来”等礼貌用语，给客人以宾至如归的感觉。

4. 接待来访者注意事项

(1)需要引导来访者到达单位目的地的，要用正确的引导手势和姿态。

(2)需要为来访者奉茶的，一定要诚心诚意，讲究礼仪。中国古话有“茶满欺人”的说法，要留意小的接待细节，让来访者觉得热情、周到。

(3)需要为客人引导的，要注意使用正确的引导方法，特别注意电梯和楼梯的引导规范。一般情况下，乘坐电梯时，接待人员要讲究“先进后出”的原则，先进入电梯为客人按住电梯开门键，方便客人顺畅进入电梯，到达后按住电梯开门按钮，待客人都出电梯后最后离开；引导客人上楼，引导者应让客人在前面，下楼则应走在客人的前面。

(4)有客人未预约来访,又是直接找单位领导的,需要谨慎处理。一般不直接回答领导在或不在,可以委婉地告诉对方:“我帮您看看他是否在。”并客气地询问来意:“请问您找他有什么事?”前台接待员要根据客人的回答灵活地处理接待,做到随机应变。

(5)认真做好来客的登记,谢绝衣着不整的闲杂人员或不速之客进入正式工作区域。

5.1.3 前台接待禁忌

作为单位形象和窗口的前台,工作的规范将直接影响他人对单位的印象、评价和信任度,因此前台接待工作不可有半点的懈怠与马虎,需要特别注意以下几点。

1. 仪表仪态

(1)不能穿着休闲装,如吊带背心、短裤等非正式服装在前台进行接待,这是非常不庄重、不礼貌的行为。

(2)前台接待员不允许在前台岗位上随意化妆、修剪指甲。

(3)不能在没有接待的情况下,随意伏趴在前台桌子上或倚靠在椅背上。

(4)不能满脸愁容,无精打采地工作。

(5)不能在前台吃零食或用餐,更不能一边接听电话一边吃食物。

2. 日常工作

(1)前台人员禁忌因私离岗和外出,如遇特殊情况离岗,一般不应超过 10 分钟;若急需外出,也要先请示相关负责人,并找到临时接待员,做好相应交接后方可离开。

(2)前台人员忌将私人情绪带入接待工作中,把怨气发泄到来访者身上,使用不礼貌的语言,接待态度冷冰冰,接待氛围死气沉沉。

(3)前台人员忌不遵守工作时间,因为前台迎接客人和同事上下班是一项重要的工作,因此前台接待员必须要遵守工作时间,以维持正常的日常工作。

(4)前台人员忌在工作岗位上随意与同事闲聊,或大声讲话引起旁人的注意。

(5)前台人员忌占用工作电话,长时间地拨打私人电话,或太忙时故意不接电话。

(6)前台人员忌对来访者视而不见或对来访者的要求生硬拒绝。

(7)前台人员忌擅自对来访者或来电话者,告知虚假信息或做出虚假承诺。

5.2 办公室接待礼仪

外单位的客人到本单位来访,无论是办事、学习、交流,还是求助、合作、调研,一般都会由办公室接待人员进行接待,接待人员的精神面貌、工作作风、专业程度、待客礼节都代表着单位形象,是本单位的“门面”。

办公室接待主要包括日常的公务接待、来访接待、电话接待和信访接待等。

最常见的是公务接待,即上下级之间、平行单位之间开展公务活动时进行的接待,一般有负责来宾的迎送、陪同、具体行程安排、住宿、食宿以及交通等工作内容。任何一个环节都必须认真对待,高度重视,统筹安排,运筹帷幄,这样才能让接待工作顺利、圆满地完成。

5.2.1 办公室接待原则

1. 热情相待

对来访的客人，无论职位高低、熟悉与否都要一视同仁，要表现出热情与真诚。热情相待主要表现在以下几方面：

(1)主动与客人寒暄、问候，亲切招呼，主动做自我介绍，与客人热情握手。

(2)对待来访客人要一心一意，不能有意无意地冷落客人，要以客人为中心，把自己的其他事务放在第二位，专心为客人服务，不能三心二意。

(3)注意主次分明。接待来访客人时，正在被接待的客人要视为最重要的客人，对于后到的客人也要接待，但要分清主次，不能因此而忽视了正在接待的客人。

(4)告辞须由客人主动提出，客人在接待人员诚恳挽留后仍要离开，接待人员才能起身送行，与之握手，送别致意。

2. 耐心细致

接待来访客人要细心，讲究善始善终，不能虎头蛇尾。考虑问题要周到全面，多站在来访者的立场考虑问题，注意接待中的细节，兼顾来访者的特殊要求，善于观察来访者态度的细微变化，尽可能地为其提供帮助、解决问题，让客人感到宾至如归。

3. 规范有序

办公室接待要有接待制度，从而使接待工作制度化、规范化，形成一定的接待流程，让接待工作进行起来能得心应手。同时，对接待人员要进行必要的相关礼仪知识培训，使其在接待中使用规范的礼仪，提升单位的整体形象。

4. 合理节约

办公室接待有一定的接待经费，但必须要合理地使用这些经费。对必要的不能省略的开支，绝不吝啬；对无关紧要的内容，要适当考虑，应该节约的，要合理节约，不要铺张浪费。

5.2.2 办公室接待规格

办公室接待规格是指接待工作的具体标准，即接待的隆重程度和迎接人员的身份安排。它不仅能体现接待工作的档次，还能体现对来宾的重视程度，因此办公室确定接待规格时，一定要全面考虑、慎重安排。

1. 接待规格的基本内容

(1)接待规模的大小。

(2)接待方主要人员身份的高低。

(3)接待费用支出的多少。

2. 接待规格的确定

按照常规，接待规格应根据来访者的身份、职位高低来确定。接待规格需要适中，不能过高也不能过低，过高可能会影响单位的正常运转和领导工作，过低则可能怠慢了客人。以接待者身份与来访者身份对等为宜。

接待规格要事先确定，并拟定合理的方案，提早做好准备。接待规格主要有以下几种：

(1)高格接待。指主要接待人员或陪同人员比来宾职位要高的接待。

如果上级单位派人到下级单位进行指示、调研，兄弟单位派人来商谈重要事宜，下级单位有重要事情请示,都应采用高格接待,单位主要领导可以适时出面陪同。

(2)低格接待。低格接待是指主要接待人员或陪同人员比来宾职位要低的接待。如上级领导或主管部门领导路过或到基层视察、接待外地来的参观团等,都可作低格接待。在这种接待中要特别注意热情、礼貌。

(3)对等接待。对等接待主要是指接待人员或陪同人员与来宾职位大致相等的接待。这是接待工作中最常见的一种,一般来的客人是什么级别,本单位也应派相应级别的人员接待作陪。

5.2.3 办公室接待礼仪

办公室接待水平的高低,能够集中反映办公室和单位的整体形象,能够展示出接待人员的综合素质和能力水平。而掌握正确的接待礼仪,对于推动和开展单位的工作有着十分重要的作用。

办公室接待的基本礼仪规范如下:

1. 充分做好准备工作

如果事先约定好有客人来访,就应该提前做好各项准备工作。

(1)环境准备。办公室平时就应保持整洁、优雅的环境,桌椅摆放有序,办公用品、资料收拾得整齐规范。在客人到来之前,还应进行必要的清洁卫生,以体现对客人的重视,营造出舒适的办公和待客环境。如果是专门的接待室或会议室,要提前检查环境卫生,保持桌椅、沙发的清洁,提早打开窗户,保持空气清新,适当摆放绿色植物。

(2)物品准备。在客人来访之前,要准备好招待客人必备的物品,如茶杯、茶叶、开水、烟灰缸等。根据具体情况,还可以准备水果、饮料、点心和香烟等物品。如需有记录讨论的,还应提前备好钢笔、铅笔和便笺。

(3)全面掌握来访信息。接到来访接待任务后,首先要主动与对方联系,掌握客人的基本情况,包括来访者的姓名、人数、性别、单位、职务、级别等。其次要了解来访者的目的、来访要求、活动方式以及准确的行程安排,还要确定对方的联系人,及时沟通情况,若有任何变化,要能在第一时间得到信息,以便调整接待方案。

2. 制订接待方案

根据客人的来访目的、活动时间、要求,以及客人的职务高低确定接待规格,拟定出详细接待方案的初步意见,然后报分管领导或主要负责人审阅。

接待方案的具体内容一般包括以下几方面:

(1)接待活动的名称。

(2)接待活动的时间、地点。

(3)接待规格对方参加人员的名单及职务。

(4)活动的具体内容(座谈汇报、参观考察等)。

(5)本单位的出席领导、陪同人员、接待人员。

(6)活动日程安排。

(7)住宿、餐饮标准及安排。

(8)交通车辆安排。

(9)安全保卫安排。

(10)宣传报道安排。

(11)纪念品赠送。

(12)经费开支预算。

(13)注意事项。

接待方案中每项任务、每一个环节都最好细化到责任人,便于下一步的落实方案,拟订完成后须经领导审阅修改方能定稿。

3. 安排落实任务

接待方案确定后,要严格按照方案有序地进行,通知相关人员做好各项工作的准备,明确接待人员的职责和具体任务,使各个接待环节衔接妥当。

(1)根据人数安排好接待场所。如果客人较少,接待场所过大,则会显得空落;如果客人较多,接待场所过小则会显得拥挤。注意提前检查接待场所的环境情况和卫生情况,不要等客人到达后,才发现灰尘满地,否则就显得极不礼貌了。

(2)接待地点的座次顺序要讲究规范,印制座位牌前须确认好来宾的姓名,一定不能出错,摆放好后须检查。

(3)需要接站的,应提前安排并通知接站人员做好准备工作,确定好来宾抵达的时间、地点,所乘的交通工具等,如互不认识的,应准备好接客牌,上面可以写"迎接××先生"或"迎接×访问团"等,以便客人辨认,使其感觉到接待的周到、热情。

(4)宾馆的安排,要根据来宾人数、职务、性别来预订,最好要预留空间,以应付特殊情况的发生。

(5)餐饮安排要严格按照接待标准,尽量突出地方特色,注意了解客人的就餐方式和习惯,点菜要兼顾全面和适中,也要量力而行,不要铺张浪费。

(6)车辆的协调、调度要事先落实稳妥。如果客人自带车辆,应提供好一切可以提供的便利,如停车场的安排、交通图等;如需接待方提供车辆时,应尽力满足。

(7)如果有重要领导来访,安保工作一定要"谨小慎微",不但需要制定预案,在思想上要高度重视,以应变特殊情况,还需要注重细节,从严要求。

(8)如需准备汇报材料的,要提前安排,宣传报道则应注意统一口径,掌握分寸,并报经上级有关部门批准。有关的图文报道资料,一般应向接待对象提供,并应自己存档备案。

接待人员落实接待任务时应注意协调配合,忌不听从指挥,盲目单干。

4. 热情、周到地做好接待服务

(1)热情迎接。客人对接待方欢迎与否,应该是非常敏感和重视的,因此,当客人到来时应表现热烈。

①迎候。根据客人身份,如果是重要的客人,一般应由职务相当的人员前去客人抵达的机场、车站、码头或是下榻之处进行迎接。这种方式的迎接通常会事先告知对方并提前到达迎宾地点,不能搞突然袭击,也不能迟到让来宾久等。倘若事先约定的接待方人员因特殊原因不能前往的,接待人员须向客人做出礼貌的解释。

②致意。接到来访客人,应向对方真诚地表示欢迎,致以亲切问候,可以说"一路辛苦了""欢迎,欢迎",并相互进行介绍和热情握手,初次见面的还可互赠名片。

(2)正确引导。迎接到来访客人后,接待人员按日程安排带领客人参观或到达接待室、会议室，需要进行正确的引导。

①使用规范的引导手势。手势是一种形体语言，办公室接待人员适当地运用手势语，可以增加形象性，也能增强感情的表达。

一般而言，手势分为高位、中位和低位三种。高位手势，手位位于头部与肩部之间；中位手势，手位位于腰与肩之间；低位手势，手位处在腰线位置。

在接待过程中，迎接客人，指引高处、远处时使用高位手势；表示请进、引路、介绍时使用中位手势；请坐时使用低位手势。要注意手势与身体姿态、表情、眼神的协调配合，手势运用应准确、规范、大方、自然。

②引导礼仪，接待人员在引导客人时，不能背对客人，一般应侧身向着客人，保持130°左右的角度，走在客人左前方两三步距离，如遇走廊、过道，应让客人走在内侧，进出房门时，应主动为客人开门或关门，首先让客人通过。

引导途中要主动向客人介绍单位景观或接待安排情况，让客人对我方的接待安排有大致了解，以便向其征求意见。

(3)讲究礼仪次序。

①让座。接待人员将客人引入安排好的接待场所后，为表示敬意，要主动安排其就座，并请客人先行入座，不能站着和客人谈个没完。

让座需要懂得礼仪座次，要礼貌让座，不能乱让或让错。通常情况下，礼仪座次安排以面门为上，以右为尊，居中为上。

②乘车。上车时，接待人员应为客人打开车门，由右侧车门上车，然后自己再从车后绕到左侧车门上车，车到地点后，接待人员应先下车，为客人打开车门，请其乘车座次一般以右为上，左为下，后为上，前为下。

如果是小型轿车，由专职司机驾驶的，座次尊卑顺序是：后排右座、后排左座、后排中座，前排右座，如果由接待方职务对等领导亲自驾驶，则应把前排右座让给客人中的尊者，其余人坐在后排，如果是多排座的中型商务轿车，无论何人驾驶，均以前排为上，后排为下，以右为尊，以左为次。

乘车时尤其还要注意姿态优雅，切忌钻进钻出，特别是女性穿着裙装时，上车最好背对车门坐下后，再将双腿和头部收入车内；下车时则应面对车门，待双脚着地后再将身体移出车外，避免出现尴尬场面。

(4)诚心奉茶。

客人落座以后，应诚心奉茶。接待人员应事先将茶具清洁好，即使是平时备用的洁净茶杯，也要再用开水烫洗一下，让客人觉得很讲卫生，避免因茶杯不洁而出现不愿饮用的尴尬局面。

奉茶时要双手端杯，对有杯耳的杯子，右手拿杯耳，左手附杯托，不可将手靠近杯口，注意讲究卫生和礼貌。不能随意放置茶杯，要轻放，不要莽撞，以免茶水泼洒出来，一般应放在客人右手附近，且杯耳朝外，敬茶时，可以用手示意，并微笑说“请用茶”。

不要直接用手取茶叶，分量多少要掌握好，让茶水浓淡适中，不能过浓或过淡。如果客人停留的时间较长，茶水过淡，要重新添加茶叶，冲泡时，最好选用同一种茶叶，不要随意更换茶种。

沏茶时，动作要轻、要缓，通常有“浅茶满酒”的习惯，要求茶水不能倒满杯子。而且续茶应注意适时，客人谈兴正浓时，不要频频斟茶。

（5）亲切会见。

会见并进行交谈，是办公室接待过程中的一项重要内容，是接待成功与否的重要一环。

①在与客人交谈的过程中，一定要认真倾听，不要东张西望，无精打采，露出不耐烦的表情或有其他不礼貌的行为。对客人的谈话应表示尊重，适时点头，做出反应。有不同观点时也不能马上打断，要待客人谈完后，再阐述自己的看法。一般情况下听完对方的谈话后，都应发表一些自己的想法，相互交流意见，如果只听不谈，也是对客人不尊重的一种表现。

②谈话的语气和态度要温和适中。谈话时要尊重他人，不要恶语伤人，不要强词夺理，更不要以势压人。

③谈话内容应围绕活动的主题进行，因为拜访者和接待者双方的会谈是有目的的，因此谈话应尽量简短概括，不要拖泥带水，半天进入不了主题。如果是陪访，或者朋友之间的交流，要找双方都感兴趣的话题，不要只谈自己的事情或自己关心的问题，而不顾对方是否愿听或冷落对方。

④接待谈话用语的选择应该因人而异，区别对待。如果是国内来宾，应该使用规范语言，即普通话。语言的规范与否，与你的形象，以及你所在单位的形象有密切。

⑤要注意坐姿。同时不要频繁看表、打呵欠，以免对方误解。

（6）宴请接待。

一批客人原则上只安排一次宴请接待，接待方的陪同人员不宜过多，最好与客人相等，宴请时要根据接待方案提前打印好座席卡，安排好座次，使参加宴会的人员入席时井然有序，这也是对客人的尊重。

宴请客人时，按照中国的习惯，圆桌式的一般座次安排是由主方的 1 号领导坐在面对房门的位置，主方 2 号领导可以坐在正对面；客方的 1 号领导坐在主方 1 号领导的右边，2 号客人坐在主方 1 号领导的左边，3 号客人坐在主方 2 号领导的右边，4 号客人坐在主方 2 号领导的左边，其余陪同人员可随意，主客人数对等时，也可以主客各一半，仍然注意体现以右为尊，主方坐圆桌的左边一半，客方坐圆桌的右边一半。

安排座次时还须视具体情况而定，不能生搬硬套。

（7）礼貌送别。

无论接待什么类型的客人，当客人提出告辞要求时，一般都应加以挽留，不能一听说客人要走，接待方马上站起来相送，这会让人感觉有逐客之意，一定要等客人起身后，再起身相送。

送别客人时，应与客人热情握手告别，欢迎客人下次再来。根据接待方案，准备好交通工具，为客人提供方便，如果准备有纪念品，要及时赠予客人。

如为客人安排了饯行宴会，要注意和接待时的规格对等进行送别。

（8）重视接待细节。

细节决定成败，办公室接待也同样需要重视接待细节，让客人乘兴而来，满意而去。

①在确定接待规格时，要注意客人是否曾经有过来访，如曾经来访过，接待规格一定要保持前后一致，这样才能体现出对客人的尊重。

②为客人安排交通工具或预订机票、火车票时，要注意档次，根据客人身份来选择车辆的档次、飞机的座位、火车票的软卧程度等，并且讲究有始有终，客人到来时和离开时都要兼管到，做到细致入微，以体现出待客有礼。

③接待客人时，如客人提有重物，应主动接过来，但一般情况下不要帮客人拿随身携带的公文包。

④对于接待过程中临时出现的一些小意外或纰漏，不能视而不见，因为客人对细节也较为敏感，只是出于尊重接待方而未声张。如果接待人员就此敷衍了事，会在客人心中留下缺憾，但如若接待人员巧妙、委婉地加以适当解释或补救，会很好地化解。

⑤要多与客人下榻的宾馆进行协调，尽可能地将客人的生活安排得舒适、周到。特别是重要客人来访时，接待人员要及时通知宾馆，为避免让客人在大厅等候，通常在客人抵达前，帮客人办好入住手续，并将住房安排表或房卡交与客人，以便客人迅速、便捷地入住。

⑥在接待中，对客人提出的确实办不到的或无能为力的事情，要委婉拒绝，说明原因，以求客人谅解。

5.2.4 办公室接待禁忌

办公室接待客人时，应注意以下禁忌。

(1)忌讳接待失礼。当有客人来访时，办公人员妆容不整，穿着便服，办公桌上的东西乱七八糟，不向客人做介绍，不让座于客人，不为其奉茶倒水，隔着办公桌与客人讲话，或把客人携带的礼品当场打开，进行评价等，这些行为都是极不礼貌、不尊重的，在接待来访客人时一定要避免发生。

(2)忌讳怠慢客人。当有客人来访时，虽进行了接待，但一直心不在焉，对客人的谈话没有任何反应，也不做任何回答；自己手上的事情没有做完，就让来访客人长时间等待；对于没有预约的客人随便应付了事，推脱责任。这些做法都会怠慢客人，是办公室接待必须忌讳的。

5.3 会议接待礼仪

会议接待涉及的内容很广，是一项非常烦琐和细致的工作，包括会前的准备、会中的接待，会后的服务等几个重要环节。

5.3.1 会议前的筹备工作

会议接待服务要细致、周全，不仅在会议开始前要做好大量的前期铺垫工作，会中、会后都要考虑方方面面的问题，做好统筹安排和部署，保证会议的组织接待顺利进行。

1. 确定接待规格，拟定详细接待方案

会议的接待规格需要根据会议的规模，会议的种类、主题以及参加会议的主要来宾的身份等内容来确定。

一般而言，上级单位主持召开的会议，会议规格应较高，如果是内部会议，则可以尽量简化，不拘形式；如果是邀请了上级领导参加的会议，则要让会议办得隆重些，召开大型的发布会、表彰会、洽谈会等也要热烈而隆重。

会议接待方案主要包括:接待对象和目的、接待方针、接待规格、接待内容、接待日程、接待地点、接待任务的具体分工情况、接待经费等。

2. 确定邀请对象,发放会议通知和日程

会议的邀请对象一般应根据会议的内容和要求来确定,要多征求各部门和领导的意见,不能独断专行,更不能出现差错,应该到会的,一定要通知到,不应参加会议的,就不应当参加,要符合身份。大型的会议一般覆盖要广,如可以对外宣传的,还应邀请媒体记者来参加,以增强会议的透明度。

会议通知必须写明开会的时间、地点、会议主题、会议要求、参会人员、应带的材料、会务费,并附上会议接待的联系方式、日程安排等内容,便于参会人员了解会议的基本情况。

如果是重要的会议,通知后应附回执,以此确定受邀请人是否参加会议及具体的参会人员名单。

如果有外地人员参加的会议,通知要附上到达的会议地点和住宿处的具体名称、地址及交通路线,以及是否有接站等相关内容。

普通的会议或临时性的会议,可以通过打电话来通知参会单位或人员,但重要的会议必须要有书面的正式通知,并提前发出,让参会者可以提前做准备。对不是进行直接送达而是通过投递的方式送出的通知,须打电话进行确认收到与否,以免误事。

3. 会议会场的选择

(1)会场大小适中。会场的大小一般应根据参加会议人数的多少和会议的主要内容来综合考虑。普通的会议,可选在能容纳相应人数的会议室;大型会议,可选在大礼堂等场所。

(2)会场地点合理。会场地点的选择要考虑交通是否便利,应照顾大多数参会人员能够方便到达。如果开会时间在上午较早时段,同时又需要召集分布较分散的参会人员,则尽量不要选择城市中心,否则可能会产生交通拥堵,容易造成参会者迟到。还须注意选择的会场附近是否有噪声,如大型工地施工等,否则可能会影响会议质量。

(3)会场设施设备齐全。选择会场还须考虑和检查会场的音响设备、灯光、通风系统等是否完好,其他配套设施是否完善,这些都是保证会议顺利进行的关键。任何一部设备出了问题,都将直接影响会议的质量。

通常大型会议都要摄像或照相,用于宣传或作为资料保存,因此摄像、照相的设备也须事先准备好,并检查机器的好坏和电量的充足情况。

4. 会场的布置

一般大型的会议,应在场内悬挂关于会议的主题横幅,如“热烈庆祝 × × ×会议顺利召开!”同时,在门口悬挂或张贴表示欢迎的标语,如“热烈欢迎参加 × ×会议的参会人员”,若有上级部门的重要领导来参会的,标语还可以写成“欢迎 × ×领导莅临”;如果是庆祝、表彰等的会议,会场内可以摆放鲜花、盆景,以营造喜庆、轻松的气氛;如果是较严肃、庄严的会议,主席台上则可以悬挂国旗或国徽。

通常较正式的会议都须摆放茶杯、饮料,并且摆放要整齐、美观。

5. 会议资料的准备

会议资料要提前准备齐全,印制足量,装订整齐,把需要发送的所有资料整理好后,用文件夹装好,根据需要,配上笔和笔记本,便于参会人员阅读和记录。

5.3.2 会议的座次安排

会议的座次，通常应按来宾的身份、职务高低来安排，接待人员必须在会议开始前安排妥当，如临时有变动，要立即调整座次和桌签。

1. 大型会议

大型会议，一般都分为主席台和听众席。主席台上的座次安排要符合礼仪规范，打印好就座于主席台上人员姓名的桌签，以方便领导对号入座，避免上台后互相谦让。人员较多时，还应准备座次方位图，便于来宾入座。

但凡有必要确定并排列具体位置的主次尊卑，按国际惯例，要遵循“以右为尊的原则”，但按照政务礼仪，主席台座次讲究前排高于后排，中央高于两侧，左座高于右座。

例如：以下座次按政务礼仪标准排列。

如果主席台上的人数是单数时，1 号领导居中，2 号领导在其左侧，3 号领导在 1 号领导的右侧，4 号领导在 2 号领导的左侧，5 号领导在 3 号领导的右侧，依此类推。

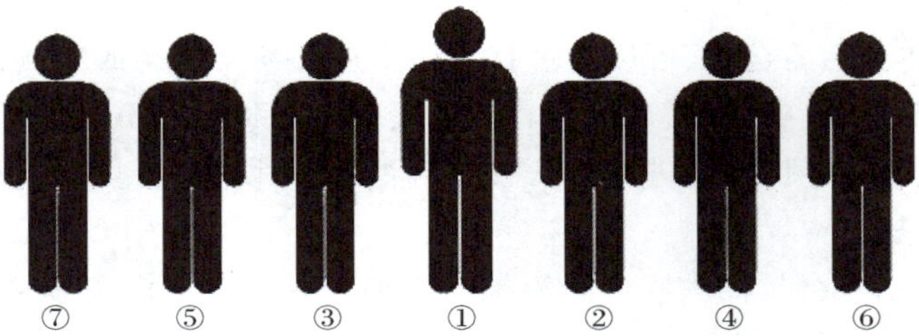

主席台上的人数是单数的座次排序

如果主席台上的人数是双数时，1 号、2 号领导同时居中，2 号领导仍在 1 号领导的左侧，3 号领导在 1 号领导的右侧，4 号领导在 2 领导的左侧，5 号领导在 3 号领导的右侧，依此类推。

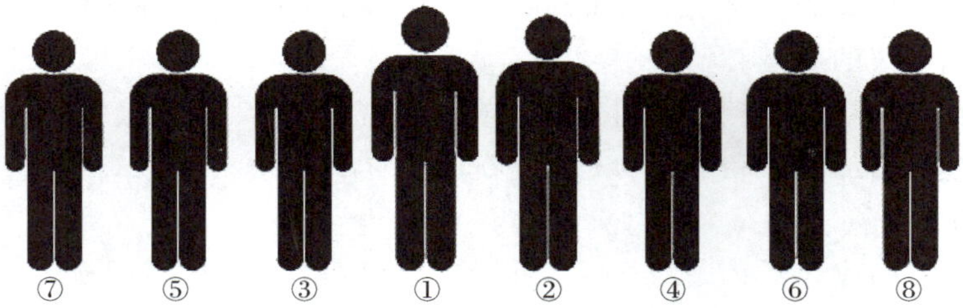

主席台上的人数是双数的座次排序

2. 小型会议

小型会议的座次，视具体的内容而定。

如果是向上级领导汇报情况的会议，通常上级领导及陪同人员坐在面门或朝南一方的主宾席上，主要领导居中，汇报单位坐对面，座次排列方式与主席台上的一致，具体如下所示。

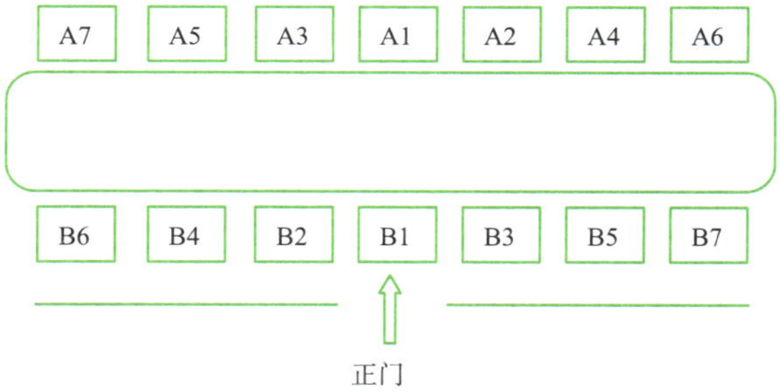

小型会议的座次

注：A为上级领导，B为主方席。

如果是同级单位之间进行座谈、交流的会议，通常是本单位领导及陪同人员坐在面门一方，同级单位的来宾坐在对面。

5.3.3 会前接待工作

1. 会前检查

在会议正式开始前一两小时，应进行一次全面、细致的检查，对考虑不周或没有落实到位的工作进行及时补救，尤其注意会场的音响、灯光、主席台上的座次安排，领导的座签有无错字，茶水是否准备好等细节。

2. 签到服务

较正式的会议都应设有签到处，通常在会场外较醒目的地方设置签到台，备好签到簿、签字笔，配备接待人员，为参会人员礼貌服务。

如有资料需发放的，由接待人员双手递上。

3. 引导服务

参会人员签到后，会议接待人员应热情、礼貌地根据与会者身份将之引入会场指定位置就座，引导时须注意礼仪规范。

(1)使用正确的规范手势，摊开手掌，五指伸直并拢，拇指不要翘起，掌心斜向上方，手与地面成45°夹角，以肘关节为轴，前臂自然上抬伸直，腕关节不要弯曲。

(2)保持良好的身体姿态，呈标准站姿的同时，上体可稍向前倾，但肩不能上提。

(3)配合恰当的面部表情，引导过程中，一定要面带微笑，体现出对来宾的尊重友好和欢迎。运用手势时，目光要与来宾交流，并注意兼顾对方是否意会到目标。如果是重要领导，则可先将其引入休息室，由单位领导陪同，待会议正式开始前几分钟，再引入主席台就座。

4. 接待服务

参会人员在引导下入座后，接待人员应及时倒茶送水。倒茶时注意水壶与杯口的距离，不能将水壶口直接放在杯口上，注意杯盖的内口不要直接与桌面接触，应将其倒放在桌上，倒茶时手指也不能接触到杯口。倒水时要轻，不要将茶水溅到桌上，更不要弄到参会人员的身上，那是非常不礼貌的。如果参会人员还有其他的需求，要尽力热情地帮助并提供周到的服务。

倒茶

5.3.4 会间接待礼仪

会议进行过程中，接待人员应随时注意观察参会人员的茶水情况，一般对少于二分之一的茶杯要及时续水。通常从参会人员的左侧添水，要注意尽量不影响参会人员或身旁的其他人员，动作要轻盈，茶杯轻拿轻放，既不能动作太大或声响过大，吸引众人的目光，也不能毛手毛脚或慢吞吞的。

如果会议设有颁奖表彰环节，要有专门的礼仪人员组织领奖人员，依次按顺序排队上台领奖，还要有礼仪人员将事先分好的奖状或证书交与颁奖领导。

会议中如需播放乐曲，要事先统一安排好，特别是选好音乐，并倒好位置，待会议开始后，相关工作人员就要“严阵以待”，按规定流程依次进行。例如：大会需要奏国歌的，当听到主持人宣布“全体起立，奏国歌”时，国歌声就应该立刻响起。

在会议进行过程中，如果有参会人员有事相告，接待人员应走到该与会者身边，轻声相告，不要影响其他人。

如果有急事需要联系主席台上的领导，则最好写成便条进行传递通知，避免接待人员在台上频繁走动或耳语，分散参会人员的注意力，影响会议的效果。

会后若有合影留念等活动的，在会议进行中，接待人员就要提前做好准备，将场地、椅子等布置好，如需要安排座次的，要迅速在椅背上贴上名签，同时，摄像师和照相师也要准时到位，保证会议议程的节奏。

会议开始后还应精确地统计到会人数，包括邀请人数、通知人数、参会人数，若是重要会议，还要统计缺席人员的名单和原因等。

如果在会场上，因操作不慎出现了小差错，接待人员不能慌乱，应不动声色地尽快处理，尽量不要惊动参会人员，更不能在会场内来回奔跑，如果影响了个别参会人员，要诚恳道歉，保证会议能正常有序地进行。

在会议结束前，要将各位领导及其参会人员的车辆妥善安排好，便于送别领导或与会者，方便他们离开；如停车场较远，会场门口场地又较宽敞，应提前将车辆开至会场门口，按礼宾先后次序停放整齐，以方便领导或与会者结束会议后上车。

5.3.5 会后服务礼仪

会议结束后，接待人员要做好善后服务工作，如果有安排照相、参观、会餐等活动的，接待人员应该分工及时,引导参会者到照相指定地点,或引领其参观,参观途中需做必要的介绍,用餐时安排车辆送参会人员到会餐地点用餐。

参会人员要离开时,接待人员要礼貌送别,根据情况安排车辆或与客人告别。

会后要及时清理会议文件和编发简报及新闻,特别要注意及时回收需要回收的文件资料或意见。

5.3.6 会议接待注意事项

参加大型会议接待时,要特别注重个人的仪容、仪表,应穿着正装或统一的接待制服,妆容要淡雅、庄重,发型要大方、得体,佩戴好工作牌,以最佳的精神状态来接待参会人员,为其留下良好的印象。

接待时,行为举止要规范礼貌,多使用敬语,有事情和参会人员商议的,要多用询问的口吻征求意见,不能带有命令的语气。

会议接待的分工一定是事先明确的,但出现特殊情况时,接待人员要灵活应变,填补接待空缺或弥补接待漏洞,以免影响会议的正常进行和给参会人员留下不良形象。会议进行时,接待人员在会场内不要随意走动,最好将手机调为振动或关机,需要为参会人员做出解释时,要耐心、细致,如果对问题不清楚,忌回答“不知道”,但也不能随意编造乱回答,可以说“我帮您问一下”,且一定要注意及时反馈。

5.4 引导客人礼仪

如果是在单位负责迎接客人到会客室,用手一指会客室,说一句“请到那里等候”,这是不妥当的做法,只有礼貌地将客人带到会客室,才是应有的礼仪。

在将客人带到会客室时,如果自顾自地走在前方,而忽略了后方的客人,认为客人会自己跟上来;甚至不管客人有没有跟来,便自己一直往前走去,这些也不是接待客人所应有的态度;一旦让客人产生自己被拖着到处走的印象,相信他会感到不愉快的。

接待人员带领客人到达目的地,应该有正确的引导方法和引导姿势。

5.4.1 走廊引导礼仪

在走廊内,引导客人时,接待人员应走距离在客人两三步之前,配合步调,让客人走在内侧,自己靠边引导;带路时要边留意客人的步伐,边引导,可说:“请往这边走。”走到拐弯处要暂停,以手指示方向,并向客人说:“请这边走。”

5.4.2 楼梯引导礼仪

在引导客人上楼时,应该让客人走在前面,接待人员走在后面;若是下楼时,应该由接待人员走在前面,客人在后面;上下楼梯时,接待人员应该注意客人的安全;国际惯例是女士在前,但如果遇到女士穿裙装的情况下,男士应在前,免得女士尴尬。

引导客人上楼

引导客人下楼

如果是女接待人员引导客人，无论是上下楼，均应请客人在前。如是男接待人员引导男客人上楼，客人应在前；下楼时，让客人在后。如是男接待人员引导女客人上下楼，则均应请客人在后。

5.4.3 其他场合引导礼仪

细节决定成败。接待中的细节绝对不可轻视、疏忽，如果能关注礼仪细节，讲究礼仪技巧自然会缩短与客人的心理情感距离，使双方的关系更为融洽，进一步强化接待质量，同样一句话，采用不同方法，会产生截然不同的效果。接待人员在接待客人的同时，也利于提升组织的形象。

相关链接

接待用语技巧

引导人员要注意以下几种情况下的礼仪规范：

（1）旋转门。接待人员陪同客人走旋转门时，原则上请客人走在前面；但如果旋转门尚未转动，接待人员应先推动旋转门使之旋转，再请客人先走。

（2）人行道。人行道的内侧安全且是尊贵的位置，接待人员应让客人行走在内侧，自己走在外侧；当走到车辆较多或人多处时，应先走几步"开路"，同时要及时提醒和照顾引领的客人。

（3）走廊。在走廊中行走时，接待人员应在客人两三步之前，配合客人的步调，让客人走在内侧。

（4）房门。引领客人走到房门时，接待人员要先去敲门。如果房门是朝外拉开的，应先把门拉开后，再请客人进去；如果房门是朝里推开的，应推开门自己先进去，再请客人进去。

（5）客厅。当客人走入客厅时，应礼貌地询问客人是否需要将风衣、围巾等物品代为保管，得到肯定回答后，应用双手接过衣物，并放置好。然后用手示意客人就座，如客人坐下座，应请其改为坐上座，然后点头示意后离开。接待人员如果既是引导又是洽谈人员，则无须离开。

5.4.4 禁忌以貌取人

在同时迎接几位客人时，切记不可以貌取人，以免闹出笑话。所谓"人不可貌相"，指的是不能因为对方的相貌英俊，就断定他的身份高，实际上有很多大人物都是貌不出众的；如果仅凭外貌来判断对方身份的高低，有可能会闹出把司机当领导的笑话。

在这种情况下，可以观察对方的态度，从中判断出谁的身份较高，当实在难以分出时，要向对方询问哪位是上司或负责人；当对方突然来访，没有时间确认时，也不要自己随意做出判断，应将他们带到会客室，再做询问。

5.5 电梯礼仪

电梯在人们的日常生活中随处可见，要掌握乘电梯的基本礼仪。

相关链接
乘坐电梯不文明的行为

5.5.1 电梯基本礼仪

（1）进入电梯后，只需轻轻地触摸按钮即可，不要反反复复地按按钮；因为每按一下电梯就会发出响声，这种声响对于电梯里的乘客来说并不动听，特别是当狭小的电梯里满员时，频繁的响声会使大家感觉电梯空间更小，空气更稀薄。

（2）要在电梯的左边等候，以方便乘客下电梯；要等候电梯里的乘客都下来后才排队上电梯，千万不要拥挤；电梯能够搭载多少乘客是有限的，当警铃响时，最后上电梯的人要自动走出电梯间，等候下一班电梯。

（3）进入电梯后，接待人员要站在靠近操作面板的位置，接待人员按下客人要去的楼层按钮，如电梯行进过程中有其他人员进入，可主动询问要去几楼，帮忙按按钮。电梯内可视情况是否寒暄，如没有其他人员，可略作寒暄，如有外人或其他同事，可斟酌是否有必要寒暄，电梯内，尽量侧身面对客人。

（4）到达目的楼层后，接待人员一手要按住“开门”按钮，另一手做出请出的动作，并说道：“到了，您先请！”当客人走出电梯后，自己随即走出电梯，并热诚地引导行走。

电梯这个特殊的空间，使陌生的人都进入彼此的亲近区，这会令人在心理上、生理上都感到不适；为避免不适，应注意以下两点：

①保持身体平衡，尽量不做动作。很多人习惯伸长胳膊去按按钮，这实际是不礼貌的。礼貌的做法是，请靠近楼层显示屏的人替你按：“劳驾，请您帮我按第×层，谢谢！”这一点和餐桌礼仪是一样的，你要取远处的菜，只需请身旁的人代劳，而不能伸长胳膊去取。

②注意你的目光。一般来说，眼睛看电梯门上的楼层的显示屏，这比较合乎人的心理需求；千万不要盯着身边的人看，即使对方美若天仙，你也等出了电梯再从远处欣赏她；否则对方会感觉你在侵犯她；女性也可用胳膊、书包等随身物品保护自己的敏感部位，以免在拥挤时遇到无意的“打击”。

(5)上下电梯应该自然排队,要遵循“尊老爱幼”“女士优先”的原则。特别提醒大家注意的是在大型商场、地铁站、火车站、飞机场等公共场所乘坐电梯时,有一个重要的礼仪规则是:乘客一律靠右站立,上下排成一列纵队,空出左边的小道给有急事的人上下跑动;这也是国际惯例,一定要了解并遵守。

5.5.2 陪同客人乘电梯的礼仪

(1)伴随客人或长辈来到电梯厅门前时,先按电梯的呼梯按钮;轿厢到达,电梯门打开时,如果客人不止一人,可先行进入电梯,一手按“开门”按钮,另一手按住电梯侧门,礼貌地说“请进”,请客人们或长辈们进入电梯轿厢。

(2)进入电梯后,按下客人或长辈要去的楼层按钮;若电梯行进间有其他人员进入,可主动询问要去几楼,帮忙按下楼层按钮;电梯内可视状况是否寒暄,如没有其他人员时可略做寒暄,有外人或其他同事在时,可斟酌是否必要寒暄;电梯内尽量侧身面对客人。

(3)到达目的楼层时,一手按住“开门”按钮,另一手做出请的动作,可说:“到了,您先请!”客人走出电梯后,自己立刻步出电梯,并热诚地引导行进的方向;引导客人乘坐电梯时,接待人员应先进入电梯,等客人进入后关闭电梯门;到达时,由接待人员按开电梯门,让客人先走出电梯门。

5.6 奉茶待客礼仪

饮茶始于中国,茶叶冲以煮沸的清水,顺乎自然,清饮雅尝,寻求茶的固有之味,重在意境,这是中式品茶的特点。同样质量的茶叶,如用水不同、茶具不同、冲泡技术不同,泡出的茶汤会有不同的效果;我国自古以来就十分讲究茶的冲泡,积累了丰富的经验。

中国是文明古国,礼仪之邦,很重礼节;凡来了客人,沏茶、敬茶的礼仪是必不可少的;当有客人来访,以茶待客时,可征求客人的意见,选用最适合客人口味的茶叶和最佳茶具待客;以茶敬客时,对茶叶适当拼配也是必要的;主人在陪伴客人饮茶时,要注意客人杯、壶中的茶水残留量,一般用茶杯泡茶,如已喝去一半,就要添加开水,随喝随添,使茶水浓度基本保持前后一致,水温适宜;在饮茶时也可适当佐以茶食、糖果、菜肴等,达到调节口味的功效。

5.6.1 选择合适的茶具

在招待客人时,茶具应有所讲究;从卫生健康角度考虑,泡茶要用茶壶,茶杯要用有柄的,不要用无柄茶杯;目的是避免手与杯体、杯口接触,传播疾病;茶具一般应选择陶质或瓷质器皿;陶质器皿以江苏宜兴的紫砂茶具为佳;不要用玻璃杯,也不要用热水瓶代替茶壶;如用高杯(盖杯)时,则可以不用茶壶;有破损或裂纹的茶具是不能用来待客的。

5.6.2 选择合适的茶叶

不同的地区,饮茶的习惯不同,应准备的茶叶也就不尽相同;广东、福建、广西、云南一带习惯饮红茶,受港澳台影响,饮乌龙茶的人也多了起来;江南一带饮绿茶比较普遍;北方人一般习惯饮花茶;少数民族地区,大多习惯饮浓郁的紧压茶;一般地说,青年人多喜欢饮淡茶、绿茶;老年人多喜欢饮浓茶、红茶;不同情况下,应准备不同的茶叶,但都应该有特色。

5.6.3 奉茶的礼仪

奉茶,通常是在客人就座后、开始洽谈工作前,如果宾主已经开始洽谈工作,这时才端茶上来,免不了要打断谈话或为了放茶而移动桌上的文件,这是失礼的;值得注意的是,喝茶要趁热,凉茶伤胃,茶浸泡过久会泛碱味,不好喝,故一般应在客人坐好后再沏茶。

1. 奉茶的顺序

上茶时一般由主人向客人献茶,或由接待人员给客人上茶;上茶时最好用托盘,手不可接触杯面;奉茶时,按先来宾、后主人、先女宾、后男宾、先主要客人、后其他客人的礼遇顺序进行;不要从正面端茶,因为这样既妨碍宾主思考,又遮挡视线。得体的做法是:应从每人的右后侧递送。

2. 斟茶的礼仪

在斟茶时要注意每杯茶水不宜斟得过满,以免溢出洒在桌子上或客人衣服上。一般斟七分满即可,应遵循“满杯酒、半杯茶”之古训。

3. 续茶的礼仪

陪伴客人品茶要随时注意客人杯中茶水存量,随时续水。应安排专人给客人续茶,续茶时服务人员走路要轻,动作要稳,说话声音要小,举止要落落大方;续茶时要一视同仁,不能只给一小部分人续,而冷落了其他客人;如用茶壶泡茶,则应随时观察是否添满开水,但注意壶嘴不要冲着客人的方向。

4. 饮茶的礼仪

不论客人还是主人,饮茶要边饮边谈,轻啜慢咽。不宜一次将茶水饮干,不应大口吞咽茶水,喝得咕咚作响;应当慢慢地一小口、一小口地仔细品尝;如遇漂浮在水面上的茶叶,可用茶杯盖拂去,或轻轻吹开,切不可从杯里捞出来扔在地上,更不要吃茶叶。

5. 注意其他礼仪

我国旧时有以再三请茶作为提醒客人应当告辞的做法,即端茶送客;因此,在招待老年人或海外华人时要注意,不要一而再,再而三地劝其饮茶。

5.7 送别客人的礼仪

相关链接
鲁迅送客的礼节

如果说迎宾是接待工作的序曲,那么送客就是接待工作的结束曲、压轴戏。因此,真正有经验的商务人士总是更加重视送客的礼仪，所谓“出迎三步，身送七步”，有始有终才是真正的送客之道。

对于来公司到访的客人，无论与客人的会谈是否顺利、成功，作为主人，都应该礼貌地送别客人；如果客人是外国人，为了表达东道主的体贴，应该把客人送到大厦的门口；如果客人中文不熟练，更周到的做法是给客人打一辆出租车，并告诉司机客人要去的地方。

根据客户的重要程度和本地、外地的区别，送客可以采用不同的形式。本地客人一般在办公室道别，对外地客人可以为其设宴饯别或者专程送客人离开本地。

5.7.1 办公室道别

在办公室道别要由来宾先提出，当来宾提出告别时，主人应当在对方起身之后再站起来；客人提出告辞，主人要作挽留，如果客人要走，则不必再三勉强；有时客人的告辞是试探性的，是对主人是否高兴继续谈下去的观察，因此，当客人提前告辞时，切不可急于起身送客；宾主双方握手道别时，应由客人先伸手，主人随后伸手；如果与对方常有来往，主人可以送到办公室门口或电梯门口；送客要送到门外，叮嘱客人小心慢走，下楼注意台阶，晚上，还要把路灯打开。

如是初次来的客人，要告诉返程的路线，如遇下雨，要给客人拿出雨具；对远道的客人或带有重物的客人，可把客人送到车站，或安排交通工具，待客人乘车离去时，再挥手告别。

5.7.2 设宴饯别

设宴饯别是指主人为来宾专门举行一次饯别宴会，这是对外地客人常用的送别方式。饯别宴可以视对方的情况和饮食喜好来安排，一切应该以客人为主；对于正式到访的外宾，应该有周全的计划，并安排饯别宴；宴会内容应参考客人的需求和禁忌，使对方产生倍受重视之感，进而加深宾主之间的友谊。

饯别宴一般选择在客人离开的前一天，主人应该预约来宾的时间，并以来宾的时间为主，不要打乱对方的行程安排或者影响对方的休息。参加饯别宴的人员应该选择与客户身份、职位相似或相关部门的工作人员；饯别并不是以吃饭为主，有些话题是主人应该提到的。如主人可以谈及此次商务会面的深刻印象，以表达惜别之意，询问来宾此行的意见或建议，问候来宾有无需要帮忙的事情等。在饯别宴的适当时机，应将精心准备的纪念品送给客户，以表示主人的热情。如果将客人来访期间的活动照片精选汇集成图文相册，在送别时作为礼品送给对方，客人将深受感动。这种礼品既表达了接待方对客人的友好与尊重，又有纪念意义；送别和迎送的形式应当和谐，如果你是在机场、码头、火车站等地方迎接来宾的到来，那么送别时，也应该把来宾送至他们启程的地点；与接待的工作相似，送行前要做好各方面的准备工作，比如安排交通工具以及相应的车、船票；用车将客人送到车站、码头，最好能送到车厢，安排好位子；对于贵客，应先联系好贵宾室，请客人在贵宾室候车；客人所乘车、船启动时，送行者应频频挥手告别。

送客时一定要注意身体语言，微笑与细致的关照都会在无形中增进双方的好感，为将来的商务合作打下良好的基础。

实践训练

接待礼仪

实训项目：前台接待。

实训目标：掌握前台接待的基本礼仪。

实训学时：1学时。

实训地点：教室。

实训方法：将学生分成几组，分别扮演客户和接待员，上课时，进行现场表演。台下同学予以点评并提出具体的建议，评选出最佳接待。最后教师总结。

课后练习

一、判断题

(1)上楼梯时，应该总是遵循女士优先的原则。 (　　)

(2)递交名片时，应该用左手扶着右手。 (　　)

(3)从访客左侧奉茶时，要用右手端茶，左手托着。 (　　)

(4)对待来访者，要热情接待，不能轻易拒绝客户的要求。 (　　)

(5)带路时接待人员应走在客人前方一步远的位置，靠边引导。 (　　)

二、思考题

(1)举行双边洽谈会，座次应如何安排？

(2)会议即将开始，接待方接到通知，主席台上有一位领导临时有事，不能来参加了，会议接待需要作何调整？

(3)陪伴客人乘坐电梯的礼仪有哪些？

(4)为客人斟茶的礼仪包括哪些？

(5)不同场合如何引领客人？设宴饯别时应注意哪些礼仪？

三、案例分析

【案例分析1】

员工错在哪里？

一天，中科信息有限公司的王经理招待自己的客人到一家酒店去用餐，在乘坐这家酒店的观光电梯准备下到大堂。当电梯行至酒店行政办公楼层时，走进两位身着酒店制服、正准备去参加每月生日会的员工。两位员工边聊边随手按了一下电梯按钮。但员工随即发现错按了五楼，而员工生日会通常在三楼或二楼举办。于是员工改按了三楼的按钮；当到达三楼，电梯门打开后，员工发现三楼好像没有来参加生日会的人，那生日会应该是在二楼举办，于是员工又按了二楼。员工的行为引起一同乘坐电梯的客人不快，当电梯到达大堂后，王经理向大堂经理投诉，认为酒店员工不应该乘坐客用电梯，且员工乱按电梯完全不考虑客人的感受。

思考讨论题：

(1)员工的错误有哪些？

(2)基本的乘坐电梯礼仪有哪些？

【案例分析 2】

事与愿违的发布会

国内某饮料企业开发了一种新型的果汁饮料，准备举行一场新品发布会。为了大力宣传新品，该企业邀请了国内著名饮料专家和电视、广播、报纸、杂志等多家新闻媒体参加，并将发布会的时间定于周五上午九点开始，考虑到来宾众多，选定了一个离城市较远的环境幽雅的有较大会议厅的宾馆。结果来宾因堵车大部分都未能准时到达，来的客人也不多，发布会因此延后一小时，会后的宣传报道也较杂乱，影响较小。

思考讨论题：

(1)发布会接待工作有哪些失误？

(2)正确的接待工作都应做好哪些工作？

第6章 拜访宴请馈赠礼仪

古人有“出门如见大宾”的说法，就是告诉人们在登门拜访他人时，在时间选择、衣帽修饰、言谈举止等方面都应该注意礼仪规范，应遵循一定的礼节。在竞争日益激烈的社会，拜访讲究礼仪与技巧，不仅能代表公司的形象，同时也能看出个人的素质、层次和水平。如果处理不当，不仅会损害公司的形象，还会丧失自己发展的机会。

案例导入

如此拜访

风景秀丽的某海滨城市的朝阳大街，高耸着一座宏伟的大楼，楼顶上的“远东贸易公司”六个大字格外醒目。某照明器材厂的业务员金先生前去拜访这家公司的经理，想要达成双方的合作。手拿企业新设计的照明器材样品，兴冲冲地走上六楼，脸上的汗珠未及擦干，便直接走进了业务部张经理的办公室，正在处理业务的张经理被吓了一跳。“对不起，这是我们企业设计的新产品，请您过目。”金先生说。张经理停下手中的工作，接过金先生递过的照明器，随口赞道：“好漂亮啊！”并请金先生坐下，倒上一杯茶递给他，然后拿起照明器仔细研究起来。金先生看到张经理对新产品如此感兴趣，如释重负，便往沙发上一靠，跷起二郎腿，一边吸烟一边悠闲地环视着张经理的办公室。当张经理问他电源开关为什么装在这个位置时，金先生习惯地用手搔了搔头皮。好多年了，别人一问他问题，他就会不自觉地用手去搔头皮。

虽然金先生做了较详尽的解释，张经理还是有点半信半疑。谈到价格时，张经理强调：“这个价格比我们预算高出较多，能否再降低一些？”金先生回答：“我们经理说了，这是最低价格，一分也不能再降了。”张经理沉默了半天没有开口。金先生却有点沉不住气了，不由自主地拉松领带，眼睛盯着张经理，张经理皱了皱眉：“这种照明器的性能先进在什么地方？”金先生又搔了搔头皮，反反复复地说：“造型新、寿命长、节电。”张经理托词离开了办公室，只剩下金先生一个人。金先生等了一会儿，感到无聊，便非常随便地抄起办公桌上的电话，同一个朋友闲谈起来。这时，门被推开，进来的却不是张经理，而是办公室秘书。

讨论：

(1)金先生拜访的目的为何没达到？

(2)金先生的产品好，张经理为何还是离开了？

(3)本案例对你有何启示？

6.1 会见客户的礼仪

见面是交往的开始，人与人在社会交往中的第一礼节就是见面礼，因为会见时礼貌、文明的举止给对方留下良好的第一印象，对双方交往的深度和广度起着决定性的影响。在开展商务活动时，更多时候需要和客户见面、洽谈，根据双方的需求，达成最后的协议，进行进一步的合作，因此，与客户见面时举止庄重大方，谈吐幽默文雅，在交往之初能使对方形成牢固的心理定式，会对以后商务往来产生积极的作用。

6.1.1 拜访客户礼仪

如为主动拓展自己公司的业务，可以去主动拜访客户，在会见客户时应既讲究实在，又讲究艺术，才能够取得会见的最佳效果。

下面介绍一些会见的技巧及礼仪：

(1)拜访前应与对方预约访问的时间、地点及目的，并将访问日程记录下来；拜访时，要注意遵时守约。

(2)问候时最好点名道姓，迈进会客室的门，你的第一句话可能是："你好，见到你很高兴。"但这却不如说："王经理，你好，见到你很高兴。"后者比前者要热情得多。

(3)若对方没请你坐下，你最好站着，坐下后不应掏烟，如对方请你抽烟，你应说："谢谢。"请记住，切莫把烟灰和火柴头弄到地板上，那是很不得体的。

(4)请不要急于出示你随身带的资料、书信或礼物，只有在你提及了这些东西，并已引起对方兴趣时，才是出示它们的最好时机；另外，你要事先做好准备，当对方询问你所携带资料中的有关问题时，你应给予详细的解释或说明。

(5)主动开始谈话，珍惜会见时间，尽管对方已经了解到你的一些情况和来访目的，你仍有必要主动开口。你可再次对某些问题进行强调和说明；这不仅仅反映一个人的精神面貌，也是礼貌的需要。

(6)保持相应的热情，在谈话时，你若对某一问题没有倾注足够的热情，那么，对方会马上失去谈这个问题的兴趣。

(7)当愤怒难以抑制时，应提早结束会见，愤怒会使你失去理解他人和控制自己的客观尺度；它不仅无助于问题的解决，反而会把事情搞得更糟。

(8)学会听的艺术，听有两个要求：首先要给对方留出讲话的时间，其次要"听话听音"。如对方首先讲话，你不可打断对方，应做好准备，以便利用恰当的时机给对方以响应，鼓励对方讲下去；不能够认真聆听别人谈话的人，也就不能够"听话听音"，更不能机警、巧妙地回答对方的问题。不论是在社交场合，还是在工作中，善于听乃是一个人应有的素养。

(9)避免不良的动作和姿态。玩弄手中的小东西，用手不时地理头发，搅舌头，清牙齿，掏耳朵，盯视指甲、天花板或对方身后的字画等，这些动作都有失风度。

也不应忘记自己的身份去故作姿态，卖弄亲近："咱俩无话不谈，要是对别人，我才不提这个呢！"俚语和粗话更应避免。

(10)要诚实、坦率,又有节制,若在一件小事上做假,很可能使你的全部努力付诸东流;对方一旦怀疑你不诚实,你的各种不同凡响的作为都将黯然失色。谁都不是十全十美的完人,因此,你可以坦率地谈起或承认自己的缺点或过失,在评论第三者时不应失去体谅他人的气度,无节制地使用尖刻语言只会让人疑心:"谁知哪一天,他也许会在背后这样说我呢。"

(11)要善于"理乱麻",学会清楚地表达;善于表达使人终身受益;讲话不会概括的人,常常引起人们的反感;叙事没有重点,思维头绪混乱的人,常常迫使人们尽量回避他。一般来说,你若从没有担心过别人会对你的话产生反感,就意味着你已引起他人的反感。

(12)注意衣着和发式,第一次见面就给人一种不整洁的印象,往往会给你的自我表白投下阴影,平时不修边幅的企业家,在会见前应问问懂行的人,让他根据你的年龄、体形、职业及季节等因素设计你的衣着和发式。

(13)如果对方资历比你浅,学识比较低,你应格外留心自我优越感的外露;当你介绍了自己令人羡慕的学位、职称等情况后,对方也得谈到他的相应情况,为了避免对方自愧不如,在介绍自己时你应该谨慎,对对方可以表示赞佩,过度的关心和说教应该避免,要表现出诚意和合作精神。

(14)会见结束时,不要忘记带走你的帽子、手套、公事包等东西,告别语应适当简练,克制自己不要在临出门时又引出新的话题,因为没有理由认为告别才是会见的高潮。

6.1.2 接待客户礼仪

迎来送往,是商务交往活动中最基本的形式和重要环节,是表达主人情谊、体现礼貌素养的重要方面。尤其迎接,是给客人良好的第一印象的最重要的工作。给对方留下好的第一印象,就为下一步深入接触打下基础。

接待客户要注意以下几点。

1. 文明、礼貌迎接客人

有客户来访,应马上起来接待,并让座;来有迎声,当客人走进办公室时,马上起身接待,要主动微笑致意,说声:"你好!"如站着,则先于客人问话,而致以问候或欢迎辞。

来访者为单个人时,标准的问候语为:

"先生,您好!"或"先生,早上好!"

"小姐,您好!"或"小姐,早上好!"

"您好! 欢迎来到××公司。"

来者是二人,标准问候语则为:

"二位先生好!"

"二位小姐好!"

"先生、小姐,你们好!"

来者为三人以上,标准问候语则为:

"各位好!"或"各位早上好!""各位下午好!"

"大家好!"或"大家早上好!""大家下午好!"

对已知道客户或来访者姓名的,标准问候语如下:

"×先生好!"

"×小姐好!"

对已是第二次或两次以上来公司的客户、来访者，在沿用“单个人问候标准语”并看到客户点头或听到客户说“你好”之后，还可选用如下标准问候语：

“先生，我记得您前不久（以前）来过我们公司，今天光临，再次表示欢迎！”

2. 主动、热情、大方、微笑迎接客人

接待人员带领客人到达目的地，应有正确的引导方法和引导姿势。

①在走廊上的引导方法。接待人员在客人两三步之前，配合步调，让客人走在内侧。

②在楼梯上的引导方法。当引导客人上楼时，应该让客人走在前面，接待人员走在后面，若是下楼时，应该由接待人员走在前面，客人在后面，上下楼梯时，接待人员应该注意客人的安全。

③在电梯中的引导方法。引导客人乘坐电梯时，接待人员先进入电梯，等客人进入后关闭电梯门，到达时，接待人员按“开”的按钮，让客人先走出电梯。

办公室里接待客人，会客的位置要注意，一般有这样三种情况。

第一，自由式。不排座随便坐，这是熟人或者没必要排座位时使用的方式。

第二，相对式。一般在商务谈判中，比较适合相对式，客人和主人面对面就座。如果这个桌子是横放，那面对房间正门的位置是上座，坐客人，背对房间正门的位置是下位，坐主人。如果桌子是竖放，以进门方向为准，右侧为上，把客人往右侧让，自己去左侧。

第三，并列式，宾主并排坐。中国有句老话是平起平坐。两个人并排就座或者三个人并排就座有什么讲究呢？首先是右为上，另外是居中为上。中国传统礼仪是左高的，而国际惯例为右高，一般在工作之中采用国际惯例。当客人走进会议室，用手指示，请客人坐下，看到客人坐下后，主人才能坐下。

3. 耐心回答问题

对客人的问题应有问必答，不厌其烦。讲话时目光应停留在对方双眼至前额的三角区域，使对方感到被关注；当场解答或电话通知相关业务接待人员出席，引领客户或来访者接触相关人员，行走时走在客户或来访者侧前位置，并随时用手示意；途中与同事相遇，点头行礼，表示致意。

客人要找的负责人不在时，要明确告诉对方负责人到何处去了，以及何时回本单位；请客人留下电话、地址，明确是由客人再次来单位，还是我方负责人到对方单位去。

客人到来时，我方负责人由于种种原因不能马上接见，要向客人说明等待理由与等待时间，若客人愿意等待，应该向客人提供饮料、杂志，如果可能，应该时常为客人换水。

当客人告辞时，主人应送到门口或电梯口。

6.1.3 介绍客户礼仪

在开展商务业务时，人们需要与他人进行必要的沟通，以得到对方的理解、帮助和支持。由于人际接触日益广泛，在商务活动中经常会结识新朋友，这就离不开自我介绍、为他人介绍等。

介绍是指经过自己主动沟通或者通过第三者从中沟通，从而使交往双方相互认识、建立联系、增进了解的一种交往方法。它是人与人相互沟通的出发点，也是在与人交往时显得平易近人，有较强亲和力的有效方式。

根据介绍者的不同，介绍可分为自我介绍、他人介绍和集体介绍三种类型。

(1)自我介绍。自我介绍是社交场合中运用最多的一种介绍方式。它是指当自己与他人初次见面时,由自己担任介绍的主角,将自己介绍给他人,以使对方认识、了解自己。

自我介绍时应注意如下方面的礼仪。

①介绍的时机。商务交往中,何时把自己介绍给他人,是一个复杂的问题,它和场合有关,也和当时的气氛、现场人员的互动有关;一般情况下,应是在以下环境中介绍自己:

当主人无法抽身或忘了介绍,你与周围的人不认识,而又十分想认识他们时,最好的方法就是自我介绍,以表明自己的身份;

若希望结识某个人,又无人引见时,也可以自己充当自己的介绍人,将自己介绍给对方。有时,如果拿不定对方是否愿意认识你时,你不妨先请问对方的尊姓大名,如对方马上告诉你,则说明对方想与你认识,此时,你便可以马上介绍自己的情况;

他人希望结识自己时,也有必要进行自我介绍;自己熟悉他人,但又担心他人健忘或不能完全了解自己时,可以再次向对方简要地介绍自己。

②介绍的内容。自我介绍应根据当时的具体场合、具体对象以及实际需要,来确定自我介绍的内容。一般来说,自我介绍的内容比较简单,但要实事求是,真实可信,在一些场合,除了报上自己的姓名和单位、部门、身份外,再提及与正在进行的活动是什么关系就可以,如"我是李信,毕业于山东师范大学,现在亚洲国际大酒店人力资源部任职"。

③应注意的问题。在自我介绍的实施过程中,要注意介绍的时间。一般来说,自我介绍的时间不宜太长,不超过一分钟即可。进行自我介绍时,态度要自然、友善、随和。另外,自我介绍还应注意一些细小的礼仪环节。如果两人正在交谈,你想加入,而你们又彼此不认识,这时做自我介绍就应选择两人谈话停顿的时候,并说:"二位好!对不起,可以打扰一下吗?我是××……"。

如果是参加一个集体活动迟到了,你又想让大家了解你,这时就应当说:"女士们、先生们,你们好!很抱歉,我来晚了,我是××,是××公司的公关部经理,很高兴与大家在此见面。还请大家多多关照!谢谢!"

(2)介绍他人。介绍他人,又称第三者介绍,它是指由第三者为彼此不相识的双方所进行的引见、介绍。介绍他人通常是双向的,也就是说,要把被介绍双方各自做一番介绍;有时,也可以进行单向的他人介绍,即只把被介绍者中的某一方介绍给另一方,这样做的前提是前者认识后者,而后者不认识前者;在为他人做介绍时,要注意以下几个问题:

①介绍者的确定。在介绍他人时,由谁来充当介绍者是颇有讲究的。一般情况下,介绍者是由单位专门负责此事的相关人员担任,如秘书、办公室主任、公关礼宾人员或专职接待人员等。

当有外单位人员来访,但来访者又与本单位其他人员不认识时,一般由和对方有业务联系的相关人员担任介绍者。

作为主人,一般有主动充当介绍者的义务。

如果来访者身份较高,本着"身份对等"的惯例,一般应由东道主一方在场人士中身份最高者担任介绍者,以示对被介绍者的重视。

有时,需要征求某一方的意见,看他是否乐意把自己介绍给某人,此时,应先征求身份较高者的意见。

②介绍时的顺序。在为他人介绍时,先介绍谁,后介绍谁,是一个比较敏感的礼仪问题。

在商务交往中，所有人的人格都是平等的，但是，人与人之间按职务高低、年龄大小等会有顺序和先后关系。这就必须遵守“尊者优先”的原则，即在为他人介绍前，先要确定双方地位的尊卑，然后先把位卑者介绍给位尊者，后把位尊者介绍给位卑者，这样做，可以让位尊者优先了解位卑者的情况，以便见机行事，在交际中掌握主动权。

国际上公认的为他人介绍的顺序是：

先将职位低的人介绍给职位高的人；

先将年轻者介绍给年长者；

先将男性介绍给女性；

先将主方人士介绍给客方人士；

先将未婚者介绍给已婚者；

先将晚到者介绍给早到者。

值得注意的是，当所要介绍的双方符合其中两个或两个以上顺序时，一般以先职位再年龄、先年龄再性别的顺序做介绍。例如，要为一位年长的职位低的女士和一位年轻的职位高的男士做介绍时，应该将这位女士介绍给这位男士。

③内容和方式。应该注意的是，正式介绍他人之前，最好先了解双方是否有结识的愿望，切不可冒昧引见。最客气的介绍方法是先以询问的口气问尊者，如“张经理，我可以介绍小王和你认识吗？”等。如对方同意，在正式介绍时，最好先对尊者说诸如“请允许我向您介绍……”“让我来向您介绍一下”等礼貌语。介绍时，应面带微笑，说话简洁，介绍的基本内容包括姓名、单位、部门、职务、爱好等。

完整的介绍表述是：“李总，请允许我为您做介绍，这位是大众集团公司的王文主任；这位是华谊集团的总经理程玉先生。”

当介绍者走上前为被介绍者做介绍时，被介绍双方应起身站立，面含微笑。

一般来说，介绍者位于中间，介绍时用右手，五指伸开朝向被介绍者中的一方，此时，介绍者的眼睛要看着另一方。

介绍完毕，双方应依照礼仪顺序握手，彼此问候，“您好！”“认识您很高兴。”“久仰大名！”“幸会，幸会！”等是最常见的问候语。

（3）集体介绍。集体介绍是指介绍者在为他人介绍时，被介绍者其中一方或者双方不止一人甚至是许多人在场。因此，集体介绍可分两种：一种是为一人和多人做介绍；另一种是为多人和多人做介绍。

集体介绍时，若被介绍者双方地位、身份大致相似或难以确定时，应遵循“少数服从多数”的原则，即先介绍人数较少的一方或个人，后介绍人数较多的一方。在介绍人数较多一方时，仍应按职务的从高到低逐一介绍；有时，就只介绍前者，而不必再向前者一一介绍人数较多的一方。

若被介绍双方地位、身份存在明显差异，这时应以地位、身份高者为尊，即使尊者人数少或甚至只有一人，仍应被置于尊贵的位置，最后加以介绍。

集体介绍尤其要注意采用规范、准确的措辞，不要用简称，如不要说“南航”，而应说“南方航空公司”。

介绍时应注意的问题：

①介绍时，不能背对任何一方，应面带微笑，目视对方，举止端庄得体。

②为他人介绍时，语言应清晰明了，以便让双方记住对方的姓名及简单资料。

③为他人介绍时，要记住加上被介绍者的头衔，如经理、局长等。在介绍时头衔应冠在姓名之后。

④为他人介绍时，被介绍者双方应起身或欠身，以示相互尊重。介绍后，双方应主动握手，可寒暄几句，也可交换名片。

⑤为他人介绍后，介绍者应略停片刻，引导双方交谈后再离开。

6.1.4 使用名片的礼仪

1. 名片的用途

在现代社会，名片不仅有进行自我介绍和保持联络的作用，而且还有其他多种用途：

(1)它可以替代便函。用来对友人表示祝贺、感谢、介绍、辞行。慰问、馈赠以至吊唁等多种礼节。

(2)可以替代礼单。向友人寄送或托送礼物或鲜花时，可在礼品或花束中附上名片并写上祝贺短语，自己收到友人的礼品，可立即回复一张名片，以表示感谢。

(3)可作为“介绍信”。

(4)可代替请柬。在非正式邀请中，可用名片代替请柬(如朋友小聚)，并写明时间、地点和内容。

(5)用于通报和留言。拜访友人时，若被访人系尊长，可在名片的姓名下方写上“求见”“拜谒”字样，转行顶格起写上对方姓名称谓。若被访者不在家，可留下一张名片，上面写一句“很遗憾，未能一见！”“很遗憾。来访未晤！”等，也是很友善的表示。

(6)用于业务宣传。在进行业务往来时，名片是公司的招牌，具有类似广告的作用，可使对方了解你所从事的业务。

(7)用于通知变更。一旦调任、迁居或更换电话号码，送给至亲好友一张注明上述变动的名片，等于及时而又礼貌地打了招呼。

2. 名片的递接礼仪

交换名片是人们交往中常用的一种介绍方式。正常情况下，名片是一个人身份、地位的象征，也是使用者要求社会认同、获得社会尊重的一种方式，对于商务人士来说，它还是所在组织形象的一个缩影。所以名片交换应重视其礼仪效应，恰到好处地使用名片，显得彬彬有礼，令人肃然起敬。

(1)递接名片的顺序。交换名片是建立人际关系的第一步，一般宜在与人初识时，自我介绍或经他人介绍之后进行。递送名片的先后没有太严格的讲究，一般是地位低的人先向地位高的人递名片，男性先向女性递名片。出于公务和商务活动的需要，女性也可主动向男性递名片。当对方不止一人时，应先将名片递给职务较高或年龄较大的人，如分不清职务高低和年龄大小时，则可依照座次递名片，应给对方在场的人每人一张，以免厚此薄彼。如果自己这一方人较多，则应让地位较高者先向对方递送名片。

(2)递接名片的礼仪。递送名片时，应面带微笑，正视对方，将名片的正面朝着对方，恭敬地用双手的拇指和食指分别捏住名片上端的两角送到对方胸前。如果是坐着，应起身或欠身递送，递送时可以说一些“我叫××，这是我的名片，请笑纳！”或“请多关照！”之类的客气话。如同外宾交换名片，可先留意对方是用单手还是双手递名片，随后再跟着模仿。因为欧美人、阿拉伯人和印度人惯于用一只手与人交换名片;日本人则喜欢用右手送自己的名片,左手接对方的名片。

(3)接受名片的礼仪。接受他人名片时,应起身或欠身,面带微笑,恭敬地用双手的拇指和食指捏住名片的下方两角,并轻声说:“谢谢!”或“能得到您的名片十分荣幸!”如对方地位较高或有一定知名度,则可道一句“久仰大名”之类的赞美之辞。接过名片后,应十分珍惜,并当着对方的面,用30秒以上的时间,仔细把对方的名片看一遍。随后当着对方的面郑重其事地将他的名片放入自己携带的名片盒或名片夹之中,千万不要随意乱放,以防污损。

如果接过他人名片后一眼不看,或漫不经心地随手向口袋或手袋里一塞,是对人失敬的表现。倘若一次同许多人交换名片并且又都是初交,那么最好依照座次来交换,并记好对方的姓名,以防搞错。在公共场合如欲索取他人名片,可以婉转地说:“以后怎样向您请教?”“以后怎样同您保持联系?”如自己无意送人名片时,可婉转地说:“对不起,名片未带。”

(4)收藏名片的方法。为了查找和使用方便,宜分类收藏他人的名片,可按姓氏笔画分类,也可依据不同的交际关系分类,要留心他人职务、职业、住址、电话等情况的变动,并及时记下有关的变化,以便通过名片掌握每位客户、每个朋友的真实情况。

6.2 宴请客户礼仪

商务宴请是公司或企业在公务交往中与客户沟通感情的重要手段,宴请的礼仪是否规范、到位,对来访的宾客会造成很大的影响,宴请礼仪不到位,会影响到主宾之间良好的沟通气氛和效果,对公司造成负面影响,导致公司的发展受挫。因而,有必要了解宴请客户的相关礼仪知识。

6.2.1 设宴及邀请礼仪

1. 设宴礼仪

如果要举办宴会,首先应确定设宴的目的、名义、邀请范围和对象,还应考虑恰当的形式,然后慎重地以不同方式发出邀请。

(1)设宴目的。洽谈业务、签订合同、择日开张、扩大销售、加强联系等,都可以是设宴的目的;庆祝节日、纪念庆典、开幕闭幕,也都常见。设宴目的不同,设宴的规格、内容、形式也就不同。所以设宴目的必须明确,不但举办人要清楚,还应尽可能让应邀者和具体承办者明了,彼此才好配合,达到宴请的目的,实现预期的效果。

(2)邀请名义。以谁的名义出面邀请最为恰当,即为邀请名义。邀请名义要注意宾主身份对等,这是礼仪礼节性很强的一方面。邀请者与宴会的具体支持者是有区别的,一般来说,邀请者应与被邀请的主要宾客,在身份、职别、专业等方面尽量对等、对口,邀请名义既可以单位名义,也可以个人名义,即使以单位名义邀请,也应签注主要领导人的姓名,以示庄重。

(3)宴请对象和范围。宴请对象是指设宴招待的主要宾客,也就是举办宴会请什么人,请多少人,请到哪一级别,同时也包括请一些有关单位和本单位的相关人员作陪。一般以设宴目的、宾主身份、国际惯例及主要宾客所在地的习惯做法为依据。若是多边关系,还要考虑其他因素。宾主赴宴的总人数,以偶数为好。

(4)宴请形式。宴请形式,依设宴目的和宴请的范围之需,综合拟订。一般来说,设宴目的明确、宴请范围广泛,应以正式的、高规格的宴会形式为主;日常交往、友好联谊、人数较多的,以冷餐会形式或酒会形式更合适;群众性节日活动,以茶会形式居多。

国际国内礼宾工作有简化趋势,宴请范围趋于缩小,形式也在简化。

2. 邀请的礼仪

各种宴请活动,一般均须对宴请对象发出邀请。这既是对宾客的通知,起提醒、备忘作用,同时又是宴请必备的礼貌形式。邀请方式通常有书面、电话和口头邀请3种。正式宴请活动,多采用书面邀请的方式,由举办者发出请柬或邀请信、邀请电报;非正式宴会,则可以电话或口头邀请。

(1)书面邀请。

①请柬。请柬是较常用的邀请形式。有市场统一印制的通用型,也有本单位特别印制的专用型。格式大同小异,常有精美的封面。内页写明宴请目的、被邀请人的姓名、宴请的类型、地点和时间,主办者的全称。如若是涉外宴请,还应有中外文对照或索性用客人所在国文字印制。请柬一般不用标点符号,设计应美观大方,填写应字迹端正工整。请柬应视主宾之间的地理位置远近和通信联系的方便程度,提前一周收到为好,要在时间上给宾客留有余地,以便他们能安排好自己的工作。

正式宴会的请柬在制作和发送时,还应注意:如果事先已口头(或电话)预约过、通知过对方,仍应在宴会前正式发送一份请柬,以示正式和真诚;如能确定对方"一定会来",可在请柬上注明客人在宴会上的桌号,以便他赴宴时,落座不乱。

一份精美的请柬,不仅能起到礼仪、通知、备忘的作用,还是一份珍贵的纪念品。

②邀请信。和请柬相比,邀请信多为手写,也有计算机打印的。格式各不相同,内容要求详细,可以因事因人而异,文字可长可短。邀请信给人以亲切感,不像请柬那样显得刻板和公式化。

邀请信应写得诚恳热情,要把邀请目的、具体细节、邀请时间、地点交代清楚,还可以对应邀者提点有关服饰的建议和"回复"等方面的要求。具体包括:简短的问候和寒暄,阐明宴请的类型和设宴的原因,简略说明这次宴请安排的内容,如席间有无文艺表演和舞会的安排,是否要求客人做席间发言等,对远道客人的时间要求、服饰要求,设宴地点的位置和交通车次介绍,并恳请对这次宴会给予协助和配合等,盛情邀请光临并要求寄回复,以便安排和落实座次。

(2)电话邀请。电话邀请和书面邀请一样,也要十分注重礼貌礼节。书面邀请,在撰写时还可有推敲的时间,而电话邀请,因为通话时间短促,通话时的语言、语调必须使对方感受到盛情和诚意。所以通话前应写好说话提纲,或胸有腹稿,避免说话时没有程序,要表达的主要内容被遗漏,次要的话说得过多。用语比书面要求更高,要从语音、语调上让对方感受到诚挚、亲切,以加深对方印象。如果不是被邀请者本人接电话,要建议接电话的人做好记录备忘,以便转告被邀请者。

(3)口头邀请。口头邀请,适用于非正式的、或小范围的宴请。举办人有意设宴时,应先征询被邀主宾的意见,最好是彼此见面时,借机口头约请。口头邀请,有时不能一次得到对方的肯定答复,可再约时间敲定,或用电话表达邀请的诚意,以得到对方最后正式答复为准。口头邀请,也可委托别人传话转告,并请转告者尽快将原意告诉被邀请者。口头邀请时,表达必须认真诚恳，一旦商定，双方遵守信用。

无论是书面邀请、电话邀请，还是口头邀请，都应合乎礼仪要求：内容明晰、称谓正确、字体端正、音容亲切、大方热情。此外，还应注意邀请的时机和场合。本着与邀请者协商的态度，把邀请工作做好。

6.2.2 宴请筹备礼仪

商务宴请对宾客而言是一种礼遇，必须按规定和有关礼节要求来组织。

1. 订餐

订餐，又称订位，是商业宴请的一个重要环节。如果你准备请客，特别是到那些高级豪华餐厅，最好是预约餐位。这样做，主要是为了避免在客户来到饭店、茶楼后，因没有位子扫兴而归。订餐要考虑宴请的具体时间、地点、对象和事由等因素。

宴会上的食品菜肴，要精致可口，适合于来宾的口味，而且还要美观大方，让人看了，悦目赏心，做到色香味俱全。客人往往从主人准备的美味佳肴中，体会到热诚待客的心意，留下长久难忘的记忆。

西餐习惯，上菜的顺序是冷盘、汤、热菜，然后是甜食或水果；中国人则是先吃热菜后喝汤。不管怎么样，冷盘要十分精致，开人胃口，量不必太大，以免一开始吃多了，后面的主菜吃不下；汤宜于清爽可口。

宴请用酒，约有三类：一是餐前开胃酒，常用的有雪利、葡萄酒、马西尼、金酒加汽水和冰块、威士忌加冰水等，一般只在进餐前喝一小杯。二是席间佐餐用酒，常用的是红、白葡萄酒以及各种软饮料，席间用酒一般不上烈性酒。一般习惯，吃鱼虾时用白葡萄酒；吃肉菜时用红葡萄酒，也有的只用一个酒杯，红、白葡萄酒任君选用；白葡萄酒用时先冰镇过；红葡萄酒则不必要。第三种是餐后用酒，在家庭式的小型晚宴以后，送上各种烈性酒，供客人自愿选用。

2. 座次的安排

正式宴会，一般都事先排好座次，以便宴会参加者各得其所，入席时井然有序，同时也是对客人的尊重礼貌。非正式的小型便宴，有时也可不必排座次。安排座位时，应考虑以下几点：

(1)以主人的座位为中心。如有女主人参加时，则以主人和女人为基准，以靠近者为上，依次排列。

(2)要把主宾和夫人安排在最尊贵、显要的位置上。通常做法，以右为上，即主人的右手是最主要的位置；其余主客人员，按礼宾次序就座。

(3)在遵照礼宾次序的前提下，尽可能使想邻就座者便于交谈。例如，在身份大体相同时，把使用同一语种的人排在邻近。

(4)主人方面的陪客，应尽可能插在客人之间坐，以便同客人接触交谈，避免自己人坐在一起。

(5)夫妇一般不相邻而坐。西方习惯，女主人可坐在男主人对面，男女依次相间而坐。女主人面向上菜的门。我国和其他一些国家，不受此限。

(6)在多边活动场合，对关系紧张、相互敌视的人员，应尽量避免把座次排在一起。

(7)职位或地位高者为尊，高者座上席，依职位高低，即官阶高低定位，不能逾越。职位或地位相同，则必须依官职传统习惯定位。

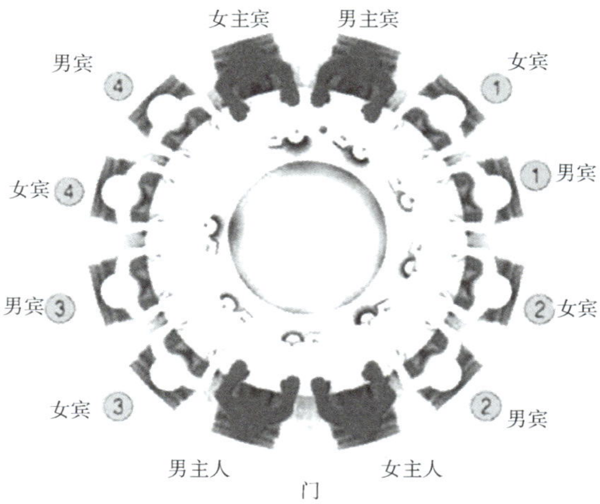

正式宴会的座次安排

座位安排妥当后，应设法在入席前通知出席者，并现场对主要客人进行引导。

通知席位的办法有以下几种：

①较大型宴会，以在请柬上注明席次为最好。

②中小型宴会，可在宴会厅门口放置一个席位图，标明每个人的坐处，请参加者自看。

③有的小型宴请，也可以口头通知，或在入席时，由主人及招待人员引坐。在每个座位上均应放置书写清楚的座位卡如系多桌次的宴会，还应在每个桌上放置桌次牌。桌次牌可在宴会开始，入座完毕后撤去。

6.2.3 开宴礼仪

1. 门前迎客

宴会之前，举办者应提前到宴会地点，最后检查准备工作进行的情况。开宴前，主人应站立在门口迎接宾客，重要的宴会，可由主人率领其他人员排列成行迎宾，也有派专车接请客人的做法，客人到达后，主人应迎上前去握手，互相问候，对来宾表示欢迎，不要疏忽冷落了任何一位客人。按客人到达的先后，由工作人员分批陪送到休息厅小憩，或直接进入宴会厅，由专人接待。主宾到达，由主人陪同，进入休息厅同已在座的客人见面后，再一齐步入宴会厅。

2. 导引入座

为了防止忙中坐错席位，大型宴会可在宴会厅门前陈列“桌次排列简图”，让来宾依据请柬提示，自己对号入座；也可以由工作人员或服务人员分别引座。一般先把非主桌上的宾客，引入宴会厅就座后，再领主宾进入宴会厅。主宾入座时，全体客人起立，鼓掌欢迎。主人给客人互做介绍，增进交往交流；如发现有坐错座位的客人，如无大碍，一般将错就错，临场不作更正；必须调整时，要以适当方式，体面地周旋，注意不要伤了客人的自尊心。

相关链接
不懂礼仪丢工作

3. 准时开席

按约定的时间，准时开席，是宴请礼仪的基本要求。举办人必须提前到达，否则视同失礼，不能因为个别客人未到场，推迟很长时间开席。如果主宾因特殊原因，不能及时赶到，主办人应尽快联系，采取相应的办法调整，并向已入座的客人说明情况，表示歉意。推迟时间，只宜在10～15分钟以内，最迟不应超过30分钟，否则会让人觉得宴会的组织工作不力，影响宴会效果。

4. 致辞敬酒

正式宴会中，在宾主入席后、用餐前开始，由主人与主宾分别致辞，并由主人向来宾提议，为某种事由而干杯。

(1)在主人主宾致辞时，其他在场者一律停止用餐或饮酒，保持安静。

(2)可随时在就餐过程中举杯敬酒，用双手举杯敬酒，眼睛注视对方，碰杯时，杯子不高于对方的杯子，喝完后再举杯表示谢意。

(3)尊重对方的饮酒习惯和意愿，不以各种理由强迫对方喝酒。

(4)当侍者斟酒时，勿忘道谢，但不必拿起酒杯。当主人亲自来斟酒时，则端酒杯致谢，必要时，起身站立或欠身点头。

5. 介绍菜肴

服务人员每上一道菜，一般要用转盘转至主人与主宾之间，并报出菜名。主人可要求再介绍菜的色、香、味、形方面的特点和菜名由来的掌故等，为宾客助兴佐食。有些具有鲜明地方特色的菜，更需如此。向服务人员道谢后，主人应举箸盛情请大家品尝。如果客人之间彼此谦让，主人可用公筷、公匙先为主宾或长者分菜。分菜时相对均匀，避免有厚此薄彼之闲。

6. 席间主持

宴请的气氛主要体现在席间的感情交流中。宾主频频举杯，觥筹交错，互致敬意，气氛热烈。想达到这个目的，席间主持非常重要，一般每桌的主人或桌长在席间主持中扮演主要角色。宴会从介绍客人开始，到开席的菜肴介绍、向宾客敬酒以及引导和谐的攀谈、调侃等，都是席间主持人应主动做到的。

宴会上的交谈十分重要。席间主持人要不时地提出一些能让宾主都感兴趣的话题，引导大家畅所欲言，各抒己见。对于客人谈话内容，主人可不时地表示肯定和赞赏，让客人充分发表见解。席间的话题，可以是气候季节、市场供应、文体信息、社会时尚、烹饪技巧、社会趣闻、风土掌故以及彼此交往的过程回顾等，也可是就本次聚会的主旨谈谈己见，但不必深入，不必具体，更不要涉及实质性内容。忌谈单位内情，他人隐私，政治评论。

7. 结束宴会

宴会时间一般在1～2小时以内，不宜过长或过短。当宾客酒酣饭饱、气氛浓烈时，宴会便可进入结束阶段。这时主持人应把握节奏，及时送上水果，示意宴会已接近尾声，接着宾主起立，互相致谢离席。

结束宴会的礼仪：

(1)适时结束。宴会程序基本完成时，主人要掌握时机，结束过早，使宾主双方未能尽兴，草率收宴；时间拖延过长，会导致宾主疲惫，影响宴会气氛。结束宴会的较好时机，从服务来说，是服务人员端上水果时；从气氛来说，是宴会达到新的高潮时。适时结束，可以给宾主留下难忘的记忆。主人宣布宴会到此结束,对宾客莅临宴会,表示衷心感谢。如安排余兴活动,卡拉 OK 或舞会等,可邀请来客自由参加,主随客便。

(2)依依话别。客人与主人告别时,主人要以恋恋不舍之情与客人依依话别。感谢客人赏光赴宴,同时可重提双方所议之事,表达希望多加关照之意。如有纪念品赠送,应当在宾客离席之时,当众发放。礼品的规格、分量应统一,以免引发误会。对于年长的客人和路远的女士,还应考虑护送。

(3)送客出门。宴会结束,话别时间不宜过长。主人、副主人及陪客,都应把宾客送到门口,热情握手告别,目送客人离去。对乘小车来的客人,主人应送客上车,待车开动后,再向客人挥手致意。

6.3 赴宴礼仪

宴请与赴宴是相互依存的两方面。赴宴者应当具备良好的气质风度、高深的礼仪修养;宴请是重要的交际活动,只有通过双方的共同努力,才能达到圆满的宴请效果,实现关系融洽,交流感情,增进友谊的目的。因此,赴宴的宾客应注意赴宴礼仪。

6.3.1 赴宴宾客礼仪

1. 注重仪容仪表

接到出席宴会的邀请后,应及时答复举办者,便于主人安排。一经答应赴宴,不能轻易改动。遇有特殊情况,不能如期赴宴,要及时通知主人,说明原因,诚致歉意。主宾如果不能如期赴宴,最好亲自登门道歉。接到邀请后,既不答复,又不赴宴,是极不礼貌的。

无论在国内还是在国外,赴宴都被视为一种仪式,一种社交。因此,边幅修饰,是赴宴者应注意的礼仪之一。正式宴会的请柬上,多注有着装要求,赴宴时应按照要求穿着;如果请柬上没有注明着装要求,赴宴时应按照宴会性质和当地的习俗,选定例行服装;在欧美等国,参加正式宴会,男士应穿深色西服,白色衬衣,系上领带,配锃亮的黑色皮鞋;一般来说,这套装扮可以出席任何隆重的宴会。女士赴宴时所穿礼服,若是长袖的,可戴短手套;若是短袖的应戴长手套;赴晚宴的年轻女宾,可以穿着色彩艳丽的裙装,或低胸露背款式的丝质罩衫,以便能与晚宴的礼服协调。在我国,男士可以穿西服,也可以穿中山服赴宴。穿旗袍的女士,应以色调高雅为宜。穿着过分华丽花哨或衣冠不整,都是对主人和其他客人不尊重,是非常失礼的。普通宴会,衣着不必过分讲究,以整齐合体为宜,但也不宜太随意;如太透、太短、衣领过低的服装就不宜赴宴时穿。

赴宴前,应当修整自己的仪容。女宾应认真梳理,适度化妆。出席晚宴的化妆可比白天浓艳,在灯光作用下,会使肤色更加华艳鲜亮;发型的选择,要典雅高贵,可根据自己的身材、脸型和年龄选择,突出女性魅力。男宾赴宴前,要理发、修面、手要洗净,指甲修短,力求大方优雅,给人以沉着谨慎,仪容高雅的印象。

2. 准时赴宴

掌握赴宴时间,按照请柬标明的宴会时间,准时到场。能否遵守宴会时间,适时抵达,在一定程度上反映宾客对主人的尊重，也反映了自己的素质，绝不可马虎大意。所谓适时、准时，一般情况下，是指宴会前三到五分钟到达。如因故不能准时赴宴，应提前电话通知主人，诚恳说明原因。同样，赴宴也不宜去得过早，去早了会给主人增添麻烦，使之窘迫尴尬。在国外，如过早赴宴会遭人笑话：太急于进餐了！如果宴会已开始，迟到的客人应向其他客人致歉，适时招呼主人，表示已经到宴。

3. 按位落座

如约到达宴请地点后，赴宴者由服务人员引导，先到衣帽间寄存外衣和帽子，然后去迎宾处，主动向主人问好、签到。如带有礼物（如花束、花篮等），可恭敬献上，和先到的客人相互致意。

从休息室步入宴会厅，按服务人员的指引和主人的安排，按位落座后，要注意自己的姿态。既不可过于拘谨，也不要散漫随便。可将身体轻靠在座椅背上，座椅距餐桌不要太近，也不宜过远，以与其他客人协调，自己感觉舒适为好。攀谈时，双手自然摆放，忌手托下巴，给人以“等候开宴”的印象，不要有用手频理头发或拉扯台布等多余动作。

和同桌客人交谈，要热情大方，同新朋友不要一见如故，彼此介绍应稳重诚恳，交换名片注意应有礼节。上茶时，不要过多与服务人员说话，影响他们的正常工作，必要时说声“谢谢”即可。

4. 就餐礼仪

使用筷子礼仪：

(1)忌敲筷。即在等待就餐时，不能坐在餐边，一手拿一根筷子随意敲打，或用筷子敲打碗盏或茶杯。

(2)忌掷筷。在餐前发放筷子时，要把筷子一双双理顺，然后轻轻地放在每个人的餐桌前；距离较远时，可以请人递过去，不能随手掷在桌上。

(3)忌叉筷。筷子不能一横一竖交叉摆放，不能一根是大头，一根是小头。筷子要摆放在碗的旁边，不能搁在碗上。

(4)忌插筷。在用餐中途因故需暂时离开时，要把筷子轻轻搁在桌子上或餐碟边，不能插在饭碗里。

(5)忌挥筷。在夹菜时，不能把筷子在菜盘里挥来挥去，上下乱翻，遇到别人也来夹菜时，要有意避让，谨防“筷子打架”。

(6)忌舞筷。在说话时，不要把筷子当作刀具，在餐桌上乱舞；也不要在请别人用菜时，把筷子戳到别人面前，这样做是失礼的。

(7)忌舔筷。不要“品尝”筷子，不论筷子上是否残留有食物，都不要去舔它。

(8)忌迷筷。不要在夹菜时，筷子持在空中，犹豫不定取哪道菜。

(9)忌粘筷。在就餐过程中，即使很喜欢某道菜，也不要似筷子粘住了菜盘，不停地夹取。

(10)忌剔筷。不要将筷子当牙签使用。

餐桌礼仪：

①上桌后不要先拿筷，应等主人邀请，主宾动筷时再拿筷。

吸烟者应征求周围女士意见后方可抽烟，在禁烟餐厅不抽烟；不往地上和桌子底下扔东西，不慎摔碎餐具，应道歉并赔偿。

②用餐前，如提供有湿方巾，则用来擦手，不可用以擦脸、擦嘴、擦汗；擦手之后，应放回盘中由侍者取回。正式宴会结束前，会再上一块湿方巾，则用来擦嘴。

③将餐巾放在膝盖上，不可用餐巾擦脸，可用巾角轻轻沾嘴唇与嘴角。用餐完毕后，将餐

巾叠好,不可揉成一团。

④照顾他人用餐时,要使用公共筷子和汤匙。传染病毒携带者应自觉谢绝。喝汤用汤匙,不出声。嘴里有食物时,不张口与人交谈,嘴角和脸上不可留有食物残余。

⑤剔牙时用手挡住嘴。咳嗽、打喷嚏或打哈欠时,应转身低头用手绢或餐巾纸捂着,转回身时说声“抱歉”。说话时不可喷出唾沫,嘴角不可留有白沫,不可高声谈话,影响他人。

⑥就餐过程中,如有洗手盅,可将两手手指轮流置于其中,轻拨水沾湿,然后将手放在餐桌下,用纸巾擦干。不可将两手完全置于洗手盅中搓洗、乱甩、乱抖。

⑦当其他客人还没吃完时,不要独自先离席。在宴会餐桌上,进餐速度快慢不要依个人习惯,而应适应宴会的节奏,等大家都吃完,主人起身,主宾离席时再致谢退席。用完餐离座时,将椅子往内紧靠桌边。

相关链接
细节决定成败

5. 热情话别

宴会结束,赴宴者应起身离座,不可贪杯恋菜,拖延撤席,不能因余兴未尽而说笑不停。男宾应先起身,为年长者或女士移开座椅。主宾先向主人告辞,随后是一般来客向主人表示谢意。按照礼貌,不是感激宴会之丰盛,而是感谢主人让自己度过了愉快的时光(或夜晚)。当然,如果宴席上有特别出色的菜肴,不妨也可赞美几句,但不可过溢,更不要探听宴席价格,以使主人产生误解。如主人备有小礼品相赠,不论价值轻重,都应欣然收下,表示感谢。不能借口不便携带而不屑一顾,或一面收下就一面转送他人,这是对主人心意的违拗,也是对聚会的轻视,很不礼貌。作为应邀的赴宴者,有可能也可向服务人员表示感谢。称赞他们服务优质、菜肴可口,感激他们的辛勤准备、周到服务。这实际上是人与人之间平等礼貌的应有之举。

从礼仪角度讲,宴会后再给主人打个电话致谢,或者在一个星期以内发一封感谢信去,也有必要。除感谢主人盛情款待之外,重申宴会上的友谊,加深相互之间的良好印象,为今后的进一步合作打好基础。这虽属宴请余音,却也是赴宴者不应忽视的。

6.3.2 赴宴前准备

作为被邀请的客人,在宴会期间也有诸多应该注意的礼仪。因为一次宴会进行得好坏,不仅仅取决于主人是否热情好客,真诚待友,同时取决于客人是否以诚相见,彬彬有礼。因此,在赴宴时,也应该时刻注意自己的举止和言谈,掌握客人应注意的礼仪。

1. 赴宴前的礼仪

(1)接到赴宴的邀请,应首先搞清宴会的时间、地点、事由,以及参加人员。一般情况下都应接受邀请,这是一种礼貌,如因重要事情确实无法参加,应及时与主人联系,说明原因,婉言道歉。

(2)根据主人的邀请,一般不要再带别人参加,也不要提特殊要求,以免给主人增加麻烦。根据宴请的事由,可适当准备一些礼品。

(3)赴宴前应修饰仪表。在赴宴之前,必须把自己打扮得整齐大方,这是属于礼节范围内的，男人赴宴比较简单，只要比平常多注意一下衣着即可；但女子赴宴前的化妆问题，就要留心些。宴会中宾客很多，女宾们大都穿上华丽的新衣，而且容光焕发，你当然不应例外。并不是鼓励大家争妍斗丽，而是最低限度也应该使自己的外表比平时更为美观一些，这也是社交上的一种礼貌，并不只是为了表现自己。

2. 赴宴前化妆的注意事故

（1）先洗一个澡；化妆的第一步，就是彻底地沐浴一番，把从头到脚的污垢都洗去。沐浴后，最好用保护皮肤的化妆品涂在手臂、腿和颈部上，轻轻地擦匀，然后躺在床上养养神，因为你当然不愿在宴会时使人发觉你有一点点疲倦。

（2）女士们要留心脸部的化妆；化妆要浓淡适中，如果你有一张漂亮的脸孔，那么淡淡的修饰更能显示你的秀丽和高雅的气质。一切化妆的程序都应该在家里完成，因为在公共场合当着别人面化妆是不礼貌的。

（3）注意头发和胡须：头发应该事先洗净梳好。男士们要把胡须刮干净，若有充分的时间，男士们应去理个发，女士们若能到发廊做做发型则更好。

（4）对着镜子照一照，你穿上准备好的衣服以后，在全身镜前面照一照，看看还有没有什么不妥的地方。另外，还要注意鞋子是不是干净光亮，袜子有没有异味。有些人的家里，进门或登楼就要脱去鞋子，换穿拖鞋，如果袜子有异味，就会很尴尬。

6.3.3 席间礼仪

赴宴要遵守约定的时间，既不要太早，显得急于进餐，也不能迟到。最好事先探询一下，可依据请柬注明的时间，稍微提前一点。如果你与主人关系密切，则不妨早点到达，以帮助主人招待宾客，或做些准备工作。

当你抵达宴请地点时，首先跟主人握手、问候致意。对其他客人，无论相识与否，都要笑脸相迎，点头致意，或握手寒暄，互相问好；对长辈老人，要主动让座请安；对小孩则应多加关照。万一迟到，在你坐下之前，应先向所有客人微笑打招呼，同时说声抱歉，应听从主人安排。

1. 入座

如果是宴会，进入宴会厅之前，先了解自己的桌次座位，入座时注意桌上座位卡是否写着自己的名字，不可随意乱坐。如邻座是年长者或妇女，应主动协助他们先坐下，入座后坐姿要端正，不可用手托腮或将双臂肘放在桌上，坐时脚应踏在本人座位下，不可随意伸出，影响别人。不可玩弄桌上酒杯、盘碗、刀叉等餐具，不要用餐巾或手纸擦餐具，以免使人认为餐具不洁。

2. 进餐

入座后主人招呼即开始进餐。取菜时不要盛得过多，盘中食物吃完后如果不够，可以再取。用餐前应先将餐巾打开铺在膝上，餐后叠好放在杯子右边，不可放在椅子上，亦不可叠得方方正正而被误认为未用过，餐中可擦嘴不可擦汗。

如由服务员分菜，需增添时服务员送上时再取。如遇本人不能吃或不爱吃的菜肴，当服务员上菜或主人夹菜时，不要打手势，不要拒绝，可取少量放在盘内，并表示“谢谢，够了。”对不合口味的菜，勿显出难堪的表情。冷餐酒会，服务员上菜时，不要抢着去取，待送至本人面前再拿；周围的人未拿到第一份时，自己不要急于去取第二份；不要围在菜桌旁，取完即离开，以便让别人取用；吃东西要文雅，闭着嘴嚼，喝汤时不要啜，吃东西不要发出声音；如汤菜太热，可稍待凉后再吃，切勿用嘴吹；嘴内的鱼刺、骨头不要直接外吐，用餐巾掩嘴，用手（吃中餐可用筷子）取出，或轻吐在叉上，放在菜盘内。吃食物时要用食物就口，不可将口去就食物。两肘不可伸得很开；嘴内有食物时切勿说话；剔牙时，用手或餐巾遮口，不要边走边剔牙。吃剩的菜，用过的餐具、牙签，都应放在盘内，勿置于桌上。

相关链接
不愧为王妃！

3. 敬酒

菜上来后，一般主人会起立敬酒，客人应起立回敬。如果自己不善饮酒，可用饮料代之。敬酒时，主人和主宾要先敬，也可同时举杯互相示意，而不必逐一碰杯；此时，要注意不能交叉碰杯；当主人和主宾前来敬酒时，被敬者要起立举杯，双眼注视对方并与之碰杯，互相问候；向长辈敬酒，敬辞要先说，并站起双手端杯，等长者端杯后，先干为敬；然后，等长者饮毕放杯后，再放下杯子；在敬酒过程中，不要斗酒、拼酒，或强劝别人喝酒。应尽量体谅别人，以求得大家随意和高兴。此外，不要猜拳行令，大声喧哗。

要注意斟酒的方法。斟酒一般先从长者、女士开始，主人在斟酒时要右手拿酒瓶，左手从下面托着瓶底；客人要右手拿酒杯，左手托着杯底接受对方斟酒；斟酒量小酒杯为八分，大酒杯为二、三分；客人在通常情况下，接受一杯酒为礼节，而客气地谢绝第二杯酒也不算失礼。

4. 交谈

无论主人还是客人，都应积极参与同桌人的交谈，特别是左右邻座。不能仅同熟人或只同一两人交谈；邻座如不相识，可先做自我介绍；席上谈话不应含着食物；饮屑四射是极不文明的；汤和食物如果太热，只可轻轻用嘴吹，席中不要酗酒，不宜谈及过于敏感的问题，可让话题围绕此次宴请进行。

5. 其他

因不慎将餐具掉地、酒具打翻，酒溅到邻座身上时，切勿紧张，别忘了向主人或被影响的邻座致歉，并尽快协助清理现场。客人不得中途退席，如确有急事，要向主人说明原因，表示歉意，同时要向其他客人示意，方可离席。客人餐毕，一般不要离席，应等其他客人吃完。

6.3.4 告别礼仪

1. 散席时的礼仪

客人要向主人等致谢意，然后握手告别，并与其他客人告别。如果你不想太引人注目，你最好不要第一个告辞，也不要最后一个离开，在这期间你什么时候告辞都可以，只是一旦告辞就应该尽快地离开。

2. 宴后的礼节

到朋友家赴宴后，别忘了寄谢函，它可以是一封谢函也可以是一张热情洋溢的明信片。就算你已致赠昂贵的礼物或打过电话道谢，也应当写份谢函寄给主人，与主人为满足你们这一群朋友所花费的心力相比你会发现，只是说声谢谢根本微不足道。一封得体的谢函会让主人非常高兴，甚至会被他的家人传阅一读再读，甚至被保存下来成为传家典藏。好的宴会谢函可有如下内容：客人要先点出他以个人身份或是代表配偶发言，并表明致谢对象是谁。首先应该写那次聚饮机会多么难得，让大家欢聚一堂，品味佳肴，共叙友情。其次可以谈谈，主人的家和附近的风景以及湖光山色有多赏心悦目。再次可以谈谈其他客人，或赞美主人的孩子。最后再写一次感谢的话，然后签名。记得，宴会的主办人如果是夫妇，给两人的谢词一定要平均。

6.4 馈赠礼仪

馈赠即赠送礼品，它是人际交往之中的一种表达友情、敬重和感激的常用形式。其目的在于沟通感情和保持联系，所以它不仅是一种形式，更为重要的是馈赠者的人品和诚意。礼品规范，是指在礼品的选择、赠送、接受过程中所必须遵循的惯例与规范。只有遵循礼品礼仪，礼品的效用才能发挥出来。如果违反相关的礼品礼仪，则不仅不会收到预期的效果，而且可能弄巧成拙，妨碍公务。

6.4.1 选择礼品礼仪

馈赠之前，要对礼品进行认真选择。首先要考虑对方有什么爱好、兴趣和禁忌；其次要考虑送礼的原因和目的，尽量使礼品恰如其分；同时送礼不可太贵重，过于贵重的礼品易使对方产生不安，有行贿之嫌，总觉得背负你的“人情债”，就事与愿违了，最后还得注意礼品的包装。

相关链接
送礼之道

选择礼品要注意以下方面：

(1)礼品的特色性。从交往对象的心理分析，本地的具有地方特色的和具有民族特色的东西就是最好的。这样的礼品在他们看来也是最具有纪念意义的。

(2)礼品的针对性。挑选的礼品应该因人而异，因事而异。即要考虑到受礼人的性格、爱好与品位，要“投其所好”，因事而异，指在不同情况下，赠送的礼品也应该有所不同。

(3)礼品的差异性。不同的国家、民族或地区有不同的风俗习惯，同一件东西，在一个地区是受人欢迎的，在另一个地方则未必受欢迎。在考虑到前两点的基础上，还必须对受礼人所在地区或国家的风俗习惯进行了解，不要触犯到对方的宗教禁忌、民族禁忌和个人禁忌。在礼品选择上可以归纳为“礼品六忌”：即礼品的品种、色彩、图案、形状、数目和包装。

在涉外交往中有“涉外交往八不送”：

①现金和有价证券，以免有受贿之嫌。

②贵重的珠宝首饰。

③药品与营养品。

④广告性的或宣传用品。

⑤容易引起异性误会的用品。

⑥为受礼人所忌讳的物品。

⑦涉及国家或商业机密的物品。

⑧不道德的物品。

此外,赠送礼品还应注重礼品的包装,尤其是在涉外交往中,礼品的包装也属于礼品的组成部分,同样也在仔细考虑范围之内,送礼的时机也要适当,这样才能达到最佳效果。

(4)送礼的避讳与禁忌。过时送礼、事后补礼都应避免,给年长者送钟,有"钟""终"谐音,乌龟虽然长寿,却有"王八"的俗名,都不宜作为礼品相送。互赠礼物是必要的,但要了解对方的送礼禁忌:

①港台馈赠禁忌。在港台风俗中,丧事后以毛巾送吊丧者,非丧事一律不能送毛巾;剪刀是利器,含有"一刀两断"之意,以剪相送会使对方有威胁之感;甜果是祭祖拜神专用之物,送人会有不祥之感;港台话中"雨伞"音同"给散",若送雨伞会引起对方误解;扇子是夏季用品,台湾俗庆"送扇无相见";台湾的居丧之家习惯不蒸甜食、不裹粽子,如果以粽子相送,会被对方误解,十分忌讳。

②国外馈赠禁忌。日本人忌"9""4",因为"9"与"苦"音同,"4"与死音同;西方人喜单数却忌"13";对英国人不能送百合花,因为有"死亡"之意:对荷兰人不能送食品;波兰人除爱人、情人,不能给其他异性送红玫瑰;对日本人不能送菊花,菊花是日本皇室专用;对美国女性不能送香水、化妆品、衣物、假首饰,那会以为你看不起她。

③私人赠送禁忌。送情侣表给一位刚刚守寡的妇女,送一条香烟给一位从不吸烟的长者,都会触犯对方的私人禁忌。

④职业道德禁忌。如各国均规定不得将现金和有价证券送给并无私交的公务人员。

6.4.2 赠送礼品礼仪

无论多么合适的礼品,只有在以适当方式赠送出去,并为受赠对象笑纳之后,才能发挥其应有功效。因此从某种意义上讲,采取适当方式把礼品赠送出去,在整个礼品馈赠过程中要比礼品的选择更为重要。礼品的赠送一般应注意以下几点。

1. 赠送的时机

赠送礼品必须选择恰当的时机。如果时机不当,即使礼品再好,也不会取得应有效果,而且还可能适得其反。只有选准赠送时机,方能令双方皆大欢喜。

在一般的人际交往中,以下时机都是适宜向交往对象赠送礼品的:

(1)应当道喜之时。如亲友结婚、生子时,可送之以礼表示恭喜之意。

(2)应当道贺之时。如交往对象乔迁、晋级或事业有成时,可以礼道贺。

(3)应当道谢之时。在得到别人的帮助、关心之后,可适当送礼,以略表谢意。

(4)应当鼓励之时。当交往对象在学业、事业或生活上遭遇失败时,可以礼鼓励。

(5)应当慰问之时。当交往对象遭受重大挫折,或患病卧床时,可以礼表示慰问和祝福。

(6)应当纪念之时。久别重逢、参观访问、临行话别时,或是某些具有重要意义的日子的周年纪念日,可通过赠送礼品表示纪念。

适宜赠送礼品的时机虽然很多,但切不可、亦不必每逢良机便送礼,致使礼多成灾。

2. 赠送的地点

在赠送礼品时,地点的选择至关重要。其基本要求是将公务交往与私人交往中赠送的礼品区别对待。在公务交往中，一般应选择工作场所或交往地点赠送礼品；而在私人交往中，则宜于私下赠送，受赠对象的家中通常是最佳地点。

如果送礼的地点选择不当，往往会引起不必要的麻烦。例如：专程前往交往对象所在单位，当着众人之面将私人礼品赠送出去，就有贿赂之嫌。而若把因公相赠的礼品拿到受赠对象家中，则会使人觉得公私难分、进退两难。

3. 赠送的方法

赠送礼品的具体做法有许多技巧和讲究，大致涉及礼品的包装、解释和赠送姿势等三方面。

（1）礼品的包装。正式的礼品事先都应精心包装。良好的包装有利于受赠对象对礼品的喜爱与接受。从某种程度上讲，礼品的包装好比是礼品的外套，没有包装就将礼品送人，像是没穿外套就去拜访他人，有不尊重、不重视交往对象之嫌。在赠送礼品给外国友人时，尤其应当注意这点。

（2）礼品的解释。赠送礼品时，送礼者应对送礼原因、礼品寓意做一番明确解释。邮寄赠送或托人赠送时，应附上一份礼笺，用规范、礼貌的语句解释送礼缘由。在当面赠送礼品时，则应亲自道明送礼原因和礼品寓意，并附带说一些尊重、礼貌的吉言敬语。

国人送礼时，往往对自己所赠之物加以贬低，以示谦虚。如告诉对方“这是随便挑的”“这东西挺便宜的”“搁在家里没用，您就收下吧”等。这些话实际上大可不必，万一被对方当真，则会令其有不被重视之感。不谙中国国情的国际友人，更有可能会对此大为不满。

（3）送礼的姿势。在面交礼品时，送礼者应起身站立，面带微笑，目视对方，双手递交；在对礼品做一下解释后，与对方热情握手。

相关链接
“特色”礼物的馈赠

6.4.3 接受礼品礼仪

在接受交往对象的礼品馈赠时，必须严肃、认真地加以对待。既要遵守相关法规政策，维护自身形象和职业道德，又要防止给人以高高在上、难以接近之感。在接受他人所赠礼品时，应从容大方、友善有礼，切不可忸怩作态或手足无措，亦不可漠然待之、无动于衷。

在他人递过礼品时，须表现出适度的欢喜之情和感激之意。具体而言，应立即起身站立，微笑地面对对方，神态自然，双手接过礼品，然后抽出右手与对方相握为礼，口道“谢谢”之类的感激话语；不可单手接礼，亦不可只顾观察礼品而不言谢语。在一般情况下，不宜拒不用手相接，把礼物推来推去；若最后还是接受了礼品，那么之前的客气就犹如演戏。

接过礼品后，如果条件允许，不妨当众拆开包装欣赏一番，并再次感谢送礼者，表达自己的喜欢之意。随后应将礼品置于显眼、适宜之处，以示重视，切不可乱扔乱放；如果当时条件不允许，受礼者无暇欣赏礼品，则应在致谢后直接置于合适位置。过后再拆开礼物包装时，不要忘了再次致谢并对礼品加以称道。

对于受赠的鲜花，则应捧在胸前稍嗅其香，或者装入瓶中。不能将其倒拎，也不能随意摆放，甚至甩在一旁，或转送他人。

相关链接
小小茶杯传深情

6.4.4 拒收礼品礼仪

1. 拒收礼物的范围

受礼并不是来者不拒，来多少收多少。对有些礼物应持谨慎态度，如下情况的礼物应该拒收：

（1）一个你并不熟悉的人送给你极其昂贵的礼物。

（2）一件你觉得送礼者并不是心甘情愿送礼的礼物。

（3）一件隐含着需要你发生违法行为的礼物。

（4）一件让你觉得似乎自己受控制的礼物。

（5）一件你认为你不应得到的礼物。

2. 解释拒收礼物的礼仪

人们往往会因各种理由而不宜接受他人所赠的礼品。在拒收礼品时，仍应保持礼貌、从容、自然、友好之态，并要向对方详细解释原因，以免令对方难堪。

拒收礼品时，首先要感激对方的好意，其次要说明自己难以接受所赠之物的具体原因，哪些规定不容违背等。切不可生硬地阻挡礼品，或直接表示怀疑对方用心不良。

拒收礼品应当在受赠时当场进行，尽量不要事后退还。如果当时的情况不允许当面退礼，则应在事后 24 小时内，或将礼品登记上交，或将礼品退还。事后退还礼品，也应向送礼者说明拒收理由，并致以谢意。

对一些自己不想收的礼物，最好当场就请送礼者带回。如不肯可事后请人送回并附上“谢谢，心领了”“谢谢你的好意”等字样的小条子或小信函。但对一些具有很明显的走后门的礼品，应坚决拒收。退礼得讲究策略，千万不要太伤送礼者的感情，可以寻找一些让对方能接受的理由退礼，让对方能下得了台。

实践训练

餐 饮 礼 仪

实训项目：中餐用餐礼仪。

实训目标：掌握中餐在用餐时的基本礼仪。

实训学时：1 学时。

实训地点:实训室。

实训方法:将学生分成若干组,分组进行中餐的用餐模拟,老师和同学予以点评并提出具体的建议,评选出最佳用餐礼仪明星。

课后练习

一、判断题

(1)宴会时通常距离主桌越近,桌次越低。 ( )
(2)祝酒时不可交叉碰杯。 ( )
(3)送礼时不用选择时机和地点,自己想送什么就送什么。 ( )
(4)拜访客户时,通常选择自己合适的时间。 ( )
(5)出席宴会时,最基本的礼貌是按时达到。 ( )

二、思考题

(1)拜访客户的礼仪有哪些?
(2)介绍客户有哪些技巧?
(3)设宴告别要注意哪些禁忌?
(4)选择礼品要注意哪些特点?
(5)拒收别人的礼品应该怎样做?

三、案例分析

【案例分析1】

一个考察团在巴黎

一天傍晚,巴黎的一家餐馆来了一些外国客人,老板安排了一位和客人相同国籍的侍者为他们服务,交谈中得知他们是某国的一个考察团,今天刚到巴黎。随后侍者向他们介绍了一些法国菜,他们不问贵贱,主菜、配菜一下子点了几十道,侍者担心他们吃不完,但他们也不在乎。

点完菜,他们开始四处拍照,竞相与服务小姐合影,甚至跑到门外一辆凯迪拉克汽车前面频频留影,还不停地大声说笑,用餐时杯盘刀叉的撞击声,乃至嘴巴咀嚼食物的声音始终不绝于耳,一会儿便搞得杯盘狼藉,桌上、地毯上到处是油渍和污秽。坐在附近的一位先生忍无可忍,向店方提出抗议,要求他们马上停止喧哗,否则就要求换座位。侍者把客人的抗议转述给他们,他们立刻安静了。看得出来,他们非常尴尬。

思考讨论题:

(1)这个考察团成员的行为有哪些不得体的地方?

(2)在公共场合应注意哪些用餐礼仪?

【案例分析2】

我们错在哪里？

德国某企业经理沃尔夫先生来中国与某企业商谈合作事宜。中方企业非常重视，为了表示隆重敬意，中方老总大设宴席宴请沃尔夫经理，中国公司人员轮番敬酒，当沃尔夫先生推辞，中方人员就会通过各种方式和沃尔夫先生干杯。之后三天，中方连续宴请沃尔夫先生……第四天，沃尔夫先生留下一封信偷偷离开了中国，“尊敬的杨经理，谢谢你的热情款待，不过我实在是不胜酒力，因身体不适我先回国了，合作事宜以后再说。”

中方公司诧异和委屈万分，“我们拿出最高规格接待沃尔夫经理，我们错在哪里？”

思考讨论题：

(1)中方公司错在哪里？

(2)宴请外国人应该怎样做？

(3)本案例给你什么样的启示？

第7章

组织会议及活动礼仪

会议的组织是一个相对烦琐的工作,特别是大型会议的组织,更加不易。一件事做不好,就会引起参会者的不满和各种连锁反应,因此,需要会议的组织人员在会前做好充足准备,会中以及会后的各项服务工作要做到责任到人,团结协作,统筹兼顾,综合协调。

案例导入

“别致”的新闻发布会

在某公司举行的一次新闻发布会上,主持人面对全体记者说道:“张记者、王记者、李记者等记者朋友,欢迎你们参加今天的新闻发布会……”为了开好这次新闻发布会,公司领导非常重视礼节,专门安排了20名迎宾小姐,20名礼宾先生,聘请了大型乐队,记者们进场时,鼓乐齐鸣,彩旗招展,并且给每位记者披红戴花。

为了体现个性和特色,主持人和发言人对自己的仪表进行了精心装饰,女主持人穿了一件大红色的旗袍,盘起古典式发型,仪态万方。男主持人故意蓄起了又黑又浓的胡须,穿了一件对襟棉袄,戴了一顶礼帽,颇有绅士派头。

在发布会上,主持人和发言人为了显示自己的知识和口才,多次使用比喻、排比、对仗、夸张等手法,还与记者兜圈子,甚至油腔滑调地捉弄记者。为了营造活跃的气氛,他们毫无限制地让记者自由提问,却对一些难以回答的问题,多次使用“无可奉告”之类的外交辞令,使记者们哭笑不得。

讨论:

(1)这次新闻发布会存在哪些问题?

(2)正确的做法应该怎样?

7.1 举行会议礼仪

出席会议与组织会议是完全不同的两码事,会议开得是否成功,不仅取决于与会人员的态度与智慧,更取决于会议组织工作。会议组织得法,可以使组织与内外公众很好地沟通,并在与公众接触中树立良好的组织形象。

在商务工作中,作为为客户服务的企业或公司,经常会有召集客户开会的需要,如在 BPO(业务流程外包,Business Process Outsourcing)业务中,就涉及公司多个业务部门的外包,尤其是与客户相关的部门:人力资源部门、财务会计部门、物流部门和后勤服务部门等,会将有关人员召集在一起研究、讨论有关问题。注意举行这种会议时的礼仪,十分重要,因为关系到公司业务外包的成功与否,所以要充分重视。会议礼仪,就是召开会议前、会议中、会议后及参会人员应注意的事项,它是召开一次会议的具体安排,也是举行会议时不可缺少的礼仪环节。

7.1.1 筹备会议的礼仪

会前准备阶段,要进行的组织、筹备工作大体上有如下几方面:

1. 拟定会议主题

会议的主题,即会议的指导思想。会议的形式、内容、任务、议程、期限、出席人员等,都只有在会议的主题确定下来之后,才可以据此一一加以确定。

2. 拟发会议通知

(1)会议通知的种类

会议通知是上级对下级、组织对成员或平行单位之间部署工作、传达事情或召开会议等所使用的公文。通知的写法有两种:一种是以布告形式贴出,把事情通知有关人员,如学生、观众等,通常不用称呼;另一种是以书信的形式,发给有关人员,这种通知写作形式如同普通书信,只要写明通知的具体内容即可。通知要求言简意赅,措辞得当,时间及时。

(2)会议通知的内容

应包括以下六项:标题,它重点交代会议名称。主题与内容,这是对会议宗旨的介绍。会期,应明确会议的起止时间。报到的时间与地点,对交通路线,特别要交代清楚。会议的出席对象,如对象可选派,则应规定具体条件。会议要求,它指的是与会者材料的准备与生活用品的准备,以及差旅费报销和其他费用问题。会议通知必须写明开会的时间、地点及会议主题和会议参加者等内容。

会议时间一般不应选择在重大节日和假日,因为这些日子是与会者的休息日。为了使会议参加者能对自己的工作做好安排,有的会议通知还应写明闭会时间。发会议通知要提前一定的时间,以便会议参加者有所准备。根据会议的内容和参加者的地区范围,会议通知可采用张贴的办法,也可邮寄。邮寄会议通知时在信封上写明“会议通知,收到急转”的字样,以免中途耽搁。对外地的会议参加者,有关住宿和差旅费等问题都应一一写明,以免造成不必要的麻烦。

相关链接
洽谈会前的准备

3. 做好会前准备

(1)布置会场：

①会场。要根据会议内容和参加者多少而定大小；会场的布置也要和会议的内容相称。在一些大型会议的广场或门口还应张贴“欢迎”之类的告示，如果会场不易寻找，应在附近安设路标以作指引，会标应在主席台上方，一般红底白字或黑字，字要端庄大方，两例或四周可布置一些带有鼓动性、号召性的标语。

②摆设。应根据会议类型摆设，烘托会议气氛。如庆祝会应布置得喜气洋洋；座谈会、协商会应体现和谐、平等的气氛。布置应注意颜色的心理效果和花草、盆景的安排；另外，音响、灯光要和开会气氛相协调，开会前要检查音响、灯光，以防出现问题。需用的文具、饮料，亦应预备齐全。

③座位设置。会议座次排定主要有环绕式、散座式、圆桌式和主席式四种。

环绕式，就是不设立主席台，把座椅、沙发、茶几摆放在会场的四周，不明确座次的具体尊卑，而听任与会者在入场后自由就座。这一安排座次的方式，与茶话会的主题最相符，也最流行。散座式，常见于在室外举行的茶话会。它的座椅、沙发、茶几四处自由地组合，甚至可由与会者根据个人要求而随意安置。这样就容易创造出一种宽松、惬意的社交环境。圆桌式，指的是在会场上摆放圆桌，请与会者在周围自由就座。适合人数较少的，仅在会场中央放一张大型的椭圆形会议桌，而请全体与会者在周围就座。主席式，这种排位是指在会场上，主持人、主人和主宾被有意识地安排在一起就座。

正式、大型的会议安排要有讲究，应安排颜色、规格、字体统一的座席卡，发言席一般位于台上的最右侧，主持人席在发言席的左侧。特殊情况下，主持人席也可以设在主席台的中央。要安排好座次，排列主席台座次的惯例是：前排高于后排，中央高于两侧，左座高于右座。当领导同志人数为奇数，1 号领导居中，2 号领导排在 1 号领导左边，3 号领导排右边，其他依次排列；当领导同志人数为偶数时，1 号领导、2 号领导同时居中，1 号领导排在居中座位的左边，2 号领导排右边，其他依次排列。几个机关的领导人同时上主席台，通常按机关排列次序排列。可灵活掌握，不生搬硬套。如对一些德高望重的老同志，也可适当往前排，而对一些较年轻的领导同志，可适当往后排。

另外，对邀请的上级单位或兄弟单位的来宾，也不一定非得按职务高低来排，通常掌握的原则是：上级单位或同级单位的来宾，其实际职务略低于主人一方领导的，可安排在主席台适当位置就座；这样，既体现出对客人的尊重，又使主客都感到较为得体。对上主席台的领导同志能否届时出席会议，在开会前务必逐一落实。领导同志到会场后，要安排在休息室稍候，再逐一核实，并告之上台后所坐方位。如主席台人数很多，还应准备座位图。如有临时变化，应及时调整座次、名签，防止主席台上出现名签差错或领导空缺。还要注意认真填写名签，谨防错别字出现。两种常见的座次安排如下所示。

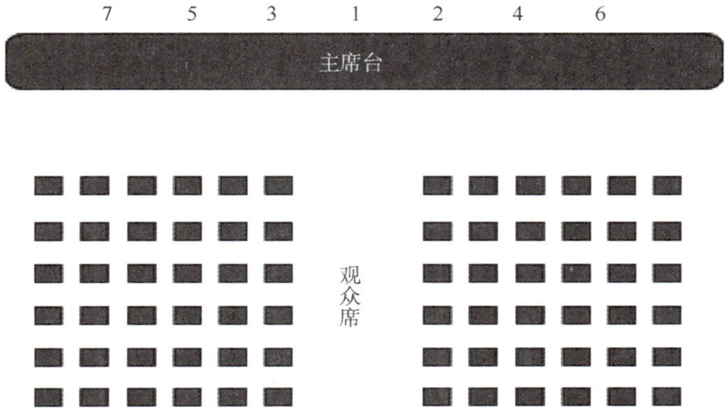

主席台人数为奇数时的座次安排

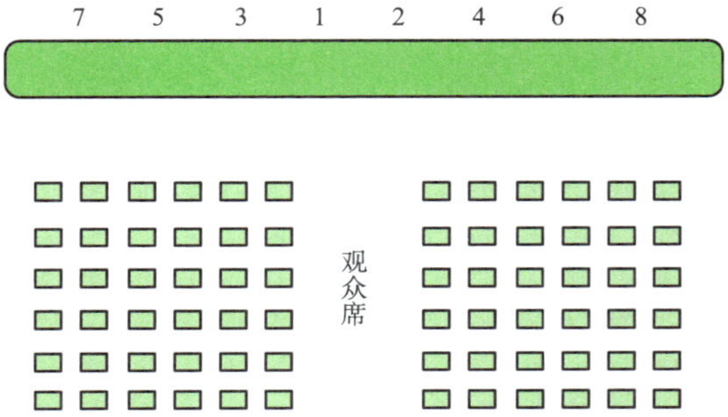

主席台人数为偶数时的座次安排

排列听众席的座次，主要有两种方法：一是按指定区域统一就座，二是自由就座。

相关链接
排列座次几种方法

(2)起草会议文件。会议所用的各项文件材料，均应于会前准备完成。其中的主要材料，还应做到与会者人手一份。需要认真准备的会议文件材料，最主要的当数开幕词、闭幕词和主题报告。对于安排在会议中的发言，也要事先排好顺序，如有可能，对于发言稿，应过目。

(3)组织准备。在会议进行阶段，会议的组织准备者要做的主要工作，大体上可分为三项。

①进行例行服务工作。在会场之外，应安排专人迎送、引导、陪同与会人员。对与会的年老体弱者，还须进行重点照顾。此外，必要时还应为与会者安排一定的文体娱乐活动。在会场之内，则应当对与会者有求必应，闻过即改，尽可能地满足其一切正当要求。

同时，也要安排好与会者的招待工作，对于交通、膳宿、医疗、保卫等方面的具体工作，应精心、妥当地做好准备。

②精心编写会议简报，举行会期较长的大中型会议，依例应编写会议简报，保持好会议的资料。

③做好会议记录会议记录，是由专人负责记录会议内容的一种书面材料。会议名称、时间、地点、人员、主持者等，都要记录在内。

凡重要会议，不论是全体大会，还是分组讨论，都要进行必要的会议记录。

4. 会议结束阶段工作内容

一般会议结束工作主要有以下三项：

(1)形成可供传达的会议文件。会议要形成文字结果，哪怕没有文字结果，也要形成阶段性的决议，落实到纸面上，还应该由专人负责相关事物的落实。

(2)处理有关会议的文件材料。

(3)为与会者的返程提供方便。赠送公司的纪念品，进行参观活动，如参观公司或厂房等，如果必要，合影留念。

7.1.2 会议的服务礼仪

1. 会前服务

(1)会议召开时，服务人员要热情、周到、有条不紊。安排专人负责接待与会者，为其办理登记和入住手续，并热情做好引导、介绍服务。对远道而来的客人需要接站的，应派人到车站、码头、机场等地按相应接待规格迎接，接站牌要醒目。

(2)根据会议主办单位的要求，明确会议服务要求，并提前落实会议场所及会场主席台、发言席、话筒、签到席、横幅(会标)、背景音乐、鲜花摆放、领导休息室等，并提前检测、检查音响、话筒等设备及会议各项要求的落实情况。

(3)及时做好会场卫生，整理打扫桌面、抽屉、座椅、地面、门窗等，检查服务箱用品、面巾纸、洗手液配备情况。

(4)在会场入口醒目位置安放会议指示牌，室内座位牌摆放要整齐。

(5)主办单位的服务人员应提前到场，当参加会议的客人到来时，应有专门的服务人员到门口迎接。会议服务人员应提前1小时进入会场，检查会场整体效果，确保各项准备工作到位，并备好茶水，打开音响，播放轻音乐，同时打开安全门、照明灯及通道门，做好引导工作。如需使用空调，应提前半小时开启。

2. 会间服务

(1)会议的服务人员在与会人员入场前，应站立在会议厅门口两侧，有礼貌地向宾客点头致意，并使用“早上(上午、下午、晚上)好”或“欢迎光临”等文明用语。当与会人员落座后，接待人员应及时倒茶递水，递茶要用双手，茶杯把儿要放在与会者的右手处，倒茶要轻而规范，杯盖的内口不能接触桌面，手指不能按住杯口，可左手拿开杯盖，右手持水壶，将开水准确倒入杯内，茶水倒至八分满为宜，然后将杯盖盖上。有条件的可先递上热毛巾，并等待客人用毕后适时收回。

(2)会议服务人员时刻注意观察和留意音响设备运行状况，注意会场情况及室内温度，发现问题及时报告和处理。会议开始后，应根据会议规模配备适当数目的服务人员。服务人员应站在适当的位置观察会场内的情况。会场内有人招呼要及时应答。在会议期间，服务人员一般应每15~20分钟给宾客续水一次，续水时应带小暖瓶，并带小毛巾一块，准备用来擦干洒在杯子外的水。会议结束后，服务人员及时打开厅室门，并检查活动现场，发现未熄灭的烟头要及时熄灭，发现与会人员遗忘的物品要立即送归原主，如果物主已离开，可上交主办负责人处理。会议厅中的温度，夏天一般宜控制在24～25℃，冬天在20～22℃之间为宜。

(3)会议如有领奖内容，工作人员应迅速组织受奖人员按顺序排列好，礼仪人员及时送上奖状或荣誉证书，由领导颁发给受奖者。

(4)如果有电话或有事相告，工作人员应走到其人身边，轻声转告。如果要通知主席台上的领导，最好用字条传递通知，避免工作人员在台上频繁走动和耳语而分散他人注意力，影响会议效果。工作人员在会场上不要随意走动，不要使用手机。

(5)若会场上因工作不当发生差错，工作人员应不动声色，尽快处理，不能惊动其他人，更不能慌慌张张来回奔跑，以免影响会议气氛和正常秩序。

3. 会后服务

(1)会议结束时，服务人员应及时打开通道门，站立两侧，礼貌送客，向客人微笑点头，并说"慢走、再见"。会后及时做好会场清理工作。若发现客人遗留物品迅速与有关单位联系。

(2)会议服务结束后，服务主管人员应主动及时填写《会议服务意见单》征求会议主办单位的意见，以总结工作，改进服务，意见单计入年终考核范围。

(3)严格做好保密工作，不询问、不议论、不外传会议内容和领导讲话内容，不带无关人员进入会场。

7.1.3 组织会议的礼仪

会议的准备及组织方法要根据会议的目的以及预定出席人数决定。一般应做到：发出会议通知，选定会场，装好会场设备，准备必需的会议用品和文字资料，登记到会人数，做好会议中的接待工作，做好会议记录等。

1. 会议通知

举行会议的通知工作，原则上要以文字形式进行，一般要在会前发出通知书，如果邀请外单位人员参加，还要把请对方答复是否出席的明信片一并发出。在会议通知书上，要写明以下事项：会议名称；会议召开以及结束的预定时间；会议场所(附导向图)和电话号码；会议的议题；对方答复是否出席的期限；主办者及其联络地址；会议有无停车场和其他事项(如有无会议资料；有无就餐安排等)。

2. 会场选择

选择会场时，首先要考虑与会的人数，安排适当宽敞些的地方为好。另外，选定会场还要考虑以下因素：地点对与会者来说交通是否方便，会场能否保证必要的使用时间，会场是否有噪声，会场的照明、空调设备是否完好，是否有停车场和住宿处，会场租用费用是否不超预算，会场是否符合与会者的身份、等级，其他必要的设备是否齐全等。

3. 会场布置

应根据会议的目的、人数、会场的大小等情况布置会场。会场布置应显得庄严、隆重、艺术，会标要醒目、准确，会场的音响、桌椅、茶具都要一一落实。

(1)座席配置。座席的配置最好适合会议的整个风格和气氛。主要有以下几种配置方法：

圆桌形——使用圆桌或椭圆桌子；这种布置使与会者同领导者一起围桌而坐，从而消除不平等的感觉;另外与会者能清楚地看到其他人的面容,因而有利于互相交换意见。这种形式适用于10人左右的会议。

口字形——用长或方桌围成一个很大的口字形。这种形式比圆桌形更适用于较多人数的会议。

I字形、V字形——把桌子摆成I字形可以使与会者更清楚地看到会议主持人及其后面的黑板。而将桌子排成V字形更适用于在会议上放映幻灯或录像片的需要。

教室形——把会议布置得如同教室,与会者彼此不熟悉的情况下,使每个与会者面向讲台一排排就座,会议主持人和上级领导坐在讲台一侧。这种形式适用于以传达报告情况为目的,有很多人参加的会议。

(2)参加者的位置。会议参加者应安排在最容易看到会议主持人和黑板的位置上。会议主持人的对面墙壁最好放置一个醒目的挂钟,会议记录人可根据需要另外使用一张小桌子。另外,在与会者彼此不熟悉的情况下,应在每个与会者面前的桌子上摆放姓名牌,以便他们互相了解、结识。

4. 资料准备

有关会议议题的必要资料应由会议的组织者准备。如大会报告的起草、修改和定稿,发言材料等。文字资料应能做到使阅读者一目了然。在资料数量较大,要求比较详细时,至少应在会议一周前发给与会者。

另外,在准备会议资料时,要注意以下两点:

(1)资料要尽可能短,尽量用图表、数字说明问题。

(2)资料中要将问题的性质、原因、处理草案等分条款写清,以便阅读。

5. 会议记录

会议记录是指在会议进行的同时,用书面文字的形式将会议的基本情况、议题、决议等有关内容如实地记录下来,以备事后查考的材料。会议记录一般由工作人员或秘书担任,也可由主持人临时指定。

会议记录是会议现场情况的写实。一般会议,特别是重要会议都应有记录。

负责文秘工作的公务员应做好会议记录工作,在会场记录时要注意以下几方面:

(1)文秘人员的座位。规模、种类不同的会议,文秘人员的记录位置也不相同。一般来说不能靠得太前,喧宾夺主;也不能太靠后,隐而不现。应该坐在台下会场两侧,能听清发言内容,观察会场全貌的位置上。有的例行工作会议、办公会议,文秘人员应坐在主持人身后或身旁;有些会议,所在位置由主持人临时指定,因此,文秘人员要注意自己在不同会议中的记录位置,不能盲目乱坐。

(2)要集中注意力。文秘人员必须精力高度集中,对发言人的原话,要注意听清、记准、记全。记录时,可将会场气氛记录下来比如,欢迎、鼓掌、笑声等。切忌残缺不全,断章取义,马马虎虎或记录人主观发挥,误解发言人本意。

(3)记录内容要详细。会议名称、时间、地点、参加人、主持人、发言人、会议内容、形成的决议都要记下来;要注意格式和先后顺序,字迹要清楚、美观、大方。

(4)传递会议消息。大中型会议期间,为了交流情况,传递信息,在会议进行期间要迅速及时撰写简报、快报,会议结束后,一般要缩写、印发会议纪要。上述稿件印发前,文秘人员要主动送交有关领导、主管部门审批。通过后,方能印发。对于间接听到、有待查实的内容,要亲自考证,以获得第一手资料。

会议记录的内容:

会议记录首先应记录会议名称、开会时间、会议地点、出席人、列席人及主持人和记录人等七项内容。如出席人较多时,可只写出席人数。列席人是指没有选举权和表决权的非正式代表。记录内容主要包括主持人的讲话、会议报告、代表们的发言、讨论的问题及会议决议等。记录的繁简程度,应视会议性质等具体情况而定。正式的会议记录,最后要由主持人和记录人签名,并写上签名的日期。

会议记录的综合材料就是会议纪要。会议纪要是指摘要记录会议情况、会议议程、会议基本精神、会议决议内容的一种书面材料。纪要是以记录为基础提炼加工而成。它既可以作为纪实性材料保存,也可以作为报告性材料上报,还可以作为正式文件下发。纪要的写作要将记录的口头语转化为书面语,使文件条理化、理论化,突出中心和要点。

6. 会议收尾

会议结束以后,负责组织会议的人员要有礼貌地将与会者送出会场。另外还要做好以下收尾工作:

(1)收回所有应该收回的会议资料,撤去会场上布置的会标等宣传品。

(2)把与会者存放的衣物,准确无误地还给本人。

(3)如果在会议结束后尚有宴会,要为客人做好向导。

(4)如果发现会场有遗失物品,要妥善保管,并同失主联系。

(5)认真打扫卫生,使会场恢复原状(要特别注意防火,把烟头集中起来扔到容器里)。

(6)把会议上使用的幻灯片、银幕等东西收拾好。

(7)向会场的主人归还借用的会议室及物品,并致谢意。

7. 组织会议注意事项

(1)开会之前要深入考虑召开会议的目的,准备好会议上报告、提问、调查或讨论的纲目。

(2)要根据会议内容、性质与需要物选定参加会议的人员名单。参加会议人数的多少,应根据会议内容和会议预期效果、场地条件而定。为深入探讨一些问题而开的会议,人数可少些。调查情况、纪念及宣传性的会议,人数可多些。

(3)为使会议开得有成效,根据会议内容,会前应考虑安排一些人重点发言,并在发言上做一些重点分工。

(4)尽可能了解与会人员的情况,在会议休会期间,组织一些联谊活动,增进了解,加深感情。会议结束后,应继续与会议人员保持一定的联系,以备需要时,可以进行合作。

(5)根据会议的安排,确定会议的地址,安排好主会场和分组讨论的地点,住宿会议还应安排好房间,落实食宿等各项问题。

(6)根据会议的时间安排,发出会议通知,会议通知应及早发出,内容要明确、具体,如报到日期、地点、会议期限、日程、会议议题,需带的材料和物品等。

(7)会议开始后,及时掌握会议的动态,对会议的进展情况随时掌握,还要注意安排好会议期间的记录人员。

(8)会议结束之前,联系好会议人员返回的车票、机票,力争将食宿费等尽早结算清楚。

(9)会议结束后,要对会议的各类文件材料做好善后工作,需发简报或文件的应从速拟发,各类记录、发言稿、原始材料等,应立案存档。

(10)注意合理安排会议日程,适当安排一些娱乐体育活动,以减轻与会者疲劳,活跃会议气氛。

7.1.4 主持会议礼仪

主持会议是一门学问,一门艺术,会议主持人应了解和具备基本主持会议的礼仪,会议主持人的礼仪主要有以下几种:

1. 做好会前的准备工作

开会前要明确会议目的,确定议题、程序和开会的方式,选定出席的人员,确定会议的时间、地点,要把会议目的、议题、时间、地点、要求事先通知参加者,请他们做好准备。会前应收集意见,准备必要的有关资料,做好会场的准备,搞好卫生,桌椅的排列方法要适合会议的特点。有充分的准备,会议就可以开得顺利、成功,效果就会好。

2. 控制出席人数

国外心理学家研究表明:举行会议时,参加者超过 10 人以上,就容易出现不思考问题和滥竽充数的人。有的单位规定与会者一般不超过 12 人,如果 3 个人的会议,就会出现 6 条(即 $3\times(3-1)=6$)沟通渠道,而 14 个人的会议就会出现 12 条沟通渠道。与会者越多,能够充分利用个人才智的可能性就越少,主持者也就越难于有效地控制会议进程;因此,在确定与会人员时,根据具体情况对参加人员要准确控制。

3. 严肃会议作风

参加会议时,要准时到会,不能迟到。开会时,不准私下交谈,不允许提前退席。发言时不能信口开河,不能离题胡扯。会议要集中时间和精力解决主要问题。讨论时要发扬民主,不搞一言堂,与会者只有自由地说出自己的意见,才能更好地集思广益。主要结论应当场确认,会而有议,议而有决,决而必行。

4. 自然大方的主持姿态

主持人主持会议时,从走到台前主持人的位置、到落座等环节都应符合身份,其仪态姿势都应自然、大方。

(1)走姿。主持人在步入主持位置时,步伐要刚强、有力,表现出胸有成竹、沉稳自信的风度和气概,要视会议内容掌握步伐的频率和幅度,主持庄严隆重的会议,步频要适中,以每秒约 2 步为宜,步幅要适中;主持热烈、欢快类型的会议,步频要快,每秒至少约 2 ~ 2.5 步之间,步幅略大;主持纪念、悼念类会议,步频要放慢,每秒约 1 ~ 2 步之间,步幅要小,以表达缅怀、悲痛之情;平常主持工作会议,可根据会议内容等具体情况决定步频、步幅。一般性会议,步频适中、步幅自然;紧急会议、重要会议,可以适当加快步频。行进中要挺胸抬头,目视前方,振臂自然。重要会议开始前,在步入主持位置的过程中,不要与熟人打招呼。一般性工作会议,如果时间未到,落座后可适当与邻座寒暄,与距离远的人微笑点头示意。行进中步速不能过快,不能跨大步,以免显得紧张、不安。如果特殊情况因故来迟,不要破门而入,跑步到位,大喘粗气,应该以手轻轻推门,进门后快步到位,落座,先向等候者道歉,并简要说明原因,求得大家谅解,立即主持会议。

(2)坐姿。主持人主持会议多为坐姿。坐立应端正,腰要挺直,颈项伸直,面对前方,巡视全场,双臂前伸,两肘轻按会议桌沿,对称呈“外八字”,不能前倾或后仰,主持中不能出现用手抓头、揉眼、搔脸、拄脸、不停喝水、抽烟等多余动作,以免显得紧张,不够沉稳。

(3)站姿。在一些室外集会中，主持人以站立姿势主持。站立主持时，要双腿并拢，腰背挺直，右手持稿件底部中间，有风的天气，要双手持稿，与胸等高，与身体呈45°。脱稿主持人应两手五指平伸，自然下垂，身体不能晃动，腰背挺直，目视前方，两腿不能叉开，不能抖动，两手不能上抬、晃动、抓握话筒等。

(4)手势。主持人与一般讲话者不同，一般不需要手势，在一些小型会议进行总结概括时，可以加入适当手势，但是动作不能过大。

5. 运用恰当的主持语言

主持会议要通过语言表述来进行，因此，主持人应特别注意语言的礼仪规范。

(1)所有言谈都要服从会议的内容和气氛的要求，或庄重，或幽默。

(2)口齿清楚，思维敏捷，积极启发，活跃气氛。主持人一定要明确开会的目的，比如：主持记者招待会，主持人、发言人要对记者提出的问题，反应敏锐，回答流利，不能支支吾吾。开座谈会、讨论会等，主持人要阐明会议宗旨和要解决的问题，切实把握会议进程和会议主题，勿使讨论或发言离题太远，而应引导大家就问题的焦点畅所欲言；同时，要切实掌握会议的时间，不使会议拖得太长。

(3)会议进行过程中，主持人对持不同观点、认识的人，应允许其做充分解释，会议出现僵局时要善于引导，出现空场、冷场时应及时补白。要处处尊重别人的发言和提问，不能以任何动作、表情、语言来阻止别人，或表示不满。要用平静的语言、缓和的口气、准确的事实来阐述正确主张，使人心服口服。

6. 引导会议内容

遇到冷场，要善于启发，或选择思想敏锐、外向型的同志率先发言。有时可以提出有趣的话题或事例，活跃气氛，以引起与会者的兴趣，使之乐于发言。遇有离题情况，可根据具体情况，接过议论中的某一句话，或插上一句话做转接，巧妙柔和地使议论顺势回到议题上来。当发生争执时，如果因事实不清，可让与会者补充事实，如事实仍不甚清晰，可暂停该问题的争执。主持者应设法缓和冲突，而不能激化矛盾，更不能直接参加无休止的争吵；主持者要善于观察与会者的性格、气质、素质和特点，并根据各类人员特点，区别对待，因势利导，牢牢掌握会议进程。

7. 减少会议时间

准时开会，不拖延时间。国外有的公司有如下经验：在办公时间不准开会，凡二级主管会议，大都在下午6点以后举行，并不得超过60分钟，否则将由主席负责，轻者扣薪，重则解聘。严格限制会议时间，站着开会，这可以抓住问题的核心。有的公司把一般会议安排在午餐前，这时，与会者饥肠辘辘，无心闲谈，会议很快抓住中心。限制发言时间，日本一个公司让职工学会开会的方法，教他们在1分钟内阐明符合议题的意见，避免讲那些与议题无关的废话。有人主张在会议室挂一个时钟，像球类比赛那样随时显示出还剩多少时间，这样可以提醒与会者抓紧时间。

8. 掌握会议进程

主持人应随时掌握会议进程。在工作性会议中，主持人就像交响乐团的指挥，应随时控制、掌握会议的进程。为此，应做好下列工作：

(1)事先准备好一份会议议程表，并按照议程进行。

(2)提请与会者注意本次会议的目的，并使会议始终不离宗旨，以保证会议顺利进行，并达到预期目的。

(3)规定会议的开始时间,并对结束时间做出限制。要准时开始,按时结束。另外,在工作会议的进行过程中,有时会碰到需要裁决的问题,"少数服从多数"的民主集中制原则固然必须遵守,但对少数人的意见也应给予尊重,并把它交付给全体与会人员反复推敲。

会议的气氛是否融洽、顺利,与会议主持人角色扮演得好坏有很大的关系。会议主持人是宣布开会、散会、休息及主持会议的决定者,主持会议应公平、公正,客观地行使其职权。主持会议时,应做到以下几点:

①明确介绍所有来宾及参与开会的人士。

②如有许多贵宾,无须请贵宾一一致词,请一位代表即可。

③如同时有两人以上请求发言,这时若没有其他补充或都尚未发言时,可请距离主持人较远者先发言。

④维持会场秩序,并遵守会议规则。

⑤不可在发言人尚未发言完毕时随便插嘴,但有权控制发言人的发言时间。

⑥请人发言时,态度要诚恳,用语应有礼貌。

⑦有人发言时,应看着发言人,仔细聆听。

7.1.5 参加会议的礼仪

商务人员在日常交往中必不可少的一项活动,就是参加各类会议,而会议又是人们从事各类有组织的活动的一种重要方式。因此,大凡正规、正式的会议、洽谈,都是很注重礼仪的。

1. 仪容举止的礼仪

参加会议应穿着整洁,提前到达会场,服从会议组织人员的安排,讲究礼节。到会人员应该主动关闭手机或调到振动状态,开会时应认真听讲,不要私下小声说话或交头接耳,发言者讲话结束时,应鼓掌致意,中途退场应轻手轻脚,不影响他人。准时到达,最好是在会议开始前5~10分钟到达。出席会议前,要把该做的准备工作都认真完成。若要演讲,应事先预演过,同时请主办方让自己试用需要用到的视听和电器设备,以确定这些设备都没问题。先得到主办方的允许再使用录音机,详细记录会议讨论的重点。

2. 会议就座礼仪

如果受到邀请参加一个排定座位的会议,最好等着会议服务人员将自己引导到座位上去。通常会议的主席座位在离会议门口最远的桌子末端,主席两边是为参加公司会议的客人和拜访者准备的座位,或是给高级管理人员、助理坐的,以便能帮助主席分发有关材料、接受指示或完成主席在会议中需要做的事情。

如果会议中有很特殊的规定,例如:若有从其他国家的其他公司来的代表,座位中包括那个公司的高级代表,坐在长会议桌的中间,己方公司的高级管理人员和公司的其他职员坐在他们的对面,会议桌的两端则空着;通常客人坐在面对门口的座位上,座位的次序不像正式宴会上男女交叉就座那样安排,业务会议不应区分性别,不应男女坐对面;不能一到场就立即坐下,那是一种表示厌烦的动作,而且这个举动跟你要努力设法建立的形象正好相反。

3. 会议场合的肢体语言

在非常轻松自如的环境中,或在希望人们能畅怀交谈,共同分享快乐的环境中,对穿着和举止的要求就相对较少,而更多地要有个人的风格和对别人意见无私的考虑,如业务培训、研讨会、职员大会等；在这种场合，客户服务人员的表现必须坦率开朗，受人欢迎。以下是在这种情况下需要注意的方面。

首先在衣着上不要穿看上去夸张的服装和令人分心的装束，如围着一条长披肩，或经常需要用手梳理总是垂到脸上的头发等来分散听众们的注意力。

你必须在非正式的交际场合中运用与正式场合中完全不同的手势、举止和声音来鼓励别人。你的提议会引起人们的讨论，因此你仍需注意自己的姿势。不要死板地站在那里，最好能环场漫步，伸出你的手来邀请某人做特别的演说，轻松恰当地拍拍别人的肩膀或臂，以示友好。

始终坐在某处听别人的讲话，那么你很快就会成为听众的一部分。当别人演说时，作为一个积极认真的听众，你必须始终注视着讲话者，好像他们的讲话内容非常有用可取的，即便事实上并非如此；增强别人阐述意见的勇气，并加以记录；反复强调与会者所提出的要点，当你同意演说者的意见时，你就点点头；如果你不同意他的观点，你应该把它放在心里而不应该将它表面化；要始终给别人驳斥相反意见的机会而不是总是去反驳别人、提出自己的新看法。

4. 其他需要注意的礼仪

(1)坐在主席台上的人应按要求就座，姿态端正，不要交头接耳，不要擅自离席，当听众鼓掌时也要微笑鼓掌。

(2)会议上有发言任务的人，仪态要落落大方，掌握好语速、音量。注意观众反应，当会场中人声渐大时，则标志着你该压缩内容，尽快结束了。发言完毕应向全体与会者表示感谢，避免干扰任何人发言，而且利用这个时间，记下自己要说的话，特别是在大型、正式的集会上，应该等待适当时机来发表评论。

(3)与会者即使对发言人的意见不满，也不可吹口哨、鼓倒掌、喧哗、起哄，因为这些行为极其失礼。轻松表现自己积极的情绪，但是如果强烈不同意别人的意见，则应谨慎地控制消极情绪的表达。表达不赞成可以有不同方式，“强烈的”不赞成是粗鲁的，可以用摇头，或在别人讲完话后平静地评论来表明不同意，若主办者没叫你进一步阐述，则应保持安静，留待会议结束后再发表意见。

(4)对团体讲话时，用“我们”而不用“我”。“我们”表示是团队的成员之一，“我”似乎是以自我为中心，好像拒绝承认其他人一起致力于一项计划(即使他们的角色非常不重要)。

(5)若有什么话要说，却害羞得说不出来时，可以写成书面材料，交给主持人以及会议中应该知道的任何人。

(6)经过深思熟虑再讲话，而且有条理地陈述自己的见解，坚守会议主题，以免浪费每个人的时间。

(7)若有水杯，用水杯来喝罐装或瓶装饮料。也应该要把用过的空罐子、纸杯、纸巾收拾好。

(8)离开会场时，向主办方致谢。

7.2 组织专题会议的礼仪

7.2.1 展览会的礼仪

展览会特指有关方面为了介绍本单位的业绩，展示本单位的成果，推销本单位的产品、技术，采用集中陈列实物、文字、图表、影像资料等方式而组织的商务宣传活动。通过这种形式的活动达到供人们参观、了解的目的。

展览会礼仪，通常是指商界单位在组织、参加展览会时，所应当遵循的规范与惯例。在一般情况下，展览会主要涉及展览会的分类、展览会的组织与展览会的参加等三方面的大问题。

1. 展览会的分类

按照商界所通行的会务礼仪规范，展览会类型的划分，有以下六方面：

(1)展览会的目的。这是划分展览会类型的最基本的标准。依照这一标准，展览会可被分做宣传型展览会和销售型展览会等两种类型。顾名思义，宣传型展览会显然意在向外界宣传、介绍参展单位的成就、实力、历史与理念，又称为陈列会。而销售型展览会则主要是为了通过展示参展单位的产品、技术和专利，来招徕顾客，促进其生产与销售。通常，人们又将销售型展览会直截了当地称为展销会或交易会。

(2)展览品的种类。根据展览品具体种类的不同，可以将展览会区分为单一型展览会与综合型展览会。单一型展览会，往往只展示某一大的门类的产品、技术或专利，只不过其具体的品牌、型号、功能有所不同而已，如化妆品、汽车等。因此，人们经常会以其具体展示的某一门类的产品、技术或专利的名称，来对单一型展览会进行直接的冠名，比如，可称"化妆品展览会""汽车展览会"等。综合型展览会，亦称混合型展览会。它是包罗万象同时展示多种门类的产品、技术或专利的大型展览会。与前者相比，后者所侧重的主要是参展单位的综合实力。

(3)展览会的规模。根据规模的大小，展览会又有大型展览会、小型展览会与微型展览会之分。大型展览会，通常由社会上的专门机构出面承办，其参展的单位多，参展的项目广，因而规模较大。举办此类展览会，要求一定的操作技巧。因其档次高，影响大，参展单位必须经过申报、审核、批准等一系列程序。有时，还需支付一定的费用。小型展览会，一般都由某一单位自行举办，其规模相对较小。微型展览会，则是小型展览会的进一步微缩。

(4)参展者的区域。根据参展单位所在的地理区域的不同，可将展览会划分为国际性展览会、洲际性展览会、全国性展览会、全省性展览会和本地性展览会。其中，国际性展览会、洲际性展览会和全国性展览会，往往被人们称为博览会。若是根据参展单位所属行业的不同，则展览会亦可分为行业性展览会和跨行业展览会。

(5)展览会的场地。若以所占场地的不同而论，展览会有着室内展览会与露天展览会之别。前者大都被安排在专门的展览馆或是宾馆和本单位的展览厅、展览室之内。它大都设计考究，布置精美，陈列有序，安全防盗，不易受损，并且可以不受时间与天气的制约，显得隆重而有档次。但所需费用往往偏高。在展示价值高昂、制作精美、忌晒忌雨、易于失盗的展品时，室内展览会自然是其首选。后者则安排在室外露天之处，它可以提供较大的场地，花费较小，而且不必为设计、布置费力过多。展示大型展品或需要以自然界为其背景的展品时，此种选择最佳；通常展示花卉、农产品、工程机械、大型设备时，大都这么做。不过，它受天气等自然条件影响较大，并且极易使展品丢失或受损。

(6)展览会的时间。举办展览会所用的具体时间的长短，又称为展期。根据展期的不同，可以把展览会分为长期展览会、定期展览会和临时展览会。长期展览会，大都常年举行，其展览场所固定，展品变动不大。定期展览会，展期一般固定为每隔一段时间之后，在某一个特定的时间之内举行。例如，每 3 年举行一次，或者每年春季举行一次等。其展览主题大都既定不变，但允许变动展览场所，或展品内容有所变动。一般来说，定期展览会往往呈现出连续性、系列性的特征。临时展览会,则随时可根据需要与可能举办,它所选择的展览场所、展品内容乃至展览主题,往往不尽相同,但其展期大都不长。

相关链接
成功参展十二秘诀

2. 展览会的组织

一般的展览会,既可以由参展单位自行组织,也可以由社会上的专门机构出面张罗。

根据惯例,展览会的组织者需要重点进行的具体工作包括:

(1)参展单位的确定。一旦决定举办展览会,由什么单位来参加的问题,通常都是非常重要的。按照商务礼仪的要求,主办单位事先应以适当的方式,对拟参展的单位发出正式的邀请或召集。

邀请或召集参展单位的主要方式为:刊登广告,寄发邀请函,召开新闻发布会等。不管是采用其中任何一种方式,均须同时将展览会的宗旨、展出的主要项目、参展单位的范围与条件、举办展览会的时间与地点、报名参展的具体时间与地点、咨询有关问题的联络方法、主办单位准备提供的辅助服务项目、参展单位所应负担的基本费用等,一并如实地告之参展单位,以便对方据此加以定夺。

对于报名参展的单位,主办单位应根据展览会的主题与具体条件进行必要的审核。切勿良莠不分,来之不拒。

当参展单位的正式名单确定之后,主办单位应及时地逐一进行通知,令被批准的参展单位尽早有所准备。

(2)展览内容的宣传。为了引起社会各界对展览会的重视,并且尽量地扩大其影响,主办单位有必要对其进行大力宣传。宣传的重点,应当是展览的内容,即展览会上的展示陈列之物。

对展览会,尤其是对展览内容所进行的宣传,主要可以采用下述几种方式:

①举办新闻发布会。

②邀请新闻界人士到场进行参观采访。

③发表有关展览会的新闻稿。

④公开刊发广告。

⑤张贴有关展览会的宣传画。

⑥在展览会现场散发宣传性材料和纪念品。

⑦在举办地悬挂彩旗、彩带或横幅。

⑧利用升空的彩色气球和飞艇进行宣传。

以上几种方式,可以只择其一,亦可多种同时并用。

为了搞好宣传工作,在举办大型展览会时,主办单位应专门成立对外进行宣传的组织机构。其正式名称,可以称为新闻组,也可以称为宣传办公室。

(3)展示位置的分配。对展览会的组织者来讲,展览现场的规划与布置,通常是其重要职责之一。在布置展览现场时。基本的要求是:展示陈列的各种展品要围绕既定的主题,进行互为衬托的合理组合与搭配，要在整体上显得井然有序、浑然一体。

展览会的组织者要想尽一切办法，充分满足参展单位关于展位的合理要求。展览会的组织者可依照展览会的惯例，采用下列方法之一对展位进行合理的分配。

①对展位进行竞拍。由组织者根据展位的不同，而制定不同的收费标准，然后组织一场拍卖会，由参展者在会上自由进行角逐，由出价高者拥有自己中意的展位。

②对展位进行投标。即由参展单位依照组织者所公告的招展标准和具体条件，自行报价，并据此填具标单，而由组织者按照“就高不就低”的常规，将展位分配给报价高者。

③对展位进行抽签。即将展位编号，然后将号码写在纸签之上，而由参展单位的代表在公证人员的监督之下，每人各取一个，以此来确定其各自的具体展位。

④按“先来后到”原则分配。所谓按照“先来后到”进行分配，即以参展单位正式报名的先后为序，谁先报名，谁便有权优先选择自己所看中的展位。不管采用上述何种方法，组织者均须事先将其广而告之，以便参展单位早做准备。

(4)安全保卫的事项。

①在举办展览会前，必须依法履行常规的报批手续。此外，组织者还须主动将展览会的举办详情向当地公安部门进行通报，求得其理解、支持与配合。

②举办规模较大的展览会时，最好从合法的保卫公司聘请一定数量的保安人员，将展览会的保安工作全权交予对方负责。

③为了预防天灾等不测事件的发生，应向声誉良好的保险公司进行数额合理的投保，以便利用社会的力量为自己分忧。

④在展览会入口处或展览会的门票上，应将参观的具体注意事项正式成文列出，使观众心中有数，以减少纠葛。

⑤按照常规，有关安全保卫的事项，必要时最好由有关各方正式签订合约或协议，并且经过公证。这样一来，万一出了事情，大家就好“亲兄弟，明算账”了。

(5)辅助的服务项目。主办单位作为展览会的组织者，有义务为参展单位提供一切必要的辅助性服务项目。

由展览会的组织者为参展单位提供的各项辅助性服务项目，最好有言在先，并且对有关费用的支付进行详尽的说明。

具体而言，为参展单位所提供的辅助性服务项目，通常主要包括下述各项：展品的运输与安装；车、船、机票的订购；与海关、商检、防疫部门的协调；跨国参展时有关证件、证明的办理；电话、传真、计算机、复印机等现代化的通信联络设备；举行洽谈会、发布会等商务会议或休息之时所使用的适当场所；餐饮以及有关展览时使用的零配件的提供；供参展单位选用的礼仪、讲解、推销人员等。

3. 参加展览会的注意事项

参展单位在正式参加展览会时，必须要求自己的全部派出人员齐心协力、同心同德，为大获全胜而努力工作。在整体形象、待人礼貌、解说技巧等三个主要方面，参展单位尤其要予以特别的重视。

(1)要努力维护整体形象。参展单位的整体形象，主要由展示之物的形象与工作人员的形象两部分所构成，对于这二者要给予同等的重视，不可偏废其一。

展示之物的形象，主要由展品的外观、展品的质量、展品的陈列、展位的布置、发放的资料等构成。用以进行展览的展品，外观上要力求完美无缺，质量上要优中选秀，陈列上要既整齐美观又讲究主次，布置上要兼顾主题的突出与观众的注意力。而用以在展览会上向观众直接散发的有关资料，则要印刷精美，图文并藏，资讯丰富，并且注有参展单位的主要联络方法，如公关部门与销售部门的电话、电报、传真以及电子邮箱的号码等。

工作人员的形象，则主要是指在展览会上直接代表参展单位露面的人员的穿着打扮问题。在一般情况下，要求在展位上工作的人员应当统一着装。最佳的选择，是身穿本单位的制服，或者是穿深色的西装、套裙。在大型的展览会上，参展单位若安排专人迎送宾客时，则最好请其身穿色彩鲜艳的单色旗袍，并胸披写有参展单位或其主打展品名称的大红色绶带。为了说明各自的身份，全体工作人员皆应在左胸佩戴标明本人单位、职务、姓名的胸卡，唯有礼仪小姐可以例外。按照惯例，工作人员不应佩戴首饰，男士应当剃须，女士则最好化淡妆。

(2)时刻注意待人礼貌。在展览会上，不管它是宣传型展览会还是销售型展览会，为此，全体工作人员都要将礼貌待人放在心上，落实在行动中。展览一旦正式开始，全体参展单位的工作人员即应各就各位，站立迎宾。不允许迟到、早退，无故脱岗、东游西逛，更不允许在观众到来之时坐、卧不起，怠慢对方。

在任何情况下，工作人员均不得对观众恶语相加，或讥讽嘲弄。对于极个别不守展览会规则而乱摸乱动、乱拿展品的观众，仍须以礼相劝，必要时可请保安人员协助，但不许可对对方擅自动粗，进行打骂、扣留或者非法搜身。

(3)善于运用解说技巧。解说技巧，此处主要是指参展单位的工作人员在向观众介绍或说明展品时，所应当掌握的基本方法和技能。具体而论，在宣传性展览会与销售性展览会上，其解说技巧既有共性可循，又有各自的不同之处。

在宣传性展览会与销售性展览会上，解说技巧的共性在于：要善于因人而异，使解说具有针对性。与此同时，要突出自己展品的特色。在实事求是的前提下，要注意对其扬长避短，强调“人无我有”之处。在必要时，还可邀请观众亲自动手操作，或由工作人员为其进行现场示范。此外，还可安排观众观看与展品相关的影视片，并向其提供说明材料与单位名片。通常，说明材料与单位名片应常备于展台之上，由观众自取。

在宣传型展览会上，解说的重点应当放在推广参展单位的形象之上。时时刻刻都应大力宣传本单位的成就和理念，以便使公众对参展单位给予认可。

而在销售型展览会上，解说的重点则必须放在主要展品的介绍与推销之上。按照国外的常规说法，解说时一定要注意“FABE”并重。其中，“F”指展品特征，“A”指展品优点，“B”指客户利益，“E”则指可资证明的证据。要求工作人员在销售性展览会上向观众进行解说之时，注意“FABE”并重，就是要求其解说应当以客户利益为重，要在提供有利证据的前提之下，着重强调自己所介绍、推销的展品的主要特征与主要优点，以争取使客户觉得言之有理，乐于接受。不过，争抢、尾随观众兜售展品，弄虚作假，或是强行向观众推介展品，则不可取。

7.2.2 赞助会的礼仪

所谓赞助，通常是指某一单位或某一个人拿出自己的钱财、物品，来对其他单位或个人进行帮助和支持。对于商界而言，积极地、力所能及地参与赞助活动，本身就是自己进行商务活动的一种常规的形式，而且也是自己协调本单位与政府、社会各界的公共关系的一种重要的手段。因此，赞助一向颇受商界的重视。

为了扩大影响，商界在公开进行赞助活动时，往往会专门为此而举行一次一定规模的正式会议。这种以赞助为主题的会议，即为赞助会。赞助会礼仪，一般指的是在筹备、召开赞助会的整个过程中所应恪守的有关礼仪规范。欲使赞助会取得成功，遵守赞助会礼仪是十分必要的。

1. 赞助的类型

赞助的类型，指的是赞助的具体形式。赞助的类型选择得当与否，大都对赞助的效果直接产生着影响。

根据不同的标准，赞助的类型可有各种不同的划分。其中最为常见的赞助类型，有如下几种：

①赞助公益事业。它是指对社会的公共设施、公共活动进行赞助，直接地造福于社会、造福于人民，并可赢得公众与舆论的激赏。

②赞助慈善事业。它是指对社会慈善福利组织或慈善福利活动的赞助。既可以向社会表明本单位勇于承担自己的社会义务、社会责任，又有助于获得政府与社会的好感。

③赞助教育事业。它是指对教育界的赞助。可以给予教育界以有力的支持，并且为本单位日后的进一步发展培养必不可少的广大后备人才。

④赞助科研活动。它是指对科学研究与学术活动的赞助。此举不仅表明本单位对人才与科技进步的重视，而且还可以使自己得到专家、学者的肯定、支持或指导。

⑤赞助专著出版。它是指对确有学术水平的学术专著出版所给予的赞助。它主要可以表明本单位对知识的无比重视和对学术研究的大力支持。

⑥赞助医疗卫生。它是指对医疗、保健、卫生、康复事业的赞助。它体现着本单位对于全社会的关怀，同时也是对社会的一种奉献。

⑦赞助文化活动。它是指对文化事业的赞助。它有助于促进我国的社会主义精神文明建设，用高尚的精神去鼓舞人民。教育人民，提高其文化修养与精神境界。

⑧赞助展览画廊。它是指对于具有一定艺术品位的非营利性的展览、画廊的赞助。它体现着本单位的艺术品位以及对艺术界的支持和帮助。

⑨赞助体育运动。它是指对各类体育比赛活动的赞助。体育比赛是当今的社会热点之一，对其进行赞助，往往可使本单位名利双收，一举两得。

⑩赞助娱乐消闲。它是指对群众性娱乐休闲活动的赞助。它表达了本单位对广大群众的关怀与诚意，可提高对方对本单位的认同感。

2. 赞助活动的步骤

赞助的步骤，指的是赞助活动运作过程之中的各个主要环节。

就一般情况而言，赞助活动中必须认真对待的重要步骤有：

(1)前期的研究。在正式决定进行赞助之前，赞助单位首先有必要进行前期的研究，并且对赞助活动的必要性与可能性进行详尽的论证。

在正常情况下，一次赞助活动往往发端于两种情景。其一，是某一商界单位主动向其他单位、组织或个人提出赞助。其二，是某一商界单位接到其他单位、组织或个人的赞助请求后，经过研究，再酌情给予对方以一定程度的赞助。在实际生活里，后一种情景往往更加多见。

在就某次赞助活动进行研究、论证时，赞助单位必须充分明确下列 4 点：

①它必须符合我国的宪法和法律，绝对不允许从事违法乱纪活动。

②它必须与本单位的经营策略、公共关系目标相适应,而不是与其背道而驰。

③它必须真正地有利于受赞助者,同时也有利于整个社会。

④它必须是本单位力所能及之事,至少也不应当半途而废,甚至劳而无功。

(2)制订计划。赞助的计划实际上是前期研究、论证的成果的具体化。根据惯例,它应当是由专司其职的工作部门,在进行前期研究、论证的基础上,根据本单位既定的赞助政策和赞助方向,认真制定而成。一般来讲,商界单位之中负责赞助计划的工作部门,主要是指其公关部。在某些情况下,办公室、财务部亦应介入此事。

制订赞助的计划,必须要树立正确的指导思想。其核心点应为:赞助活动必须同本单位的经营策略、公共关系目标相一致,赞助活动的终极目标应当是赞助单位、受赞助者和社会三方同时受益。

在一般情况下,赞助计划需要专人草拟,并经本单位的决策机构批准。大致来说,赞助的计划又可分为以下两类:

①年度性的赞助计划。这种做法的长处是,本单位的赞助活动可以规范有序、有的放矢,同时也可以从宏观上控制赞助活动的规模,避免使之超出自己所能承受的程度,甚至由此而产生毫无意义的浪费或损耗。

②临时性的赞助计划。它主要是针对临时性、突发性的事件,所制定的赞助计划。

(3)会务的安排。在赞助活动正式实施之际,往往需要正式举行一次聚会,将有关的事宜公告于社会。

根据商务礼仪的规范,赞助会通常应由受赞助者出面承办。而由赞助单位给予其适当的支持。

赞助会的举行地点,一般可选择受赞助者所在单位的会议厅。亦可由其出面,租用社会上的会议厅。

举行赞助会的会议厅之内,灯光应当亮度适宜。在主席台的正上方,或是面对会议厅正门之处的墙壁上,还需悬挂一条大红横幅。在其上面,应以金色或黑色的楷书书写着“某某单位赞助某某项目大会”,或者“某某赞助仪式”的字样。前一种写法,意在突出赞助单位;后一种写法,则主要是为了强调接受赞助的具体项目。

一般来讲,赞助会的会场不宜布置得美轮美奂,不宜过度豪华张扬。

参加赞助会的人士,既要有充分的代表性,又不必在数量上过多。除了赞助单位、受赞助者双方的主要负责人及员工代表之外,赞助会应当重点邀请政府代表、社区代表、群众代表以及新闻界人士参加。在邀请新闻界人士时,特别要注意邀请那些在全国或当地具有较大影响力的电视、报纸、广播等媒体人员与会。

所有参与赞助会的各界人士,在与会之时,皆须身着正装,修饰仪表,并且检点个人的举止动作,赞助会的整体风格是庄严而神圣的,因此任何与会者都不能与之唱反调。

相关链接

赞助决策提问一览表

(4)赞助会的议程。依照常规,一次赞助会的全部时间,不应当长于1小时。因此赞助会

的具体会议议程,必须既周密,又紧凑。大致可有 6 项:

①宣布赞助会正式开始。赞助会的主持人。一般应由受赞助单位的负责人或公关人员担任。在宣布正式开会前,主持人应恭请全体与会者各就各位,保持肃静,并且邀请贵宾到主席台上就座。

②奏国歌。此前,全体与会者须一致起立。在奏国歌之后,还可奏本单位标志性歌曲。有时,奏国歌、奏本单位标志性歌曲,可改为唱国歌,唱本单位标志性歌曲。

③赞助单位正式实施赞助。其具体做法通常是赞助单位的代表首先出场,口头上宣布其赞助的具体方式或具体数额。随后,受赞助单位的代表上场。双方热情握手。接下来,由赞助单位的代表正式将标有一定金额的巨型支票或实物清单双手捧交给受赞助单位的代表。必要时,礼仪小姐应为双方提供帮助。若赞助的物资重量、体积不大时,亦可由双方在此刻当面交接。在此过程之中,全体与会者应热情鼓掌。

④赞助单位代表发言。他的发言内容,重在阐述赞助的目的与动机。与此同时,还可以对本单位的简况略做介绍。

⑤受赞助单位代表发言。此刻的发言者。一般应为受赞助单位的主要负责人或主要受赞助者。其发言的中心,应当集中在对赞助单位的感谢方面。

⑥来宾代表发言。根据惯例可邀请政府有关部门的负责人讲话。他的讲话,主要是肯定赞助单位的义举;同时亦可呼吁全社会积极倡导这种互助友爱的美德。该项议程,有时也可略去;负责人讲话完毕,赞助会即可宣告结束。

在赞助会正式结束后,赞助单位、受赞助单位双方的主要代表以及会议的主要来宾,通常应当合影留念;此后,宾主双方可稍事晤谈,然后来宾即应一一告辞;在一般情况下,在赞助会结束后,东道主大都不为来宾安排膳食;如确有必要,则至多略备便餐;而绝对不宜设宴待客。

在极个别的情况之下,赞助会亦可由赞助单位操办。由赞助单位所操办的赞助会,其会务工作与以上所述基本相仿。

(5)赞助活动的评估。对赞助活动所进行的评估,实际上主要是指在对赞助活动进行综合分析和系统总结之后,对其社会效果所进行的科学评价与分析。

赞助活动的评估工作,要注重以下几方面进行:

①要将实施效果与先期计划相比照。重点研究赞助单位是否真正地实现了自己的赞助意图,赞助活动的预定目标是否业已达到。

②要掌握社会各界对赞助活动的认同程度。可通过各类调查,了解各类公众,包括受赞助单位、地方政府、新闻媒介对此次活动的真实评价与看法。

③要及时发现赞助活动的所长与所短。要认真总结赞助活动因何而成功,或者因何而受挫。对于己方与其他各方的问题。都不应当讳疾忌医。

④要了解赞助活动在实施过程中所出现的问题。不管这些问题是否已在意料之中,原因在于何方,均应被认真看待,并引起重视。

7.2.3 新闻发布会的礼仪

一个单位或组织要想让其他单位或公众了解自己的一些情况,从而建立相互信任、真诚相待的友谊,确立自身良好的社会形象,那么,最快的、最好的方式就是举行新闻发布会。通过公众可以信赖的新闻媒体,把组织的想法、计划等情况,开诚布公地传播出去。

新闻发布会又称记者招待会，是组织召集新闻记者并由发言人发布信息或回答记者提问的一种传播方式，其目的在于协调组织与公众的关系，赢得公众的认可。

一般新闻发布会的步骤如下：

第一，主持人宣布开会。

第二，介绍应邀参加会议的政府官员和主要发言人。

第三，说明记者提问时间、提问规则等。

第四，宣布提问开始，并指定提问记者。

第五，宣布提问时间到，提问结束。

第六，组织参观或宴请。

1. 主持人、发言人的礼仪

在新闻发布会举行过程中，往往会出现种种问题，甚至会有难以预料的情况或变故出现。要应付这些难题，确保新闻发布会的顺利进行，特别要求主持人、发言人在新闻发布会举行之际，牢记下述几个要点：

(1)要注意外表的修饰。在新闻发布会上，代表主办单位出场的主持人、发言人，是被媒体视为主办单位的化身和代言人的。有鉴于此，主持人、发言人对于自己的外表，尤其是仪容、服饰、举止，一定要事先进行认真的修饰。

按照惯例，主持人、发言人要进行必要的化妆，并且以化淡妆为主。发型应当庄重而大方，男士穿深色西装套装、白色衬衫、黑袜黑鞋，并且打领带；女士则宜穿单色套裙，肉色丝袜，高跟皮鞋。服装必须干净、挺括，一般在面对媒体时不宜佩戴首饰，主持人、发言人都要注意到举止自然而大方。要面含微笑，目光炯炯，表情松弛，坐姿端正。

(2)要注意相互的配合。不论是主持人还是发言人，在新闻发布会上都是一家人，因此主持人与发言人必须保持一致的口径，不允许公开顶牛、相互拆台。当媒体提出的某些问题过于尖锐或难于回答时，主持人要想法设法转移话题，不使发言人难堪。而当主持人邀请某位新闻记者提问之后，发言人一般要给予对方适当的回答。

要想真正做好相互配合，就要做到分工明确、彼此支持。主持人要做到的，主要是主持会议、引导提问，发言人要做到的，则主要是主旨发言、答复提问。有时，在重要的新闻发布会上，为慎重起见，主办单位往往会安排数名发言人同时出场。若发言人不止一人，事先必须进行好内部分工，各管一段，否则人多了，话反而没人说，或是抢着说。一般来讲，发言人的现场发言应分为两个部分，首先进行主旨发言，接下来才回答疑问。当数名发言人到场时，只需一人进行主旨发言即可。主持人、发言人的彼此支持，在新闻发布会上通常是极其重要的。

(3)要注意语言艺术。新闻发布会上主持人、发言人的言行，都代表着主办单位。因此，必须对自己讲话分寸予以重视：

①简明扼要。不管是发言还是答问，都要条理清楚、重点集中，让人既一听就懂、又难以忘怀。不要卖弄口才、口若悬河。

②要提供新闻。新闻发布会，自然就要有新闻发布。媒体就是特意为此而来的，所以在不违法、不泄密的前提下，要善于满足对方在这一方面的要求，要在讲话中善于表达自己的独到见解。

③要生动灵活。在讲话之际，讲话者的语言是否生动，话题是否灵活，往往直接影响到现场的气氛。面对冷场或者冲突爆发在即讲话者生动而灵活的语言，往往可以使之化险为夷。

因此，适当地采用一些幽默风趣的语言、巧妙的典故，也是必不可少的。

④要温文尔雅。新闻记者大都见多识广，加之又是有备而来，所以他们在新闻发布会上经常会提出一些尖锐而棘手的问题。遇到这种情况时，发言人能答则答，不能回答，则应当巧妙地避实就虚，或是直接说无可奉告。无论如何，都不要恶语相加，甚至粗鲁地打断对方的提问。吞吞吐吐、张口结舌，也不会给人以好的印象。

相关链接
新闻发布会与记者招待会的区别

2. 新闻发布会各阶段的礼仪

（1）新闻发布会前的准备礼仪。新闻发布会的会前礼仪规范，主要有以下几方面：

①主题明确。新闻发布会的组织者一定要明确主题，以便确定邀请记者的范围，做到有的放矢。如果主题不明，新闻记者就不可能按照组织者的目的传播信息，甚至会弄巧成拙，损害组织在公众中的形象。

②准备好资料。认真准备好新闻发布会所需的各种资料，如会议所需要的文字、图片，主持人的发言稿，发言人答记者问的备忘提纲，新闻统发稿以及其他背景材料、照片、录音、录像等，以便开会前分发给记者，供他们撰写新闻稿时参考。

③选择好发言人。举办新闻发布会，一般由单位指定的发言人发布信息回答记者提问。因此，事先确定好新闻发布会的发言人至关重要。发言人要随机把握会场气氛，措辞文雅而有力，风趣而庄重，头脑要机敏，口齿清晰具有较强的口头表达能力，尤其是当记者提出一些棘手的、尴尬的或涉及秘密的问题时，发言人更要头脑冷静，要么随机应变，要么用躲闪的方式不答，绝对不能认为这是记者在无理取闹而横加指责。总之，开好新闻发布会是塑造良好社会形象的重要活动，可以有效地提高知名度和美誉度。

（2）开会时的礼仪规范。

①开会时，应先由主持人介绍新闻发布会的基本情况，并向记者介绍发布新闻的有关人士，接着由主要发言人发布有关新闻。

②新闻发布完毕后，记者开始提问，由主要发言人及有关人士答问。

③回答记者提问时，应充分地、准确地向记者提供有关信息，但对涉及保密和不宜发表透露的内容时，应婉转地向记者解释；同时，对记者提出的一些敏感又回答不了的提问时，通常可采取删繁就简的方式回答。

（3）会间的礼仪规范。会议中，尊重记者，以礼相待，建立相互的合作关系，不得随意打断记者的提问；记者提问结束时，发言人应向到会的记者表示感谢；最后由会议主持人宣布会议结束。同时，公司在新闻发布会中，应为记者的采访提供各种便利条件包括：选择交通便利、环境清静整洁的地点。提供齐全的设备，如电话、传真机、打印机、扩音设备等。桌椅设置应便于记者做记录、准备好有关的材料供记者做参考，如宣传材料、照片、实物、模型等，以及可配合新闻发布会，组织记者进行现场参观，给记者创造实地采访、摄影、录音、录像的机会。

（4）会后的礼仪规范。会议结束后，根据记者到会的情况，查对该新闻单位报道情况，如果发现所发的消息有误，应及时通知该新闻单位予以及时更正；对正确地报道了公司有关信息的记者和新闻单位，应通过电话或书信表示谢意。

7.2.4 茶话会的礼仪

所谓茶话会，在商界主要是指意在联络老朋友、结交新朋友的具有对外联络和进行招待性质的社交性集会。因其以参加者不拘形式地自由发言为主，并且因之备有茶点，故此称为茶话会。

茶话会礼仪，在商务礼仪之中特指有关商界单位召开茶话会时所应遵守的礼仪规范。其具体内容主要涉及会议的主题、来宾的确定、时空的选择、座次的安排、茶点的准备、会议的议程、现场的发言等方面。

1. 会议的主题

茶话会的主题，特指茶话会的中心议题。在一般情况下，商界所召开的茶话会。其主题大致可分为如下几类：

(1)以联谊为主题。以联谊为主题的茶话会，是平日所见最多的茶话会。它的主题，是为了增进主办单位同应邀与会的社会各界人士的友谊。在这类茶话会上，主人通过叙旧与答谢，往往可以增进相互之间的进一步了解，密切彼此之间的关系。除此之外，它还为与会的社会各界人士提供了一个扩大社交圈的良好契机。

(2)以娱乐为主题。以娱乐为主题的茶话会，主要是指在茶话会上安排了一些文娱节目或文娱活动，并且以此作为茶话会的主要内容。这一主题的茶话会，主要是为了活跃现场的局面，增加热烈而喜庆的气氛，调动与会者人人参与的积极性。与联欢会所不同的是，以娱乐为主题的茶话会所安排的文娱节目或文娱活动，都是场面比较大的。

(3)社会上的贤达。所谓社会贤达，通常是指在社会上拥有一定的才能、德行与声望的各界人士。作为知名人士，他们不仅在社会上具有一定的影响力、号召力和社会威望，而且还往往是某一方面的代言人；以社会上的贤达为主要与会者的茶话会，可使本单位与社会贤达直接进行交流，加深对方对本单位的了解与好感。并且倾听社会各界对本单位的直言不讳的意见或反映。

(4)合作中的伙伴。合作中的伙伴，在此特指在商务往来中与本单位存在着一定联系的单位或个人。除了自己的协作者之外，还应包括与本单位存在着供、产、销等其他关系者；以合作中的伙伴为主要与会者的茶话会，重在向与会者表达谢意，加深彼此之间的理解与信任。这种茶话会，有时亦称联谊会。

(5)各方面的人士。有些茶话会，往往会邀请各行各业、各个方面的人士参加。这种茶话会，通常称为综合茶话会；以各方面的人士为主要与会者的茶话会，除了可供主办单位传递必要的信息外，主要是为与会者创造出一个扩大个人交际面的社交机会。

茶话会的与会者名单一经确定，应立即以请柬的形式向对方提出正式邀请；按惯例，茶话会的请柬应在半个月之前被送达或寄达被邀请者之手，但对方对此可以不必答复。

2. 时间和地点的选择

一次茶话会要取得成功，其时间、空间的具体选择，都是主办单位必须认真对待的事情。

(1)举行茶话会的时间。这个问题还应包括举行的时机、举行的时间、会议的长短三方面。

①茶话会举行的时机。在举行茶话会的时间问题上，举行的时机问题是头等重要的。唯

有时机选择得当，茶话会才会产生应有的效益。通常认为，辞旧迎新之时、周年庆典之际、重大决策前后、遭遇危难挫折之时等，都是商界单位酌情召开茶话会的良机。

②茶话会举行的时间。举行的时间，是指茶话会具体应于何时举行。根据国际惯例，举行茶话会的最佳时间是下午 4 点左右；有些时候，亦可将其安排在上午 10 点左右；需要说明的是，在具体进行操作时，自可不必墨守成规，而主要应以与会者尤其是主要与会者的方便与否以及当地人的生活习惯为准。

③茶话会时间的长短。对于一次茶话会到底举行多久的问题，可由主持人在会上随机应变，灵活掌握。也就是说，茶话会往往是可长可短的，关键是要看现场有多少人发言，发言是否踊跃。不过在一般情况下，一次成功的茶话会，大都讲究适可而止。若是将其限定在 1 ~ 2 小时之内，它的效果往往会更好一些。

(2)地点的选择。举行茶话会地点的选择上，也是主办者要给予重视的问题；按照惯例，适宜举行茶话会的大致场所主要有：主办单位的会议厅；宾馆的多功能厅；主办单位负责人的私家客厅；主办单位负责人的私家庭院或露天花园；高档的营业性茶楼或茶室、餐厅、歌厅、酒吧等处，均不宜用来举办茶话会。

在选择举行茶话会的具体场地时，还需同时兼顾与会人数、支出费用、周边环境、交通安全、服务质量、档次名声等问题。

3. 座次的安排

在安排茶话会与会者的具体座次时。必须使之与茶话会的主题相适应，根据约定俗成的惯例，在安排茶话会与会者的具体座次时，主要采取以下几种方式：

(1)环绕式。所谓环绕式排位。指的是不设立主席台，而将座椅、沙发、茶几摆放在会场的四周，不明确座次的具体尊卑，而听任与会者在入场之后自由就座；这一安排座次的方式，与茶话会的主题最相符，因而采用得较多。

(2)散座式。所谓散座式排位，多见举行于室外的茶话会。它的座椅、沙发、茶几的摆放，可以散乱无序，四处自由组合，甚至可由与会者根据个人要求而自行调节，随意安置，其目的就是要创造一种宽松、舒适、惬意的社交环境。

(3)圆桌式。圆桌式排位，指的是在会场上摆放圆桌，而请与会者在其周围自由就座的一种安排座次的方式。在茶话会上，圆桌式排位通常又分为下列两种具体的方式：一是仅在会场中央安放一张大型的椭圆会议桌，而请全体与会者在其周围就座；二是在会场上安放数张圆桌，而请与会者自由组合，各自在其周围就座；当与会者人数较少时，可采用前者；而当与会者人数较多时，则应采用后者。

(4)主席式。在茶话会上，主席式排位并不意味着要在会场上摆放出一目了然的主席台，而是指在会场上，主持人、主人与主宾应被有意识地安排在一起就座，并且按照常规，居于上座之处，如中央，前排、会标之下或是面对正门之处。

就总体而论，为了使与会者畅所欲言，并且便于大家进行交际，茶话会上的座次安排尊卑并不宜过于明显。不排座次，允许自由活动，不摆与会者的名签，乃是其常规作法。

4. 茶点的准备

茶话会有别于正式的宴会，它不上主食、热茶，不上酒，而是只向与会者提供一些茶点。商务礼仪规定，在茶话会上，为与会者所提供的茶点，应当被定位为配角，虽说如此，在具体进行准备时，亦需注意如下几点：

(1)对于用以待客的茶叶与茶具,务必要精心进行准备。选择茶叶时,在力所能及的情况之下,应尽力挑选上等品,切勿滥竽充数。与此同时,要注意照顾与会者的不同口味。对中国人来说,绿茶老少皆宜,而对欧美人而言,红茶则更受欢迎。

在选择茶具时,最好选用陶瓷器皿,并且讲究茶杯、茶碗、茶壶成套,千万不要采用玻璃杯、塑料杯、搪瓷杯、不锈钢杯或纸杯,也不要用热水瓶来代替茶壶。所有的茶具一定要清洗干净,并且完整无损,没有污垢。

(2)除主要供应茶水之外,在茶话会上还可以为与会者略备一些点心、水果或是地方风味小吃。需要注意的是,在茶话会上向与会者所供应的点心、水果或地方风味小吃,品种要对路、数量要充足,并且要便于取食。为此,最好同时将擦手巾一并提供。

按惯例,在茶话会举行之后,主办单位通常不再为与会者备餐。

5. 会议的议程

在正常的情况之下,商界所举办的茶话会的主要会议议程,大体如下:

(1)主持人宣布茶话会正式开始。在宣布会议正式开始之前,主持人应当提请与会者各就各位,并且保持安静。而在会议正式宣布开始之后,主持人则还可对主要的与会者略加介绍。

(2)主办单位的主要负责人讲话。讲话应以阐明此次茶话会的主题为中心内容。除此之外,还可以代表主办单位,对全体与会者的到来表示欢迎与感谢,并且恳请大家今后一如既往地给予本单位以更多的理解,更大的支持。

(3)与会者发言。根据惯例,与会者的发言在任何情况下都是茶话会的重心之所在。为了确保与会者在发言之中直言不讳,畅所欲言,通常主办单位事先均不对发言者进行指定与排序,也不限制发言的具体时间,而是提倡与会者自由地进行即兴式的发言。有时,与会者在同一次茶话会上,还可以数次进行发言,以不断补充、完善自己的见解与主张。

(4)主持人略做总结。随后,即可宣布茶话会至此结束。

6. 现场的发言

与会者的现场发言,在茶话会上举足轻重。根据会务礼仪的规范,茶话会的现场发言要想真正得到成功,重点在于主持人的引导得法和与会者的发言得体。

在茶话会上,主持人所起的作用往往不止于掌握、主持会议,更重要的是要求他能够在现场审时度势,因势利导地引导与会者的发言,并且有力地控制会议的全局。在众人争相发言时,应由主持人决定孰先孰后;当无人发言时,应由主持人引出新的话题,引导与会者;或者由其恳请某位人士发言,当与会者之间发生争执时,应由主持人出面劝阻;在每位与会者发言之前,可由主持人对其略做介绍;在其发言的前后,应由主持人带头鼓掌致意;万一有人发言严重跑题或言辞不当,则还应由主持人出头转换话题。

与会者在茶话会上发言时,表现必须得体。在要求发言时,可举手示意,但同时也要注意谦让,不要与人进行争抢;不论自己有何高见,打断他人的发言插嘴,都是失当的行为;在进行发言的过程中,不论所谈何事,都要使自己语速适中,口齿清晰,神态自然,用语文明。肯定成绩时,一定要实事求是,力戒阿谀奉承,提出批评时,态度要友善,切勿夸大事实,讽刺挖苦;与其他发言者意见不合时,要注意"兼听则明",并且一定要保持风度。切勿当场对其表示出不满,或是在私下里对对方进行人身攻击。

实践训练

组织一次新闻发布会

实训目的:掌握新闻发布会的组织技巧和要求,锻炼提问能力和回答问题能力,成功地组织新闻发布会。

实训课时:1 课时。

实训地点:实训室或教室。

实训方法:苹果公司 iPhone 上市,组织一次模拟新闻发布会。

(1)全班同学分为 3 组,每组指定一个组长。由组长扮演苹果公司公共关系部经理,其他同学扮演苹果公司公共关系部的工作人员。

(2)请各公共关系部分别制定新闻发布会的程序,并挑选主持人和发言人;拟写发言提纲(可以从苹果公司网站了解这款新产品的特点)。

(3)其他各组扮演受邀的各新闻单位,并挑选记者,准备提问。

总结:各组对本次活动进行总结,指导教师进行点评。

课后练习

一、判断题

(1)展览会是一种单一的传播方式。 ( )

(2)茶话会主持人的作用仅仅是主持会议。 ( )

(3)会议座次排定主要有环绕式、散座式、圆桌式和主席式四种。 ( )

(4)在赞助活动正式实施之际,往往需要正式举行一次聚会,将有关的事宜公告于社会。 ( )

(5)新闻发布会上,主持人与发言人应做到避重就轻。 ( )

二、思考题

(1)如何准备新闻发布会?

(2)展览会的特点是什么?应注意哪些礼节?

(3)赞助会有哪些礼仪?

(4)茶话会上有哪些礼仪?

(5)晓丹是五湖四海公司的办公室主任,公司董事会决定在北京举行年度股东大会,晓丹受聘负责会议筹备与接待服务工作。请问晓丹应该从哪些方面着手组织这次会议呢?

三、案例分析

【案例分析1】

小刘为什么辞职了

小刘所在的爱科信息公司应邀参加一个研讨会,该研讨会邀请了很多IT界知名人士以及新闻记者参加。老总特别安排小刘和他一道去参加,同时也让小刘见识一下大场面。

小刘早上睡过了头,等他赶到时,会议已经进行了二十分钟。他急急忙忙推开了会议室的门,“吱”的一声脆响,他一下子成了会场上的焦点。刚坐下不到五分钟,肃静的会场上又响起了摇篮曲,是谁在播放音乐?原来是小刘的手机响了!这下子,小刘可成了全会场的明星……

没过多久,听说小刘已经“另谋高就”了。

思考讨论题:

(1)小刘失礼的地方表现在哪里?

(2)参加会议应该注意哪些礼仪?

【案例分析2】

鸿星尔克的赞助

首次在中国举办奥运会,哪块金牌最为人瞩目?自然是第一金。奥运赛程刚定,作为中小鞋业新星——鸿星尔克就迅速签约中国举重女子队,全力赞助女子队48公斤级项目。女子举重队作为传统优势项目,历来都是我国摘金夺银的奖牌大户。其中,48公斤级又是王牌,加上本土优势,48公斤级极有可能为中国摘得首金。可以想象,这一历史性的时刻,鸿星尔克可借此迅速竖起举重冠军大旗,第一时间传播自己的“奥运概念”“奥运精神”。鸿星尔克的名字因此伴随着这首金的诞生而夺得亿万眼球,被国人记住,而且,鸿星尔克在赞助中国举重女子队上并没有花费太多的成本。

思考讨论题:

(1)结合本案例谈谈怎样才能使赞助活动取得理想的公共关系效果?

(2)你从本案例中能得到哪些启示?有哪些方面值得学习和借鉴?

第8章 谈判签约庆典礼仪

不同场合的礼仪是不一样的，谈判、签约、庆典应该遵守哪些礼仪呢？

案例导入

了解对手　巧拉广告

有一次，美国《黑檀》月刊的主编约翰逊想要拉到森尼斯公司的广告。当时约翰逊写信要求和森尼斯公司的首脑麦唐纳当面谈谈森尼斯公司的广告，在黑人社会中的重要性。麦唐纳当即回信说："来信已经收到，不过我不能见您。我并不主管广告。"

约翰逊并不气馁，又写了封信给麦唐纳，问："我可不可以拜访您谈谈关于在黑人社会进行广告宣传的政策？"麦唐纳回信道："我决定见您，不过，要是您想谈在您的刊物上登广告的事，我立刻就结束会见。"

约翰逊翻阅了美国名人录，发现麦唐纳是一位探险家，曾到过北极，时间是在罗伯特·皮里和马修·汉森于1909年到达北极后的几年。汉森是黑人，他曾就本身的经历写过一本书。

这条信息是约翰逊可以利用的，于是他找到汉森，请他在书上签名，以便送给麦唐纳，此时，他又想到汉森的经历是写入《黑檀》的题材，于是从还未出版的《黑檀》月刊中抽去一篇文章，而代之以一篇介绍汉森的文章。

当约翰逊走进办公室时，麦唐纳说的第一句话就是，"看到那边那双雪鞋没有？那是汉森送给我的，我把他当作朋友，你看过他写的那本书吗？""看过，"约翰逊说，"凑巧我这里也有一本。他还特地在这本书上签了名。"

麦唐纳翻看那本书，显然很高兴。接着他又说："您出版的是一份黑人杂志，在我看来，黑人杂志上该有一篇介绍像汉森这样的人的文章才对。"

约翰逊对他的意见表示同意，并将一本当月的杂志递给他，然后告诉他，创办这份杂志的目的就是宣传像汉森这样克服一切障碍而实现最高理想的人，麦唐纳合上杂志说："我看不出我们有什么理由不在您的杂志上登广告。"

讨论：

(1) 约翰逊怎样说服麦唐纳的？

(2) 约翰逊谈判技巧是有哪些？

(3) 本案例给你带来的启发是什么？

8.1 谈判礼仪

谈判有广义与狭义之分。广义的谈判是指除正式场合下的谈判外,一切协商、交涉、商量、磋商等,都可以称为谈判。狭义的谈判仅仅是指正式场合下的谈判。

任何形式的谈判,总目标都是为了达到某种利益。对于职场而言,谈判是工作中必不可少的。通过交换意见、达成统一,来获取与合作者共同的利益。

8.1.1 会场布置

任何一种谈判都选择在参与者认为合适的时间和地点举行。谈判时间与地点的选择,是谈判的两个重要组成部分,对谈判的进行和结果都有直接的影响;而其中又以谈判环境更为重要。

一般来说,选择谈判环境很有必要,谈判者可以根据自己的感觉,一是看对这个环境有没有压力,二是看是否有干扰因素,如周围有没有太大的嘈杂声(这会影响谈判人的思维),座位是否舒适(会让人有坐立不安的坏情绪),谈判会场的温度是否适宜(这会让人发冷或大汗淋漓,很不舒服)等。大的环境选择定位后,谈判会场的布置也有讲究。

1. 控制光线

光线可以直接影响谈判者的心情。比如太亮会让人有刺眼的感觉,而太暗又可能会感觉不安全。尤其是针对一些隐秘性较大的谈判内容,更让人产生误会。布置时可以利用自然光源,也可使用人造光源。利用自然光源即阳光,要准备色彩适当的窗纱,以防强光刺目。使用人造光源时,要合理配置灯具,使光线尽量柔和一些,但要注意不能太暗。光线的总体要求是适宜,太强或太暗都不适合于谈判。

2. 保持安静

谈判是很严肃的活动,所以场内保持安静是必须做到的。那些临街、厂房、施工场地附近都不适合选择为谈判会场。参与谈判的人要关闭手机,办公电话最好也停止使用,如果有服务人员,进出时一定要轻手轻脚,不能让脚步声影响到谈判。

3. 控制温度

不管是自然温度还是使用空调调控温度,最好选择在25℃左右,相对湿度在40%~60%之间最合适。温度太高即使是冬天也会让人感觉烦躁甚至出汗,温度太低又会让场内冷气十足,有气氛压抑的感觉。

除了温度适宜,室内空气的流通也很重要,如果谈判时间比较长,室内空气又不流通,会让谈判者有头痛、头晕的现象。适宜的温度和新鲜的空气才能使谈判者感觉自然而舒适,更利于谈判

4. 色彩适当

室内的家具、门窗及窗纱的色彩要力求和谐一致。不要让门窗和家具窗纱的色彩差距太大,这会让谈判的人一进入室内就有种怪怪的感觉,很不舒服。室内除了必需用品,尽量不要

摆设太多的家具，以防显得太拥挤而让谈判者有压抑的感觉。

用于谈判活动的场所应洁净、典雅、庄重、大方，桌子要宽大整洁，座椅要舒适，装饰不要太复杂，繁杂的装饰反而会显得庸俗和拥挤，让前来谈判的一方，怀疑主办方的能力和水平。

除此以外，还要考虑会场内其他细节，如会场内是否允许吸烟，如果可以吸烟，要准备好烟灰缸，如果不允许吸烟，则要在醒目的地方设有不准吸烟的标志或文字提醒。

如果与会人数多或者时间较长，最好安排一个专门的吸烟区。人数众多时，姓名卡片也是必不可少的，以免在入座时引起不必要的混乱。

会场内要有专用的视听器材黑板、幻灯机、投影机与放映机都要备齐，同时要保证这些设备所投射出来的文字或图形，让全部与会者都能看清楚，而且要让它们随时处于待命状态，以便需要时不耽误。

为了保证谈判不受任何因素的影响，尽管会场布置已经完毕，最好还是做一遍彻底的检查。特别是座次的排列有没有误差，视听器材是否完好等。会场可以选用现成的礼堂，或者足够大的空房间，摆好椅子，安排好座次。如果谈判时间太长，最好安排中间休息一段时间。若会议时间较长，或者是要做记录，则要安排好桌子、笔和饮用水。

谈判虽然很严肃，会场氛围却不能太严肃。布置时，主体上要以安静、温馨、生动为主，不能让谈判者有压抑、不安全、不舒适的感觉。

8.1.2 安排座次

谈判会议开始前，安排与会人员的座次是有讲究、有学问的。通过座位的安排，可以看出主办方是否有足够的能力，是否懂得礼数。谈判双方是面对面坐着，还是采取某种随意的座次安排，反映着不同的意义。一般来说，座次礼仪主要体现出的是尊卑有别的问题。在安排座位时，要根据谈判的形式来决定，也就是看谈判是双边谈判还是多边谈判。

相关链接
“座次故事”

1. 双边谈判

双边谈判的座次大多分为横桌式和竖桌式两种。横桌式谈判，客方人员应该安排在靠窗的位置，主方坐在其对面。如果谈判的房间没有窗户，只有一道门，客方人员应该坐在面朝门的位置，也就是我们所说的上座，以示对客人的尊敬，主方人员背门而坐。谈判桌应该是长而宽阔，以显得大气。双方的主谈者应该坐在居中而相对的位子上，其他谈到人员一般分列两侧而坐。这种座位的安排表示正式、礼貌、尊重和平等。竖桌式谈判，座次排位时以进门时的方向为准，右侧为客方谈判者的位置，左侧为主方谈判者的位置。其他陪同人员座次与横桌无异。主谈者的右侧之位，在国内谈判中可坐副手，而在涉外谈判中坐的一般都是翻译人员。

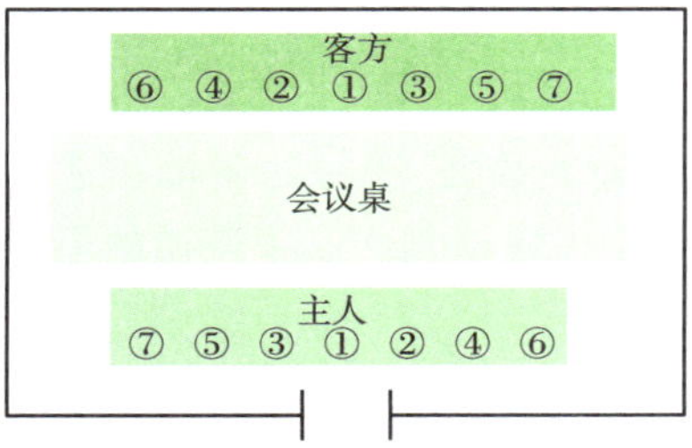

横桌式谈判

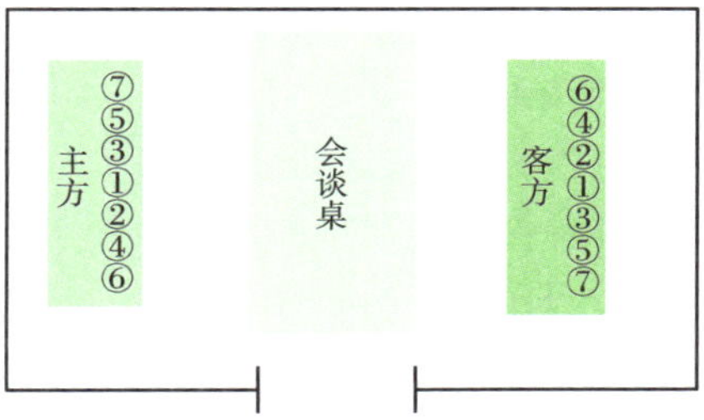

竖桌式谈判

2. 多边谈判

多边谈判,顾名思义参与谈判的代表至少是三方以上利益的代表,即谈判的主体涉及三方或三方以上的谈判,又称“多角谈判”,是双边谈判的对称。多边谈判的特点是涉及的范围广、人员复杂。

多边谈判的座次排列分为自由式和主席式两种。自由式是指在谈判时不用座次安排,以各方为代表随意就座,这种安排减少了安排座次的麻烦,显得随和,可以减少谈判者的心理压力。主席式是指在谈判室内,面向正门设置一个主席位,由各方代表发言时使用,其他所有与会者,一律背对正门,面对主席之位分别就座。这种座次的排列有利于会场秩序的维持,同时,更能听明白发言人所持的态度与立场。

不管是双边谈判还是多边谈判,桌子和椅子的大小都要根据谈判的级别而定。级别越高,桌子和椅子也相应较大和宽敞。如果是高级别的谈判,桌子和椅子较小,会对谈判者带来压抑的感觉,有的还会误解主办方没有诚意或者不重视此次谈判。

安排谈判者的座次是个很严谨的事情。安排得当,可以促进谈判者之间的融洽气氛,使谈判者首先从心理上认定对方的诚意,相反,如果安排得不够周全,则会影响谈判者的心情,有时还会直接使安排好的谈判无法进行,可见,安排座次的任务并不简单,它不仅要求安排者具备足够的知识,还要灵活使用现场的条件设施,最大限度地使谈判者满意。

8.1.3 谈判基本原则

谈判能不能成功,气氛起着重要的作用。可以说任何谈判都是在一定的气氛中进行的,随着谈判气氛的发展变化,参与者大体可以看出此次谈判的成功率。同时,能够掌握和控制谈判气氛的人,大都是谈判中的赢家。谈判的气氛是从双方会面时就形成了的,气氛伴随着谈判的始终。因此,在会前就营造一种良好的气氛,使谈判有一个良好的开端十分重要。

从会谈开始的那一刻起,谈判双方立场就是对立的,代表各自的利益而来。自我介绍、赠送名片、相互寒暄等行为,都有利于更加了解对方、活跃气氛,消除彼此之间的拘束感,为正式谈判打下基础;虽然谈判涉及的是利益,但仍要掌握基本原则。

1. 知己知彼原则

“知己”,指要对自己的优势与劣势非常清楚,知道自己需要准备的资料、数据和欲达到的目的以及自己的退路在哪儿。

“知彼”,就是通过各种方法了解谈判对手的礼仪习惯、谈判风格和谈判经历,不要违犯对方的禁忌。

2. 互惠互利原则

在所有的商务谈判中,都应该在不损害自身利益的前提下,尽可能地替谈判对手着想,主动为对方保留一定的利益。

3. 平等协商原则

谈判是智慧的较量，谈判桌上，唯有确凿的事实、准确的数据、严密的逻辑和艺术的手段，才能将谈判引向自己所期望的胜利。以理服人、不盛气凌人是谈判中必须遵循的原则。

4. 人事分开原则

在谈判会上，谈判者在处理己方与对手之间的相互关系时，必须要做到人与事分别而论。要切记朋友归朋友、谈判归谈判，二者之间的界限不能混淆。

5. 求同存异原则

商务谈判要使谈判各方面都有收获，大家都是胜利者，就必须要坚持求大同存小异的原则，要注意在各种礼仪细节问题上，要多多包涵对方，一旦发生不愉快的事情也应以宽容为宜。

6. 礼敬对手原则

礼敬对手，就是要求谈判者在谈判会的整个进程中，要排除一切干扰，始终如一地对自己的对手，时时、处处、事事表现出不失真诚的敬意。

8.1.4 资料准备与人员礼仪

谈判桌上风云变幻，谈判者要在复杂的局势中左右谈判的发展，则必须要做好充分的准备。只有做好了充分准备，才能在谈判中随机应变，灵活处理，从而避免谈判中利益冲突的激化。

俗话说："不打无准备之仗，不打无把握之仗。"战场如此，商场亦如此，谈判开始以前，必须做好充分的准备，在准备过程中，洽谈的目标、策略固然重要，但礼仪方面的准备也不可忽视。

1. 准备相关资料

"知己知彼，百战不殆"，这是众所周知的古训。在商务谈判中，也必须了解对手的情况，了解的情况一般包括以下几方面：

(1)对方企业的情况。

例如：公司的发展历史、公司资信、产品性能、产品特点、市场占有率、产品的市场潜力、技术力量、工艺水平、产品价格和结算方式等。

(2)谈判对手的情况。

例如：谈判人员的年龄、资历、地位、性格特点、谈判风格，以及对我方的态度、与我方交往的历史等。

(3)对方的文化背景和礼仪习惯。

"入国问禁，入境问俗。"这些方面虽然似乎与谈判没有直接关系，但有时却可能起到意想不到的作用。在商务谈判中，如果了解并尊重对方礼俗，则双方容易沟通感情，增加信任，对谈判有积极的作用；反之，如果不了解对方的文化背景和礼仪习惯，那么哪怕不经意的一句话、一个动作，都有可能导致谈判破裂。

2. 选择高素质的谈判人员

商务谈判在某种程度上是双方谈判人员的实力较量。谈判的成效如何，往往取决于谈判人员的知识方面和心理方面的素质。由于商务谈判所涉及的因素广泛而又复杂，因此，通晓相关知识十分重要。通常，除了具备与谈判相关的专业知识外，谈判者还应涉猎心理学、经济学、管理学、财务知识、外语、有关国家的商务习俗与风土人情等方面的知识;较为全面的知识结构,有助于构筑谈判者的自信与成功的背景。

此外,作为一个商务谈判者,还应具备一种充满自信心、具有果断力、富于冒险精神的心理状态,只有这样才能在困难面前不低头,风险面前不回头,才能正视挫折与失败,取得成功与胜利。

因为商务谈判又常常是一场群体间的交锋,单凭谈判者个人的丰富知识和熟练技能,并不一定就能达到圆满的结局,所以要选择合适的人选组成谈判小组,与对手谈判。谈判小组成员各自的知识结构要具有互补性,从而在解决各种专业问题时能驾轻就熟,并有助于提高谈判效率,在一定程度上减轻了主谈人员的压力。

3. 谈判人员的礼仪要求

(1)注重修饰。参加谈判时,出席人员一定要讲究自己的穿着打扮。此举并非是为了招摇过市,而是为了表示自己对于谈判的高度重视。

①修饰仪表。参加谈判前,应认真修饰个人仪表,尤其是要选择端庄、雅致的发型。女士一般不宜染彩色发。男士通常还应当剃须。

②精心化妆。出席正式谈判时,女士通常应当认真进行化妆。但是,谈判时的化妆应当淡雅清新,自然大方。不可以浓妆艳抹。

③规范着装。在参加正式谈判时的着装,一定要简约、庄重,切不可"摩登前卫"、标新立异,一般而言,选择深色套装、套裙,白色衬衫,并配以黑色皮鞋,才是最正规的。

(2)保持风度。在整个谈判进行期间,每一位谈判者都应当自觉地保持风度。

①心平气和。在谈判桌上,每一位成功的谈判者均应做到心平气和,处变不惊,不急不躁,冷静处事。既不成心惹谈判对手生气,也不自己找气生。在谈判中始终保持心平气和,是任何高明的谈判者所本应保持的风度。

②争取双赢。谈判往往是一种利益之争,因此谈判各方无不希望在谈判中最大限度地维护或者争取自身的利益。然而从本质上来讲,真正成功的谈判,应当以妥协即有关各方的相互让步为其结局。这也就是说,谈判不应当以"你死我活"为目标,而是应当使有关各方互利互惠,互有所得,实现双赢。在谈判中,只注意争利而不懂得适当地让利于人;只顾己方目标的实现,而指望对方一无所得,是既没有风度,也不会真正赢得谈判的。

(3)礼待对手。在谈判期间,一定要礼待自己的谈判对手。具体来讲,主要需要注意以下两点。

①人事分开。在谈判中,必须明白对手之间的关系是"两国交兵,各为其主"的。指望谈判对手对自己手下留情,甚至"里通外国",不是自欺欺人,便是白日做梦。因此,要正确地处理己方人员与谈判对手之间的关系,就是要做到人与事分别而论。也就是说,大家朋友归朋友,谈判归谈判。在谈判之外,对手可以成为朋友。在谈判之中,朋友也会成为对手。二者不容混为一谈。

②讲究礼貌。在谈判过程中,不论身处顺境还是逆境,都切不可意气用事、举止粗鲁、表情冷漠、语言放肆、不懂得尊重谈判对手。在任何情况下,谈判者都应该待人谦和,彬彬有礼,对谈判对手友善相待。即使与对方存在严重的利益之争,也切莫对对方进行人身攻击、恶语相加、讽刺挖苦,不尊重对方的人格。

谈判之初的姿态动作也对把握谈判气氛起着重大作用,应目光注视对方时,目光应停留于对方双眼至前额的三角区域正方，这样使对方感到被关注，觉得你诚恳严肃。手心冲上比冲下好，手势自然，不宜乱打手势，以免造成轻浮之感。切忌双臂在胸前交叉，那样显得十分傲慢无礼。

8.1.5 语言艺术与谈判技巧

1. 语言艺术

从某种意义上说，商务谈判的流程就是运用语言艺术的过程。谈判中，双方必然存在无法避免的不同意见与分歧。如何说服对方，存异求同？讲究语言艺术很重要。恰当的语言在体现对对方尊重的同时，也可以成为“化干戈为玉帛”的利器。

例如涉外谈判过程中，双方在讨论合同条款时，一方认为对方提出的某些条款过于苛刻，希望对方进行修改。如果直接说：“你方必须修改这些条款，否则我方将不会签署合同。”这可能会导致谈判破裂，因为句子中不但使用了“必须”，使语气显得过于强势，而且后半句（否则我方将不会签署合同）用了恐吓的口吻，显得咄咄逼人，这必然会造成对方的反感。同样的意思，如果改用“恐怕执行这些条款，对我方而言非常困难，如果你方能做出一点改变，我方将不胜感激”来表达，内容虽然未变，但语气却软化了许多，对方一般会乐意考虑修改条款的请求。因为句子中用了“恐怕”来化解提出异议的语气，而且第二句中用了“一点改变”，没有夹杂主观色彩，重在陈述事实，有效而体面地维护了对方的尊严。这样的语言表达就增加了说服对方的力度，有利于达到成功修改条款的目的。

谈判过程中，双方既离不开提问，又无法避免陷入僵局。下面仅就提问的语言艺术、化解僵局的语言艺术进行简要阐述。

（1）提问的语言艺术。提问是谈判中获取信息的一种手段。在谈判的不同阶段，双方都有可能“提问”对方，但提问要讲究方式，要根据不同需要采取不同的方式。

①直接性提问方式。当需要对方的回答在给定的范围，而且己方立场坚定，对结果也很有信心时，利用直接性提问方式可以节省时间，减少对方再讨价还价的余地，直接把谈判朝有利于己方的方向推进，如“贵公司是否同意 1 月交货？”这样既传达了己方的意想，又把其回答内容做出了限定。但这种提问方式的不足之处是，一旦遭到对方拒绝，就有可能导致谈判无法再继续进行，甚至无法达成交易。

②探询性提问方式。如果需要对方表达真实的观点或把问题讲清楚、完整时，则采用探询性提问方式，如“贵公司为什么不同意 11 月交货呢？”这样就把回答的主动权交给了对方，希望对方能给出合理的解答，这样有利用气氛的缓和，同时在对方的回答中，自己方可以捕捉到更多的信息，为接下来的谈判提供帮助。探询性提问方式的不足之处，是把己方置于被动地位，只能由对方来行事，而且对方的回答也有可能不能满足己方的需要。

（2）化解僵局的语言艺术。在谈判阶段，僵局是一种客观的存在，有人形象地称之为谈判中的一道“坎”。谈判陷入僵局是不能完全避免的，但陷入僵局也不是十分可怕的，谈判僵局化解得当，就能化险为夷，双方皆大欢喜。恰当的语言可以是化解僵局的一种有效方式。

①语言有理、有礼。谈判中，有理、有礼的语言，不失为化解僵局的一种有效方式。

相关链接
化解僵局的艺术

②语言真诚，真意。生意场上，人们总是很愿意与信任的人打交道，然而，能够获得他人信任最重要的是真诚、真意，当谈判陷入僵局之时，待对方以真诚、真意，在表达的态度上，要发自肺腑，倾吐真情。在表达的内容上，如市场需求行情、产品质量与价格、售后服务承诺等，要真实可靠；在语言的表述上，要有真情实意，真挚感人。

以这种“真”对待对方，相信对方也会有所能触动，有所感动。当对方感到言有真意，而又切合实际，符合自身利益时，就可能会做出相应的让步和适当的调整，谈判僵局可能就会随之化解。

2. 谈判技巧

（1）刚柔相济。在谈判程中，谈判者的态度既不过分强硬，也不可过于软弱，前者容易刺伤对方，导致双方关系破裂，后者则容易受制于人，而采取“刚柔相济”的策略比较奏效。谈判中有人充当“红脸”角色，持强硬立场，有人扮演“白脸”角色，取温和态度。“红脸”是狮子大开口，大刀阔斧地直指对方敏感部位，不留情面，争得面红耳赤也不让步。“白脸”则态度和蔼，语言温和，处处留有余地，一旦出现僵局，便于从中斡旋挽回。

（2）拖延回旋。在商务谈判中，有时会遇到一种态度强硬、咄咄逼人的对手，他们以各种方式表现其居高临下。对于这类谈判者，采取拖延交战、虚与周旋的策略往往十分有效，即通过多回合的拉锯战，使趾高气扬的谈判者，感到疲劳生厌，逐渐丧失锐气，同时使自己的谈判地位从被动中扭转过来，等对手精疲力竭时再反守为攻。

（3）留有余地。在谈判中，如果对方向你提出某项要求，即使你能全部满足，也不必马上和盘托出你的答复，而是先答应其大部分要求，留有余地，以备讨价还价之用。

（4）以退为进。让对方先开口说话，表明所有的要求，我方耐心听完后，抓住其破绽，再发起进攻，迫其就范。有时在局部问题上可首先做出让步，以换取对方在重大问题上的让步。

（5）利而诱之。根据谈判对手的情况，投其所好，施以小恩小惠，促其让步或最终达成协议。请客吃饭、观光旅游、馈赠礼品等虽然是社会生活中的家常便饭，但实际上是在向对方传递友好信号，是一种微妙的润滑剂。

（6）相互体谅。谈判中最忌索取无度，漫天要价或胡乱杀价，使谈判充满火药味和敌对态势，谈判双方应将心比心，互相体谅，可使谈判顺利进行并取得皆大欢喜的结果。

8.1.6 涉外谈判礼仪

曾有人说：“生活本身就是一系列无休止的谈判。”这也是不无道理的。随着商品经济的发展，商品概念的外延也在扩大，不仅包括一切劳动产品，还包括资金、技术、信息、服务等。因此，商务谈判是指一切商品形态的交易洽谈，如商品供求谈判、技术引进与转让谈判、投资谈判等。

在客户服务的商务工作中，不仅在国内方面，在国际之间也有很多的合作，所以作为商务工作人员，了解和掌握不同国家及地区的谈判风格和礼节礼仪是非常有必要的。

随着我国经济的迅猛发展，我国各企业和单位所面临的国际商务谈判越来越多。国际商务谈判要面对的谈判对象来自不同国家或地区，由于世界各国的政治经济制度不同，各民族间有着迥然不同的历史、文化传统，各国客商的文化背景和价值观念也存在着明显的差异。因此，他们在商务谈判中的风格也各不相同。

在国际商务谈判中，如果不了解这些不同的谈判风格，就可能闹出笑话，产生误解，既失礼于人，又可能因此而失去许多谈判成功的契机。如欲在商务谈判中不辱使命，稳操胜券，就必须熟悉世界各国商人不同的谈判风格，采取灵活的谈判方式。下面介绍几个国家的谈判风格及特点。

1. 美国人的谈判风格

美国是中国的一个重要贸易伙伴，美国人是我们在国际商务谈判中的常见对手，他们性格开朗、自信果断，办事干脆利落，重实际，重功利，事事处处以成败来评判每个人，所以在谈判中他们干脆直爽，直截了当，重视效率，追求实利。

美国人习惯于按照合同条款逐项进行讨论，解决一项，推进一项，尽量缩短谈判时间。他们十分精于讨价还价，并以智慧和谋略取胜，他们会讲得有理有据，从国内市场到国际市场的走势甚至最终用户的心态等各个方面劝说对方接收其价格要求。美国人在谈判某一项目时，除探讨所谈项目的品质规格、价格、包装、数量、交货期及付款方式等条款外，还包括该项目从设计到开发、生产工艺、销售、售后服务以及为双方能更好地合作各自所能做的事情等，从而达成一揽子交易。同美国人谈判，就要避免转弯抹角的表达方式，是与非必须保持清楚，如有疑问，要毫不客气地问清楚，否则极易引发双方的利益冲突，甚至使谈判陷入僵局。

2. 日本人的谈判风格

日本人深受中国传统文化的影响，儒家思想的道德意识，已深深地沉淀于日本人内心的深处，并在行为方式上处处体现出来。日本是一个岛国，资源缺乏，人口密集，具有民族危机感。这就使日本人养成了进取心强，工作认真，事事考虑长远影响的性格。他们慎重、礼貌、耐心、自信地活跃在国际商务谈判的舞台上。他们讲究礼节，彬彬有礼地讨价还价，注重建立和谐的人际关系，重视商品的质量。所以在同日本人打交道时，在客人抵达时到机场接机，在谈判后与客人共进晚餐、交朋友，都是非常必要的，这些都可以在一定程度上避免冲突的出现。

3. 韩国人谈判风格

韩国以“贸易立国”，韩国商人在长期的贸易实践中积累了丰富的经验，常在不利于己的贸易谈判中占上风，被西方国家称为“谈判的强手”。在谈判前他们总是要进行充分的咨询准备工作，谈判中他们注重礼仪，创造良好的谈判气氛，并善于巧妙地运用谈判技巧。与韩国人打交道，一定要选派经验丰富的谈判高手，做好充分准备，并能灵活应变，才能保证谈判的成功。

4. 华侨商人的谈判风格

华侨分布在世界许多国家，他们乡土观念很强，勤奋耐劳，重视信义，珍惜友情。由于经历和所处环境的不同，他们的谈判习惯既与当地人有别，也与我们大陆人有所不同。他们作风果断，雷厉风行，善于讨价还价，而且多数都是由老板亲自出面谈判，即使在谈判之初由代理人或雇员出面，最后也要由老板拍板才能成交。所以了解老板的个人情况，以真情打动他就至关重要。

以上介绍的只是世界主要贸易国家或地区的主要谈判风格，重要的是应从中悟其真谛。

当然，随着当今世界经济一体化和通信的高速发展以及各国商人之间频繁的往来接触，他们相互影响，取长补短，有些商人的国别风格已不是十分明显了。因此，人们既应了解熟悉不同国家和地区商人之间谈判风格的差异，在实际的商务谈判中更应根据临时出现的情况而随机应变，适当地调整自己的谈判方式以达到预期的目的，取得商务谈判的成功。

8.2 签约礼仪

签约，即合同的签署。它在商务交往中，被视为一项标志着有关各方的相互关系取得了更大的进展，以及为消除彼此之间的误会或抵触，而达成了一致性见解的重大的成果。因此，它极受商界人士的重视。

在与客户交往的实践中，尽管君子协定、口头承诺、“说话算数”，在一定程度上有着作用，但是更有效的取信于人、让合作方心安理得的，则是“口说无凭，立此为据”的文字性合同。

商务合同，是指有关各方之间在进行某种商务合作时，为了确定各自的权利和义务，而正式依法订立的、并且经过公证的、必须共同遵守的条文。在许多情况下，合同又称为合约。而在另外一些时候，人们所说的合约则是指条文比较简单的合同。在商务往来中，带有先决条件的合同，如等待律师审查、有待正式签字、需要落实许可证的合同，又称为准合同。严格地说，准合同是合同的前身，也是最终达到合同的一个步骤。

为了省事，在一般场合，商界人士往往将合同、合约与准合同混为一谈，统统把它们都称为合同。这样做虽不甚精确，但也有助于大家“删繁就简”，减少麻烦。

8.2.1 签约仪式准备工作

在商务交往中，人们在签署合同之前，通常要做好以下几个步骤的准备工作。

1. 布置地点

签字厅有常设专用的，也有临时以会议厅、会客室来代替的。布置的总原则是要庄重、整洁、清静。

一间标准的签字厅，应当室内满铺地毯，除了必要的签字用桌椅外，其他一切的陈设都不需要。正规的签字桌应为长桌，其上最好铺设深绿色的台布。

按照仪式礼仪的规范，签字桌应当横放于室内。在其后，可摆放适量的座椅。签署双边性合同时，可放置两张座椅，供签字人就座。签署多边性合同时，可以仅放一张桌椅，供各方签字人签字时轮流就座；也可以为每位签字人都各自提供一张座椅。签字人在就座时，一般应当面对正门。

在签字桌上，循例应事先安放好待签的合同文本以及签字笔、吸墨器等签字时所用的文具。

与外商签署涉外商务合同时，还需在签字桌上插放有关各方的国旗。插放国旗时，在其位置与顺序上必须按照礼宾序列而行。例如，签署双边性涉外商务合同时，有关各方的国旗须插放在该方签字人座椅的正前方。如果是双边谈判，则要把客方的国旗悬挂在右边，主方的挂在左边，即“以右为上”的原则。所谓主客，不以活动举行所在国为依据，而以举办活动的主人为依据。

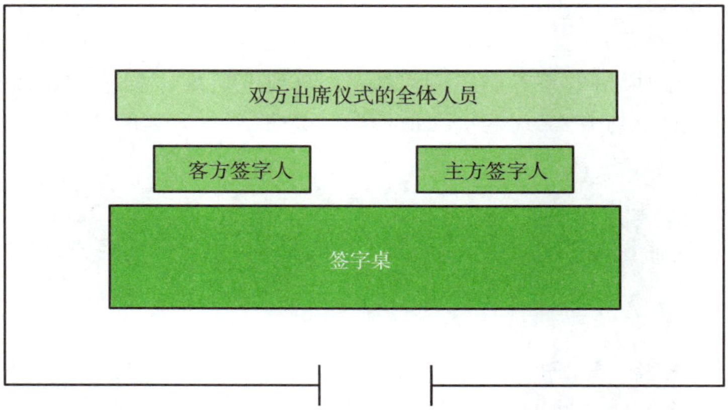

签字仪式

如果是多个国家参与签约仪式,则需要考虑多种因素,根据需要来排列国旗的位次。越往右侧悬挂的国旗,被给予的礼遇就越高;越往左侧悬挂的国旗,被给予的礼遇就越低。

东道主的国旗一般都悬挂在最左侧,这是一般的惯例,表示东道主的谦恭。

相关链接
不懂礼仪的错误

2. 安排座次

在正式签署合同时,各方代表对于礼遇均非常在意,因此商务人员对于在签字仪式上最能体现礼遇高低的座次问题上应当认真对待。

(1)并列式。并列式排座,是举行双边签字仪式时最常见的形式。它的基本做法是:签字桌在室内对门横放。双方出席仪式的全体人员在签字桌后并排排列,双方签字人员居中面门而坐,客方居右,主方居左。

签字时各方代表的座次是由主方代为先期排定的。合乎礼仪的做法是:在签署双边性合同时,应请客方签字人在签字桌右侧就座,主方签字人则应同时就座于签字桌左侧。双方各自的助签人员应分别站立于各自一方签字人的外侧,以便随时对签字人提供帮助。双方其他的随员可以按照一定的顺序在己方签字人的正对面就座。也可以依照取位的高低,依次自左至右(客方)或是自右至左(主方)地列成一行,站立于己方签字人的身后。当一行站不完时,可以按照以上顺序并遵照"前高后低"的惯例排成两行、三行或四行。原则上,双方随员人数应大体上相近。

(2)相对式。相对式签字仪式的排座,与并列式签字仪式的排座基本相同。二者之间的主要差别,只是相对式排座将双边参加签字仪式的随员席移至签字人的对面。

(3)主席式。主席式排座,主要适用于多边签字仪式。其操作特点是:签字桌仍须在室内横放,签字席仍须设在桌后面对正门,但只设一个,并且不固定其就座者。

在签署多边性合同时,一般仅设一个签字椅。各方签字人签字时,须依照有关各方事先同意的先后顺序,依次上前签字。他们的助签人应随之一同行动。在助签时,依“右高左低”的规矩,助签人应站立于签字人的左侧。与此同时,有关各方的随员应按照一定的顺序,面对签字桌就座或站立。

举行仪式时,所有各方人员,包括签字人在内,皆应背对正门、面向签字席就座。签字时,各方签字人应以规定的先后顺序依次走上签字席就座签字,然后即应退回原处就座。

3. 准备合同文本

依照商界的习惯,在正式签署合同之前,应由举行签字仪式的主方负责准备待签合同的正式文本。

举行签字仪式是一桩严肃而庄重的大事,因此不能将“了犹未了”的“半成品”交付其使用;或是临近签字时,有关各方还在为某些细节而纠缠不休。在决定正式签署合同时,就应当拟定合同的最终文本。它应当是正式的、不再进行任何更改的标准文本。

负责为签字仪式提供待签的合同文本的主方,应会同有关各方一道指定专人,共同负责合同的文字翻译、校对、印刷、装订、盖章等工作。按常规,应为在合同上正式签字的有关各方均提供一份待签的合同文本。必要时,还可再向各方提供一份副本。

需要注意的是,“倒本”工作一定要做好。“倒本”就是在本方使用并保存的文件中,在行文时本方的称谓应居对方之前,签字人签署的位置也应放在对方前面;而对方保存的文件中,则是对方在前。本方居先,是自我意识和主体尊严的体现,不能马虎。

签署涉外商务合同时,比照国际惯例,待签的合同文本应同时使用有关各方法定的官方语言,或是使用国际上通行的英文、法文。此外,亦可同时并用有关各方法定的官方语言与英文或法文。使用外文撰写合同时,应反复推敲,字斟句酌,不要望文生义或不解其意而乱用词汇。

待签的合同文本应以精美的白纸制作而成,按大八开的规格装订成册,并以高档质料,如真皮、金属、软木等,作为其封面。

4. 规范签字人员服饰

按照规定,签字人、助签人以及随员,在出席签字仪式时应当穿着具有礼服性质的深色西装套装、中山装套装或西装套裙,并且配以白色衬衫与深色皮鞋。男士还必须系上单色领带,以示正规。

在签字仪式上露面的礼仪人员、接待人员,可以穿自己的工作制服,或是旗袍一类的礼仪性服装。

8.2.2 签约仪式的礼仪

签字仪式是签署合同的高潮,所有时间不长,但程序规范、庄重而热烈。签字仪式的正式程序一般有以下几个步骤:

(1)签字仪式正式开始。有关各方人员进入签字厅,在既定的位次上各就各位。签字者按照主居左,客居右的位置入座,其他陪同人员以主客双方各自职位、身份高低为序,自左向右(客方)或自右向左(主方)排列站于各方签字人之后,或坐在己方签字者的对面。

(2)签字人正式签署合同文本。通常的做法是首先签署己方保存的合同文本,再接着签署他方保存的合同文本。

商务礼仪规定:每个签字人在由己方保留的合同文本上签字时,按惯例应当名列首位。因此,每个签字人均应首先签署己方保存的合同文本,然后再交由他方签字人签字。这一做法,在礼仪上称为“轮换制”。它的含义是在位次排列上,轮流使有,各方均有机会居于首位一次,以显示机会均等,各方平等。

(3)签字人正式交换已经由有关各方正式签署的合同文本。此时,各方签字人应热烈握手,互致祝贺,并相互交换各自一方刚才使用过的签字笔,以志纪念。全场人员应鼓掌,表示祝贺。

(4)共饮香槟酒互相道贺。交换已签的合同文本后,有关人员,尤其是签字人可当场干上一杯香槟酒,这是国际上通行的、用以增添喜庆色彩的做法。

(5)有秩序地退场。请双方最高领导者及客方先退场,然后东道主再退场。整个签字仪式以半小时为宜。

在一般情况下,商务合同在正式签署后,应提交有关方面进行公证,此后才正式生效。

无论是谈判还是签约,每个代表方都会很在意对方的礼仪。如果不注重礼仪,哪怕是合约已经达成,对方也有可能拒绝签字,因为从礼仪上你缺乏尊重对方的意识。当然假如是安排上的失误。对方可以原谅,但如果是有意的行为,则是相当无礼的,不仅别人不会原谅,就连合作也会停止,有的甚至会引起更严重的后果。礼仪是大事,在任何时候都不能忽视。讲究礼仪,尊重他人,是职场不变的规则。

8.3 开业典礼礼仪

开业典礼是企业或公司创建之时,按照一定程序隆重举行的典礼活动。开业典礼也是本单位第一次在社会公众面前的公开亮相,其主要目的是扩大宣传,提高知名度,塑造良好的组织形象。在现代社会,该仪式也广泛应用于某项工程正式开工、某建筑物正式启用、某机构正式挂牌等诸多社会活动中。仅就企业或商业组织而言,借助隆重的开业典礼展示本组织的实力,不仅会有效地扩大自身的知名度,让更多的社会公众了解与认知自己,而且有益于塑造自身的良好形象,让更多的社会公众喜欢与信赖自己。

8.3.1 开业典礼的作用

在商界,任何一个单位的创建、开业,或是本单位所经营的某个项目、工程的完工及落成,如公司建立、商店开张、分店开业、写字楼落成、新桥通车、新船下水等,都是一些来之不易、可喜可贺的成功,因此这样的时刻,一向备受有经验的商家的重视。按照惯例,在这些情况下,经营者通常都要特意专门举办一次开业仪式。

开业仪式,就是指在单位创建、开业、项目完工、某一建筑物落成正式启用、或是某项工程正式开始之际,为了表示庆贺或纪念,按照一定的程序所隆重举行的专门的仪式。有时,开业仪式又称为开业典礼。

开业仪式在商界一直颇受人们的青睐。究其原因,这样的活动不仅仅是商家为自己讨上一个吉利,更是因为通过这样的仪式,可以因势利导,扩大宣传和影响,对于商家自身事业的发展裨益良多。

举行开业仪式,可以起到如下作用:

(1)它有助于塑造出本单位的良好形象,提高自己的知名度与美誉度。

(2)它有助于扩大本单位的社会影响,吸引社会各界的重视与关心。

(3)它有助于将本单位的建立或成就“广而告之”,借以为自己招徕顾客。

(4)它有助于让支持过自己的社会各界,一同分享成功的喜悦,进而为日后的进一步合作奠定良好的基础。

(5)它有助于增强本单位全体员工的自豪感与责任心,从而为自己创造出一个良好的开端,开创一个新的起点。

8.3.2 开业典礼准备工作

1. 做好舆论宣传

既然举办开业仪式的主旨在于塑造本单位的良好形象,那么就要对其进行必不可少的舆论宣传,以吸引社会各界对自己的注意,争取社会公众对自己的认可或接受。

为此要做的常规工作有:

(1)选择有效的大众传播媒介,进行集中性的广告宣传。宣传的内容多为:开业仪式举行的日期、开业仪式举行的地点、开业之际对顾客的优惠、开业单位的经营特色等。

(2)邀请有关的大众传播界人士在开业仪式举行之时到场进行采访、报告,以便对本单位进行进一步的正面宣传。

还可以利用其他有效的广告媒体(如屏幕灯箱广告、气球广告等)。在有效的时间内,广泛而集中地宣传此次典礼活动,形成舆论宣传的轰动效应,制造先声夺人的舆论宣传氛围。

2. 拟定出席来宾

开业仪式影响的大小,实际上往往取决于来宾身份的高低与其人数的多少。在力所能及的条件下,要力争多邀请一些来宾参加开业仪式。地方领导、上级主管部门与地方职能管理部门的领导、合作单位与同行单位的领导、社会团体的负责人、社会知名人士、新闻媒体记者、社区负责人、本组织的员工代表及公众代表等,都可以是邀请对象。为慎重起见,用以邀请来宾的请柬应认真书写,并应装入精美的信封,由专人提前送达对方手中,以便对方早作安排。

3. 做好场地布置

开业仪式多在开业现场举行,其场地可以是正门之外的广场,也可以是正门之内的大厅。按惯例,举行开业仪式时宾主一律站立,故一般不布置主席台或座椅。为显示隆重与敬客,可在来宾尤其是贵宾站立之处铺设红色地毯,并在场地四周悬挂横幅、标语、气球、彩带、宫灯。此外,还应当在醒目之处摆放来宾赠送的花篮、牌匾。来宾的签到簿、本单位的宣传材料、待客的饮料等,亦须提前备好。对于音响、照明设备,以及开业仪式举行之时所需使用的用具、设备,必须事先认真进行检查、调试,以防其在使用时出现差错。

4. 做好接待工作

在举行开业仪式的现场,一定要有专人负责来宾的接待服务工作。要教育本单位的全体员工在来宾的面前,人人都要以主人翁的身份热情待客,有求必应,主动相助,还要注意分工负责,各尽其职。在接待贵宾时,需由本单位主要负责人亲自出面。在接待其他来宾时,则可由本单位的礼仪小姐负责此事,为来宾准备好专用的停车场、休息室。要做好礼品馈赠工作。举行开业仪式时赠予来宾的礼品,一般属于宣传性传播媒介的范畴之内,若能选择得当,必定会产生良好的效果。

向来宾赠送的礼品，应具有如下特征：

(1)宣传性。可选用本单位的产品，也可在礼品及其包装上印有本单位的企业标志、广告用语、产品图案、开业日期等。

(2)荣誉性。要使之具有一定的纪念意义，并且使拥有者对其珍惜、重视，并为之感到光荣和自豪。

(3)独特性。它应当与众不同，具有本单位的鲜明特色，使人一目了然，并且可以令人过目不忘。

8.3.3 人员礼仪与典礼程序

开业典礼取得成功的关键是所有参加典礼的人员对典礼礼仪规范、程序、要求的了解以及共同遵守。

1. 人员礼仪

参加典礼的所有人员应共同遵守以下礼仪规范和要求。

(1)仪容整洁，服饰得当。仪容整洁，干净利落，不散发任何异味。女士可适当修饰，服装款式、色彩要与喜庆场合相匹配；男士宜穿着西装，女士宜穿着款式雅致，色彩明亮的服装；配饰适宜恰当，能够起到锦上添花的效果即可。

(2)遵守时间，以礼待人。参加典礼的所有人员都应遵守典礼时间，准时入场，这是对他人的尊重。如果没有极其特殊的紧急情况，最好不要中途离场，也不要四处走动。

(3)言谈举止自重自律。典礼发言人的致辞应有的放矢，简明扼要，吸引他人；典礼其他人员要注意聆听，不要窃窃私语，交头接耳；体姿均应端正，站有站样，坐有坐样，不疏忽小节，手机关闭或置于静音状态。

2. 典礼程序

一般情况下，开业典礼程序由开场、过程和结束三个基本环节组成。

(1)开场。主办方应组织典礼的相关人员按时到达指定位置。典礼开始后，乐队奏乐，主办方邀请来宾就位，宣布典礼正式开始，介绍主要来宾。

(2)过程。这是开业典礼的核心环节。通常先由本组织负责人代表讲话，向来宾及祝贺单位表示感谢，并简要介绍本组织的经营特色和经营目标等。其次，来宾代表致辞，接着启动某项开业仪式。

(3)结束。典礼结束后，为了让来宾了解本组织，或为了宣传本组织的产品及服务，宾主一道进行现场参观，或者主办方组织来宾观赏文艺演出。

3. 开业典礼应先声夺人

借助开业典礼，在极短的时间内让组织的名望迅速攀升，让更多的社会公众认识、了解企业的形象，这是任何一个商业活动组织者的心愿和期盼。

一种新颖的创意，一种别样的形式，一种与众不同的举动，会让典礼充满活力，生机勃勃；会让典礼情深意浓，情趣盎然；会让典礼独具一格，别开生面。而这样的典礼也会打动公众的心灵，在公众的脑海中留下难忘的印象。

相关链接
别致的庆典

8.3.4 剪彩礼仪

剪彩，指的是商界的有关单位，为了庆贺公司的设立、企业的开工、宾馆的落成、商店的开张、银行的开业、大型建筑物的启用、道路或航线的开通、展销会或展览会的开幕等，而隆重举行的一项礼仪性程序。因其主要活动内容，是约请专人使用剪刀剪断被称为“彩”的红色缎带，因此被人们称为“剪彩”。

在一般情况下，在各式各样的开业仪式上，剪彩都是一项极其重要的、不可或缺的程序。尽管它往往也可以被单独地分离出来，独立成项，但是在更多的时候，它是附属于开业仪式的。这是剪彩仪式的重要特征之一。

剪彩仪式上有众多的惯例、规则必须遵守，其具体的程序亦有一定的要求。虽有不少人对剪彩提出非议，认为它乃是“劳民伤财”的“多此一举”，而剪彩自身在内容、形式、步骤等方面也在不断地日趋简化，并逐渐得以革新，但是在实际的商务活动之中，绝大多数商界人士却依旧坚持认为，剪彩是不宜被取消，不能被替代的。

具体而言，剪彩一直长盛不衰，并且仍然被业内人士所看好，主要是基于如下三方面的原因：

一是剪彩活动热热闹闹，轰轰烈烈，既能给主人带来喜悦，又能令人产生吉祥如意之感。

二是剪彩不仅是对主人既往成绩的肯定和庆贺，而且也可以对其进行鞭策与激励，促使其再接再厉，继续进取。

三是剪彩可借自己的活动良机，向社会各界通报自己的“问世”，以吸引各界人士对自己的关注。

正因为如此，商界人士认为：规模适度的剪彩，其实是一种业务宣传活动，而并非只是铺张浪费，毫无任何收益。在剪彩活动中，量力而行地进行适当地投入，对宣传企业或公司形象会起到很好的作用。

1. 剪彩仪式的由来

20 世纪初，在美国的一个乡间小镇上，有家商店即将开业。店主为了阻止蜂拥而至的顾客在正式营业前闯入店内，将用以优惠顾客的便宜货争购一空，便随便找来一条布带子拴在门框上。不曾料到这项临时性的措施，竟然更加激发了挤在店门之外的人们的好奇心，他们更想早一点进入店内，对即将出售的商店先睹为快。正当店门之外的人们有些迫不及待时，店主的小女儿牵着一条小狗突然从店里跑出来，将拴在店门上的布带子碰落在地。人们误以为这是该店为了开张志喜所搞的“新把戏”，于是立即一拥而入，大肆抢购。让店主转怒为喜的是，他的这家小店在开业之日的生意居然红火得令人难以置信。

剪彩，从一次偶然的“事故”发展为一项重要的活动程序，再进而演化为一项隆重而热烈的仪式的过程之中，其自身也在不断发展，不断变化。例如，剪彩者先是由专人牵着一条小狗来充当，让小狗故意去碰落店门上所拴着的布带子。接下来，改由儿童担任，让他单独去撞断门上拴着的一条丝线。再后来,剪彩者又变成了妙龄少女,她的标准动作,是当众撞落拴在门口上的大红缎带。到了最后,剪彩则被定型为邀请社会贤达和当地官员,用剪刀剪断礼仪小姐手中所持的大红缎带。

2. 剪彩仪式的程序

在组织剪彩仪式时,没有必要一味地求新、求异、求轰动,而脱离了自己的实际能力,勤俭持家,无论何时何地都是商界人士所必须铭记在心的。从操作的角度来说,剪彩的礼仪主要包括剪彩的准备、剪彩的人员、剪彩的程序、剪彩的做法等四方面的内容。

(1)剪彩的准备必须一丝不苟。涉及场地的布置、环境的卫生、灯光与音响的准备、媒体的邀请、人员的培训等,这些方面都必须准备得认真细致,精益求精。除此之外,尤其对剪彩仪式上所使用的某些特殊用具,诸如红色缎带、新剪刀、白色薄纱手套、托盘以及红色地毯,更要仔细地选择与准备。

(2)剪彩的人员必须审慎选定。在剪彩仪式上,最为活跃的,当然是人而不是物。因此,对剪彩人员必须认真地进行选择,并于事先进行必要的培训。除主持人之外,剪彩的人员主要是由剪彩者与助剪者等两部分的人员所构成。

①剪彩者礼仪,在剪彩仪式上担任剪彩者,是一种很高的荣誉。剪彩仪式档次的高低,往往也同剪彩者的身份密切相关。因此,在选定剪彩的人员时,最重要的是要把剪彩者选好。

剪彩者,即在剪彩仪式上持剪刀剪彩之人,根据惯例,剪彩者可以是一个人,也可以是几个人,但是一般不应多于五人。通常情况下,剪彩者多由上级领导、合作伙伴、社会名流、员工代表或客户代表所担任。确定剪彩者名单,必须是在剪彩仪式正式举行之前。名单一经确定,即应尽早告知对方,使其有所准备。

在一般情况下,确定剪彩者时,必须尊重对方个人意见,切勿勉强对方。需要由数人同时担任剪彩者时,应分别告知每位剪彩者届时他将与何人同担此任。这样做,是对剪彩者的一种尊重。

千万不要“临阵磨枪”,在剪彩开始前,才强拉硬拽,临时找人凑数。必要之时,可在剪彩仪式举行前,将剪彩者集中在一起,告知有关的注意事项,并稍事训练。按照常规,剪彩者应着套装、套裙或制服,将头发梳理整齐,不允许戴帽子,或者戴墨镜,也不允许其穿着便装。若剪彩者仅为一人,则其剪彩时居中而立即可。

如剪彩者不止一人同时上场剪彩时,位次的尊卑就必须予以重视。一般的规矩是:中间高于两侧,右侧高于左侧,距离中间站立者愈远位次愈低,即主剪者应居于中央的位置。需要说明的是,之所以规定剪彩者的位次“右侧高于左侧”,主要是因为这是一项国际惯例,剪彩仪式理当遵守。其实,若剪彩仪式并无外宾参加时,执行我国“左侧高于右侧”的传统做法,亦无不可。

②助剪者礼仪,指的是剪彩者剪彩的一系列过程中,从旁为其提供帮助的人员。一般而言,助剪者多由东道主一方的女职员担任。人们对她们的常规称呼是礼仪小姐。具体而言,在剪彩仪式上服务的礼仪小姐,又可以分为迎宾者、引导者、服务者、拉彩者、捧花者、托盘者。迎宾者的任务,是在活动现场负责迎来送往。引导者的任务,是在进行剪彩时负责带领剪彩者登台或退场。服务者的任务,是为来宾尤其是剪彩者提供饮料,安排休息之处。拉彩者的任务,是在剪彩时展开、拉直红色缎带。捧花者的任务则在剪彩时手托花团。托盘者的任务,则是为剪彩者提供剪刀、手套等剪彩用品。

在一般情况下，迎宾者与服务者应不止一人。引导者既可以是一个人，也可以为每位剪彩者各配一名。拉彩者通常应为两人。捧花者的人数则需要视花团的具体数目而定，一般应为一花一人。托盘者可以为一人，亦可以为每位剪彩者各配一人。有时，礼仪小姐亦可身兼数职。礼仪小姐的基本条件是，相貌较好、身材颀长、年轻健康、气质高雅、音色甜美、反应敏捷、机智灵活、善于交际。

礼仪小姐的最佳装束应为：化淡妆、盘起头发，穿款式、面料、色彩统一的单色旗袍，配肉色连裤丝袜、黑色高跟皮鞋。除戒指、耳环或耳钉外，不佩戴其他任何首饰。有时，礼仪小姐身穿深色或单色的套裙亦可。但是，她们的穿着打扮必须尽可能地整齐划一。必要时，可向外单位临时聘请礼仪小姐。

(3)剪彩的程序必须有条不紊。在正常情况下，剪彩仪式应在行将启用的建筑、工程或者展销会、博览会的现场举行。正门外的广场、正门内的大厅，都是可优先考虑的。在活动现场，可略作装饰。在剪彩之处悬挂写有剪彩仪式的具体名称的大型横幅，更是必不可少的。一般来说，剪彩仪式宜紧凑，忌拖沓，在所耗时间上愈短愈好。短则一刻钟即可，长则至多不超过一个小时。按照惯例，剪彩既可以是开业仪式中的一项具体程序，也可以独立出来，由其自身的一系列程序所组成。

通常应包含如下程序：

①请来宾就位。在剪彩仪式上，通常只为剪彩者、来宾和本单位的负责人安排座席。在剪彩仪式开始时，即应敬请大家在已排好顺序的座位上就座。在一般情况下，剪彩者应就座于前排。若其不止一人时，则应使之按照剪彩时的具体顺序就座。

②宣布仪式正式开始。在主持人宣布仪式开始后，乐队应演奏音乐，现场可燃放鞭炮，全体到场者应热烈鼓掌。此后，主持人应向全体到场者介绍到场的重要来宾。

③奏国歌。此刻须全场起立。必要时，亦可随之演奏本单位标志性歌曲。

④进行发言。发言者依次应为东道主单位的代表、上级主管部门的代表、地方政府的代表、合作单位的代表等。其内容应言简意赅，每人不超过三分钟，重点分别应为介绍、道谢与致贺。

⑤进行剪彩。此刻，全体应热烈鼓掌，必要时还可奏乐或燃放鞭炮。在剪彩前，须向全体到场者介绍剪彩者。

⑥进行参观。剪彩之后，主人应陪同来宾参观被剪彩之物。仪式至此宣告结束。随后东道主单位可向来宾赠送纪念性礼品，并以自助餐款待全体来宾。

(4)剪彩的做法必须标准无误。进行正式剪彩时，剪彩者与助剪者的具体做法必须合乎规范，否则就会使其效果大受影响。当主持人宣告进行剪彩之后，礼仪小姐即应率先登场。

①在上场时，礼仪小姐应排成一行前行。从两侧同时登台，或是从右侧登台均可。登台之后，拉彩者与捧花者应当站成一行，拉彩者处于两端拉直红色缎带，捧花者各自双手手捧一朵花团。托盘者须站立在拉彩者与捧花者身后一米左右，并且自成一行。

②在剪彩者登台时，引导者应在其左前方进行引导，使之各就各位。剪彩者登台时，宜从右侧出场。当剪彩者均已到达既定位置之后，托盘者应前行一步，到达前者的右后侧，以便为其递上剪刀、手套。

③剪彩者若不止一人，则其登台时亦应列成一行，并且使主剪者行进在前。在主持人向全体到场者介绍剪彩者时，后者应面含微笑向大家欠身或点头致意。剪彩者行至既定位置之后，

应向拉彩者、捧花者含笑致意。当托盘者递上剪刀、手套,亦应微笑着向对方道谢。

④在正式剪彩前,剪彩者应首先向拉彩者、捧花者示意,待其有所准备后,集中精力,右手手持剪刀,表情庄重地将红色缎带一刀剪断。若多名剪彩者同时剪彩时,其他剪彩者应注意主剪者动作,与其主动协调一致,力争大家同时将红色缎带剪断。

⑤按照惯例,剪彩以后,红色花团应准确无误地落入托盘者手中的托盘里,而切勿使之坠地。为此,需要捧花者与托盘者的合作。剪彩者在剪彩成功后,可以右手举起剪刀,面向全体到场者致意。然后放下剪刀、手套于托盘之内,举手鼓掌。

⑥可依次与主人握手道喜,并列队在引导者的引导下退场。退场时,一般宜从右侧下台。待剪彩者退场后,其他礼仪小姐方可列队由右侧退场。

不管是剪彩者还是助剪者在上、下场时,都要注意井然有序、步履稳健、神态自然。在剪彩过程中,更是要表现得不卑不亢、落落大方。

8.4 庆典仪式礼仪

庆典活动,是指企业或公司在其内部发生值得庆祝的重要事件、或围绕重要节日而举行的庆祝活动,一般将其视为一种制度和礼仪。它可以是一种专题活动,也可以是大型公关活动的一项程序。庆典活动往往给公众留下深刻印象。

8.4.1 庆典类型

1. 节庆活动

节庆是利用盛大节日或共同的喜事而举行的表示快乐或纪念的庆祝活动。不同国家甚至同一国家不同地区,都有自己独特的节日。节日又有官方节日和民间传统节日之分,常见的官方节日有元旦、妇女节、消费者权益保护日、国际劳动节、儿童节、国庆节等,民间传统节日有春节、元宵节、清明节、端午节、中秋节等。还有些地方根据自身文化传统、风俗习惯、土特产品等,组织举办一些具有地方特色的节庆活动,如北京地坛庙会、湖南的龙舟节、山东潍坊风筝节、大连的“软交”会、青岛的啤酒节等。

节庆日是公共关系部门特别是酒店、宾馆等接待服务单位开展公共关系活动的绝好时机。因此,每年6月1日前后,大小商店都会在小孩商品上绞尽脑汁;中秋节前,则会爆发一轮又一轮的月饼大战;“五一”和“十一”长假前夕,旅游胜地和饭店就会大张旗鼓地宣传和推介其优质的特色服务。

2. 纪念活动

纪念活动是利用社会上或本行业、本单位的具有纪念意义的日期而开展的公关活动。可供组织举办纪念活动的日期和时间有很多,如历史上的重要事件发生纪念日、本行业重大事件纪念日、社会名流和著名人士的诞辰或逝世纪念日;而本单位的周年纪念日、五年、十年的纪念日及重大成就的纪念日,更是举办纪念活动的极好时机。通过举办这样的活动,可以传播企业和公司的经营理念、经营哲学和价值观念,使社会公众了解、熟悉进而支持本单位。因此,举办纪念活动实际上又是在做一次极好的公关广告。

3. 典礼仪式

典礼仪式包括各种典礼和仪式活动，如开幕典礼、开业典礼、项目竣工典礼、毕业典礼、颁奖典礼、就职仪式、授勋仪式、签字仪式、捐赠仪式等。在实际工作中，典礼仪式的形式多样，并无统一模式。有的仪式非常简单，如某个企业办公楼的开工典礼，放一挂鞭炮，企业老总喊一声"开工"，仪式便宣告结束；有的仪式非常隆重、庄严，如英国女王登基、国外皇室婚礼及葬礼等，甚至还有一套严格的程序和繁文缛节。

商界所举行的庆祝仪式大致可以分为四类：

(1)本单位成立周年庆典。通常它都是逢五、逢十进行的。即在本单位成立五周年、十周年以及它们的倍数时进行。

(2)本单位荣获某项荣誉的庆典。当单位本身荣获了某项荣誉称号、单位的"拳头产品"在国内外重大展评中获奖之后，这类庆典基本上均会举行。

(3)单位取得重大业绩的庆典。例如千日无生产事故、生产某种产品的数量突破10万台、经销某种商品的销售额达到1亿元等，这些来之不易的成绩，往往都是要庆祝的。

(4)本单位取得显著发展的庆典。当本单位建立集团、确定新的合作伙伴、兼并其他单位、分公司或连锁店不断发展时，自然都值得庆祝一番。

商界各单位所举行的各类庆祝仪式，都有一个最大的特色，那就是要务实而不务虚。若能由此而增强本单位全体员工的凝聚力与荣誉感，并且使社会各界对本单位重新认识、刮目相看，那么大张旗鼓地举行庆典，多进行一些人、财、物的投入，任何理智、精明的商家，都会对此在所不惜。反之，若是对于宣传本单位的新形象、增强本单位全体员工的自豪感无所作为，那么举行一次庆典即使花不了几个钱，也没有必要好大喜功、非要去做不可。

8.4.2 庆典仪式准备工作

职场工作人员受命组织庆典工作，需要记住两大要点：一要体现庆典的特色；二要安排好庆典的具体内容。庆典既然是庆祝活动的一种形式，那么它就应当以庆祝为中心，把每一项具体活动都尽可能组织得热烈，欢快而隆重，具体做法，应遵守以下礼仪。

1. 精心确定出席名单

一般来说，庆典的出席者通常应包括如下人士：

(1)上级领导。地方党政领导、上级主管部门的领导，大都对单位的发展给予过关心、指导。邀请他们参加，主要是为了表示感激之心。

(2)社会名流。根据公共关系学中的"名人效应"原理，社会各界的名人对于公众最有吸引力，能够请到他们，将有助于更好地提高本单位的知名度。

(3)大众传媒。在现代社会中，报纸、杂志、电视、广播等大众媒介，被称为仅次于立法、行政、司法三权的社会"第四权力"。邀请他们，并主动与他们合作，将有助于他们公正地介绍本单位的成就，进而有助于加深社会对本单位的了解和认同。

(4)合作伙伴。在商务活动中，合作伙伴经常是彼此同呼吸、共命运的。请他们来与自己一起分享成功的喜悦，是完全应该的，而且也是绝对必要的。

(5)社区关系。它们是指那些与本单位共居于同一区域、对本单位具有种种制约作用的社会实体。例如，本单位周围的居民委员会、街道办事处、医院、学校、幼儿园、养老院、商店以及其他单位等。请他们参加本单位的庆典，会使对方进一步了解本单位、尊重本单位、支持本单位，或是给予本单位更多的方便。

（6）单位员工。员工是本单位的主人，本单位每一项成就的取得，都离不开他们的兢兢业业和努力奋斗。所以在组织庆典时，是不容许将他们完全“置之度外”的。

以上人员的具体名单一旦确定，就应尽早发出邀请或通知。鉴于庆典的出席人员甚多，牵涉面极广，故不到万不得已，均不许将庆典取消、改期或延期。

2. 细致安排接待工作

与一般的商务活动相比，对出席庆祝仪式的来宾的接待，更应突出礼仪性的特点，应使来宾感受到主人真挚的尊重与敬意，并且想方设法使每位来宾都能心情舒畅。

最好的办法，是庆典一经决定举行，即成立对此全权负责的筹备组。筹备组成员通常应当由各方面的有关人士组成，他们应当是能办事、会办事、办实事的人。在庆典的筹备组之内，应根据具体的需要。下设若干专项小组在公关、礼宾、财务、会务等方面“分兵把守”，各管一段。其中负责礼宾工作的接待小组，大都不可缺少。

庆典的接待小组，原则上应由年轻、精干、身材与形象较好、口头表达能力和应变能力较强的男女青年组成。接待小组成员的具体工作有以下几项：

（1）迎送来宾。即在举行庆祝仪式的现场迎接或送别来宾。

（2）引导来宾。即由专人负责为来宾带路，将其送到既定的地点。

（3）陪同来宾。对于某些年事已高或非常重要的来宾，应安排专人陪同始终，以便关心与照顾。

（4）招待来宾。即指派专人为来宾送饮料、上点心以及提供其他方面的关照。

3. 布置庆典现场

依据仪式礼仪的有关规范，商务人员在布置举行庆典的现场时，需要通盘思考的主要问题有：

（1）地点的选择。在选择具体地点时，应结合庆典的规模、影响力以及本单位的实际情况决定。本单位的礼堂、会议厅，本单位内部或门前的广场以及外借的大厅等，均可相机予以选择。不过在室外举行庆典时，切勿因地点选择不慎，从而制造噪声、妨碍交通、治安，顾此而失彼。

（2）环境的美化。在反对铺张浪费的同时，应当量力而行，着力美化庆典举行现场的环境。为了烘托出热烈、隆重、喜庆的气氛，应在现场张灯结彩，悬挂彩灯、彩带，张贴一些宣传标语，并且张挂标明庆典具体内容的大型横幅。如果有能力，还可以请由本单位员工组成的乐队、锣鼓队，届时演奏音乐或敲锣打鼓，热闹热闹。但是这类活动应当要适度，不要热闹过了头，成为胡闹，或者“喧宾夺主”。千万不要请少先队员来扮演这类角色。不要让孩子们为这类与他们无关之事而影响其学业。

（3）场地的大小。在选择举行庆祝仪式的现场时，应当牢记并非愈大愈好。从理论上说，现场的大小应与出席者人数的多少成正比。也就是说场地的大小，应同出席者人数的多少相适应。人多地方小，拥挤不堪，会使人心烦意乱。人少地方大，则会让来宾对本单位产生“门前冷落车马稀”的错觉。

（4）音响的准备。在举行庆典之前，务必要把音响准备好。尤其是供来宾们讲话时使用的麦克风和传声设备，在关键时刻，绝不允许临阵“罢工”，让主持人手忙脚乱，大出洋相。在庆典举行前后，播放一些喜庆、欢快的乐曲，只要不抢占“主角”的位置，通常是可以的。但是对于播放的乐曲，应先期进行审查。切勿届时让工作人员自由选择，随意播放背离庆典主题的乐曲，甚至是那些凄惨、哀怨、让人心酸和伤心落泪的乐曲，或是那些不够庄重的诙谐曲和爱情歌曲。

仪式礼仪规定，拟定庆典的程序时，有两条原则必须坚持：第一，时间宜短不宜长。大体上讲，它应以1小时为其极限。第二，程序宜少不宜多。不要使庆典成为内容乱七八糟的“马拉松”。

依照常规，一次庆典活动大致上应包括下面几项程序：

①宣布庆典正式开始，全体起立，奏国歌，唱本单位之歌。

②本单位主要负责人致辞。其内容是，对来宾表示感谢，介绍此次庆典的缘由等。其重点应是报捷以及庆典的可“庆”之处。

③邀请嘉宾讲话。大体上讲，出席此次庆典的上级主要领导，协作单位及社区关系单位，有关单位等均应有代表讲话或致贺词。不过应当提前约定好，不要当场当众推来让去。对外来的贺电、贺信等，可不必一一宣读，但对其署名单位或个人应当公布。在进行公布时，可依照其“先来后到”为序，或是按照其具体名称的汉字笔画的多少进行排列。

④安排文艺演出。这项程序可有可无，如果准备安排，应当慎选内容，注意不要有悖于庆典的主旨。

⑤邀请来宾进行参观。如有可能，可安排来宾参观本单位的有关展览或车间等。当然，此项程序有时亦可省略。

在以上几项程序中，前三项必不可少，后两项则可以酌情省去。

8.4.3 参加人员礼仪

参加庆典时，不论是主办单位的人员还是外单位的人员，均应注意自己临场之际的举止表现。其中，主办单位人员的表现尤其重要。

在举行庆典仪式之前，主办单位应对本单位的全体员工进行必要的礼仪教育。对于本单位出席庆典的人员，明确注意事项，临场之时，务必严格遵守。在这一问题上，单位的负责人，尤其是出面迎送来宾和上主席台的人士，只能够“身先士卒”，而绝不允许有任何例外。因为在庆祝仪式上，真正令人瞩目的，还是东道主方面的出席人员。假如这些人在庆典中精神风貌不佳，穿着打扮散漫，举止行为失当，很容易对本单位的形象进行“反面宣传”。

按照仪式礼仪的规范，作为东道主的商界人士在出席庆典时，应当严格注意以下几方面：

(1)仪容要整洁。所有出席本单位庆典的人员，事先都要洗澡、理发，男士还应刮光胡须。无论如何，届时都不允许本单位的人员蓬头垢面、胡子拉碴、浑身臭汗，有意无意去给本单位的形象“抹黑”。

(2)服饰要规范。有统一式样制服的单位，应要求以制服作为本单位人士的庆典着装。无制服的单位，应规定届时出席庆典的本单位人员，必须穿着礼仪性服装。即男士应穿深色的中山装套装，或穿深色西装套装，配白衬衫、素色领带、黑色皮鞋。女士应穿深色西装套裙，配肤色丝袜、黑色高跟鞋，或者穿深色的套裤，或是穿花色素雅的连衣裙。绝不允许在服饰方面任其自然、自由放任，把一场庄严隆重的庆典，搞得像一场万紫千红的时装或休闲装的“博览会”。

(3)要遵守时间。遵守时间，是基本的商务礼仪之一。对本单位庆典的出席者而言，更不得小看这一问题。上到本单位的最高负责人，下到级别最低的员工，都不得姗姗来迟，无故缺席或中途退场。如果庆典的起止时间已有规定，则应当准时开始，准时结束。要向社会证明本单位言而有信。

(4)表情要庄重。在庆典举行期间，不允许嬉皮笑脸，嘻嘻哈哈，或是愁眉苦脸，一脸晦气，唉声叹气；否则会使来宾产生很不好的想法。在举行庆典的整个过程中，都要表情庄重、全神贯注、聚精会神。假若庆典之中安排了升国旗、奏国歌、唱“厂歌”的程序，一定要依礼行事：起立，脱帽，立正，面向国旗或主席台行注目礼，并且认认真真、表情庄严肃穆地和大家一起唱国歌、唱“厂歌”。此刻，不允许不起立、不脱帽、东张西望、不唱或乱唱国歌与“厂歌”。在起立或坐下时，把座椅搞得乱响，一边脱帽一边梳头，或是在此期间走动、找人、交头接耳等，都应被列为危害本单位形象的极其严重的事件。

(5)态度要友好。这里所指的主要是对来宾态度要友好。遇到了来宾，要主动热情地问好。对来宾提出的问题，都要立即予以友善的答复。不要围观来宾、指点来宾，或是对来宾持有敌意。当来宾在庆典上发表贺词时，或是随后进行参观时，要主动鼓掌表示欢迎或感谢。在鼓掌时，不要在对象上“挑三拣四”，不要“欺生”或是“杀熟”。即使个别来宾，在庆典中表现得对主人不甚友善，也不应当场“仗势欺人”，或是非要跟对方“讨一个说法”不成。不论来宾在台上台下说了什么话，主办方人员都应当保持克制，不要吹口哨、“鼓倒掌”、敲打桌椅、胡乱起哄。不允许打断来宾的讲话，向其提出挑衅性质疑，与其进行大辩论，或是对其进行人身攻击。

(6)行为要自律。既然参加了本单位的庆典，主办方人员就有义务以自己的实际行动，来确保它的顺利与成功。至少，大家也不应当因为自己的举止失当，而使来宾对庆典做出不好的评价。在出席庆典时，主办方人员在举止行为方面应当注意的问题是：不要“想来就来，想走就走”，或是在庆典举行期间到处乱走、乱转。不要和周围的人说“悄悄话”、开玩笑，或是朝自己的“领导”甚至主席台上的人挤眉弄眼、出怪样子。不要有意无意地做出对庆典毫无兴趣的姿态，如看报纸、读小说、听音乐、打扑克、做游戏、打瞌睡、织毛衣等。不要让人觉得自己心不在焉，如手机“一鸣惊人”，探头探脑，东张西望，一再看手表，或是向别人打听时间。当本单位的会务人员对自己有所要求时，需要“有则改之，无则加勉”，不要一时冲动，或是为了显得自己玩世不恭，而产生逆反心理，做出争吵等错事来。

(7)发言要简短。倘若商务人员有幸在本单位的庆典中发言，则务必谨记以下四个重要的问题：

①上下场时要沉着冷静。走向讲台时，应不慌不忙，不要急奔过去，或是慢吞吞地“起驾”。在开口讲话前，应平心静气，不要气喘吁吁，面红耳赤、满脸是汗、急得讲不出话来。

②要讲究礼貌。在发言开始时，勿忘说一句“大家好”或“各位好”。在提及感谢对象时，应目视对方。在表示感谢时，应郑重地欠身施礼。对于大家的鼓掌，则应以自己的掌声来回礼。在讲话结束时，应当说一声“谢谢大家”。

③发言一定要在规定的时间内结束，而且宁短勿长，不要随意发挥，信口开河。

④应当少做手势。含义不明的手势，在发言时坚决不用。

外单位的人员在参加庆典时，同样有必要“既来之，则安之”，以自己上佳的临场表现，来表达对于主人的敬意与对庆典本身的重视。倘若在此时此刻表现欠佳，是对主人的一大伤害。所以宁肯推辞不去，也绝不可去而失礼。

外单位的人员代表自己的公司参加庆典时，所代表的，也不仅仅是自身，而要时刻想到，自身的形象，就是公司的形象，因此要特别注意自己的临场表现，丝毫不可对自己的所作所为自由放任、听之任之。

(8)安排出奇制胜。任何一个商业组织，无不希望通过开展各种内容不一、形式各异的仪式或活动，达到在社会公众心目中树立良好的形象，赢得更好的社会口碑的目的。若要让活动取得预期的效果，首先庆典的构思和设计要出奇制胜，不落俗套。一个好的庆典要给人以格调清新、品位高雅、蕴意深刻、过目不忘的印象，让活动有一种浓浓的人文情怀，有一种企业独有的文化与风情，有一种诚信、务实等精神交织融汇的气质与精神，让莅临者在感受活动新奇之外有感染、有感悟、有回味，从而加深对本单位的好感与认知，增强信赖与支持。

相关链接
麻省理工学院的校庆

实践训练

模拟开业庆典

实训目标：掌握开业庆典的组织和相关礼仪规范。

实训学时：1学时。

实训地点：实训室。

实训方法：模拟某企业开业庆典仪式，使仪式落实在某个商业组织上。

(1)编制一份庆典仪式程序，仪式按照程序进行。

(2)重要领导和来宾名单的单位、职务可由学生自己拟定，分别扮演相关角色。

(3)庆典结束后，学生评析，教师总结。

(4)实训可分组进行，让学生轮流模拟演示各个角色。

课后练习

一、判断题

(1)参加大型商务会议时，男士基本穿西装，女士基本穿套装、裙装。 (　　)

(2)在大型商务会议上，如果有领导因事不能出席，主办方可以临时撤换领导的名签，以免主席台上空出一个领导位置。 (　　)

(3)商务会议的座次规则是主次分明、合礼有序、各得其所、各有其位。 (　　)

(4)会议座次有讲究,主人面对门,主人背对门,其他人员依次按序就座。 (　　)

(5)对于多边签字仪式,可设多个签字桌。 (　　)

二、思考题

(1)谈判的礼仪有哪些?

(2)庆典仪式有哪几种?包括哪些礼仪?

(3)剪彩的正确做法是什么?

(4)剪彩仪式的必备物品有哪些?

(5)参加庆典人员的礼仪有哪些?

三、案例分析

【案例分析1】

成功的推销

某品牌啤酒要进入中山市市场,首选中山市几家大餐饮企业作为进入的突破口。如何向这几家餐饮企业推荐该品牌啤酒,或者让该品牌啤酒作为饭店的主打酒水,还真的需要下功夫做好老板的工作。这个任务落到了该品牌啤酒销售副经理小赵的身上。

小赵:“哟,这么多空酒瓶!老板,一看中午客人喝空了这么多瓶酒,就知道您的生意做得红红火火。现在啤酒销量不错吧?”小赵说话语音洪亮、真诚,让人听起来很受用。

马老板:“马马虎虎,请问有什么事?

小赵:“噢,我是某啤酒集团的小赵,早就听说您是中山餐饮业起步最早、做得最好的老板,今天来拜访您,跟您学做生意。”

马老板:“没有什么经验,只是踏踏实实地做生意罢了。”

小赵:“这才是最宝贵的经验,也是做生意最基本的原则,正是因为您的实在、讲信誉,您的顾客才信任您,愿意和您打交道,您的生意才越做越大了。”

马老板:“还是你们文化人会总结。”

小赵:“文化的高低不能决定事业的成功,关键是做事和做人,您不是就凭借着一个义字。”

马老板一听就很高兴,急忙把小赵请到办公室里商谈,果然没有费多大的劲儿,小赵就和马老板签订了每年销售10万元啤酒的大订单。

思考讨论题:

(1)分析小赵与老板的交谈中,他是如何营造良好氛围,取得老板的信任?

(2)评析小赵谈判礼仪与技巧中的可借鉴之处,并阐述理由。

(3)从本案例中,你可以得到哪些启示?

【案例分析2】

“上帝”剪彩与同庆生日

青岛星火家具大世界开业之际,举行了一场别开生面的开业仪式。开业仪式上,既听不到震耳欲聋的鞭炮轰鸣，也看不到成群结队的领导光临，伴随阵阵悠扬悦耳的军乐声，商店工作人员向在场的第一批顾客散发了20束鲜花，然后由得到号码8、18的两位顾客当众为公司剪彩。此时此刻，此情此景，人们感到顾客就是“上帝”。

长沙友谊华侨公司于1990年11月中旬开始进行店堂装修，营业面积扩大400多平方米，商品品种增加200余种，准备在1991年元旦重新开业。公司邀请广州乐华电子联合有展公司为联办单位，赶制了一批精巧的生日纪念卡和小礼品，接着在报纸和电视上打出广告，邀请市内历年元旦出生的人在“友华”重新开张之际，来店同庆节日之喜。

一位81岁高龄的老人闻讯后，高兴地和儿子来了。进得店来，又被琳琅满目的商品所引，边看边买，出店时，大包小盒提了一大串。下午两点，一名男子手持医院证明来到店里，说他女儿当天上午10点才降生。经理代表公司向他表示祝贺，并向他女儿赠送礼品。到下午5点，共发出生日礼品千余份，而商店的客流量超过20万人次，销售额达100万元，相当于过去日平均销售额的十几倍，创该店历史上的最高纪录，并为以后扩大销售奠定了良好基础。

思考讨论题：

(1)分析案例中两家企业开业庆典活动的成功之处在哪里？

(2)两个企业庆典形式对其社会形象有何影响？

第9章 涉外交际礼仪

21世纪，是我国迈向世界经济强国之列的时代。涉外商务活动涉及地球的每一个角落。这就要求商务人员必须熟练掌握与不同国家和地区、不同肤色和信仰的人打交道的方法，熟知涉外商务礼仪的原则及特点，谙熟商务活动之道。

案例导入

让人感动的东方饭店

中国台湾地区的余世维博士在“成功经理人”中讲述了自己在曼谷东方饭店的亲身经历：

我住在那里的时候，早上一起来，服务生就迎上来问候：“早，余先生。”我问：“你怎么知道我姓余？”服务生回答：“余先生，我们饭店有个规定：晚上客人睡觉的时候，这个楼层的服务生要记住每一个房间客人的名字。”听到服务生的回答，我感到很欣慰。

我坐电梯下楼，楼下已经有一位女士站在那里：“早，余先生，吃早餐吗？”我感叹道：“哎呀，您也知道我姓余呀！”这位女士回答说：“上面的电话刚刚打下来，说余先生您下来了。”她带我到餐厅去，一进门服务生就问：“老位子吗？余先生，去年4月17日您来过这里，坐在湄南河旁边第二个窗口。”我说：“老位子！”我欣慰地坐下来。原来他们的计算机里有我的记录。“余先生，老菜单吗？”这个饭店早上已给我准备了番茄汁、两个煎蛋，而且煎双面……这样的资料他们都记得一清二楚。

回到台湾后的第三年，居然收到他们一封信：“亲爱的余先生，恭喜您生日快乐！您已经三年没来我们饭店了，我们全饭店的人都非常想念您。”我跑到卧室里大哭一场，太感动了！发誓这辈子再经过曼谷，我一定去住那个东方饭店。信封上贴了一张6元钱的邮票——用6元钱就换取了我的一颗心。

讨论：

(1)东方饭店的礼待宾客与经商之道有什么关系？

(2)企业维持自身良好形象应怎样做？

(3)本案例给你的启发是什么？

9.1 涉外交际基本原则

9.1.1 互尊互敬

商务人员在涉外商务活动开始前，要做好案头工作，多了解所接触对象的宗教信仰、风俗习惯、个人喜好、禁忌等问题，做到心中有数。对于国际公认的准则、原则与惯例，任何涉外交往的人士都遵守，以位次排序为例，国际惯例是“以右为尊”，而中国传统的标准是“以左为尊”，因此要遵循国际规范。

涉外交往中，年龄、收入、健康状况、婚姻状况等均为禁忌话题，为了保证交往顺利进行，中国人在涉外交往中也只能遵循国际标准。

在与东南亚商人洽谈商务时，要注意自身的体态语言，既不要跷二郎腿，也不要让鞋底悬着，颠来颠去；在与俄罗斯人洽谈商务时，要注意对对方的称呼，“俄国人”之类的字眼是绝对不能说出口的；在与阿拉伯国家的商人洽谈商务时，要注意会面的方式，会面最好喝咖啡、茶或清凉饮料，绝对不能饮酒、吸烟、谈女人和拍照；在与南美洲国家的商人洽谈商务时，要注意着装和谈话方式，原则上应穿深色系服装，不能穿浅色系服装，谈话宜亲热，座位距离应靠近一些。

9.1.2 实事求是

实事求是是涉外交往中必须坚持的一个重要礼仪原则。中国人习惯说话委婉，西方人则喜欢直率的谈吐，禁忌言不由衷的客套。

据说，清朝李鸿章有一次宴请美国官员，地点是在美国的一家饭店，备下的酒菜十分丰盛，而李鸿章却依照中国的惯例对来宾说：“粗茶淡饭，薄酒一杯，不成敬意，多多包涵。”来宾望着桌上琳琅满目的酒菜，对他说的话大惑不解；而同时，美国饭店的老板也大为不满，这岂不是影响饭店的声誉？因此，非要李鸿章说出饭菜粗在哪里，酒薄在哪里？这虽说是一则逸闻趣话，却也说明了东西方礼仪习俗的不同。所以在外国人面前实事求是这一点是十分必要的。

9.1.3 入乡随俗

世界上不同国家的人，风俗习惯、思维方式等各有不同。因此，在涉外商务交际中，必须遵守的一个共同原则就是“入乡随俗”。

如英国人有在工作时间饮茶、休息的习惯，而几家在英国投资的美国公司，试图说服英国雇员放弃这一习惯，结果引起英国雇员的强烈不满，并警告说这将导致工作效率下降，最后公司不得不放弃这一想法。因此，在与其他国家的商务人员进行商务洽谈之前，应提前对其国家的文化、宗教、风土人情等进行了解，并了解客户的日常喜好和禁忌，以便在交往中加以注意。

在称呼他人时，特别重视对方的社会地位、身份，注重上下尊卑的礼貌习惯，在国内商业交往中，常常可以听到“唐董事长”“王经理”这样的称呼。但在讲究独立和平等的西方人看来，根本不存在这样的称呼。他们大多直呼“Mr + 姓”（先生）或“Ms + 姓”（女士）。如果对西方人使用中国式的称呼,则会让他们觉得别扭,不利于彼此继续交往。因此,入乡要随俗,只有这样,才能保证商务活动取得良好的效果。

9.2 涉外交际礼仪

9.2.1 称谓礼仪

称谓是良好语言沟通的前奏,越是正式的场合,如商务、政务、社交场合,称谓越重要。所以弄清楚不同场合如何称谓,是交往与合作的重要前提。

1. 记住对方名字

美国社会心理学家戴尔·卡耐基曾说:"请记住别人的名字,这等于给了别人一个巧妙的赞赏。"与人相见,却叫不出曾经相识人的名字,或者张冠李戴,会让人产生怠慢的感觉。

(1)事先做功课。参加一些较正式的活动,一般事前能够拿到活动的议程、手册,里面通常会有参与者的名单及职务,可以事先预览,了解与熟悉潜在的交流对象。

(2)有效倾听。对方介绍自己时,专注倾听;如果碰巧分心了,就应该请对方再说一遍,自己再重复一遍,一来确认自己的发音是否正确,二来加深脑海中的印象。

(3)联想记忆。联想的方式可以有人物联想、特征联想、颜色联想、地名联想、物体联想、风景联想、活动联想等,比如一位女士叫杨桂芬,可以联想唐朝美女杨贵妃,发音有两个字是相同的,通过杨贵妃很容易记住杨桂芬;一位男士叫小林秀雄,身高 185 cm,可以通过特征联想,身高 185cm 的小林 show(秀)他雄伟高大的身材。

(4)多次重复。与对方交谈时多次重复对方的名字,可以在心中重复,也可以在口中重复。为了避免遗忘,在心中默念对方的名字五六次,并在合适的时候称呼对方,这样反复复述,便能迅速而准确地记住别人的名字。

2. 称呼的主要分类

称呼的表现形式非常丰富,基本可以分成四大类:

(1)职务称呼。职务称呼主要指与所从事的职业相关的称呼,如医生、护士、老师、律师、教练等,也可以是指具体的工作岗位,如董事长、总经理等。公务系列的职务称谓:总统、总书记、局长、处长等。军队系列军衔等级:上将、中将、大校、少校、上尉。职务变换或者职业生涯结束,这些称呼就不再适用。

(2)荣誉称呼。荣誉称呼一旦获得,可以终生使用,如学校教授、讲师、助教等,工厂工程师、助理工程师等。一个人的学历也可以成为荣誉称呼,如博士,在姓名前加上 Dr. 是受人欢迎的一种称谓法。

相关链接

请叫我Profession(教授)

(3)尊称称呼。君主制国家皇室成员的称呼非常讲究,“陛下”是对旧时国王的敬称,现在对皇后的称呼也与国王相同,“殿下”是对王子、公主、亲王的尊称。称呼有爵位的人士,可以称呼其爵位如“公爵”,其夫人可以“公爵夫人”,或者爵位前面加名,如“温莎公爵”“温莎公爵夫人”等。

(4)礼仪称呼。为了表示对对方的尊重与重视,在不知道对方的身份、地位的情况下,也可以采用礼仪称谓。欧美国家最常见的礼仪称谓是,男性多称呼对方“先生(Mr. /Sir.)”,Mr. 一般用在姓名或全名前,如 Mr. Bi11(比尔先生)或者 Mr. Bill Clinton(比尔·克林顿先生)。Sir 的尊敬程度较高,可以不加姓名单独使用。如果加在名前 S 大写表示爵士、贵族与阁下,如 Sir Charles 查尔斯爵士。女士的称呼比男士丰富,有小姐(Miss)、女士(Ms.)、太太(Mrs.)。Miss 一般后面直接加姓或者加全名。

西方国家礼仪称呼,可以与职务称呼连用,如“总统先生”“市长先生”“法官先生”等,中国则没有这个习惯。在中国有些地区还喜爱用“老师”称呼对方,以示尊重。此外,称呼“小姐”在中国有些地区有歧义,要特别注意。

3. 称呼的注意事项

(1)区分称呼使用场合。公务场合包含商务、政务及任何职场,称谓应庄重、保守。社交场合尊称、荣誉称谓、礼仪称谓是受人欢迎的,像绰号、小名、外号都要避免使用。休闲场合相互称呼可以表现亲昵、自然。小名、外号、昵称,如果当事人不反感都是可以使用的。

(2)区别尊称使用规则。很多东方国家如中国、日本、韩国、缅甸等都受到儒家文化熏陶与影响,在人际交往中遵循“自谦而敬人”的原则,表现在称呼上就是对对方用敬语称呼,对自己用自谦的称呼(谦辞)。比如在中国,称呼对方的父亲用敬语“令尊”,母亲称“令堂”,称对方的妻子用“尊夫人”,对方的女儿称“令爱”,对方的儿子称“令郎”,但如果当事人这样称呼自己的亲人就是非常不妥当的。

同样,自谦的称呼法也有很多,比如自己的母亲是“家母”,父亲是“家君”,自己的妻子是“内人”,女儿是“小女”,儿子是“犬子”。对同辈而年轻于自己者,自我谦称“愚兄”,称对方就不能用“愚兄”了。

西方欧美国家没有东亚国家这么讲究等级与尊卑,但尊称称呼同样不能用在自己身上,比如国王、王后不能称呼自己“陛下”;王子、公主、亲王也不能称呼自己为“殿下”;同样,“阁下”是一种尊称,所有被称呼为“阁下”的人,在进行自我介绍时也不能使用这种尊称,同时,在信笺的抬头和落款,以及个人签名中也不能使用“阁下”的落款。

9.2.2 空间距离礼仪

在涉外交往礼仪中有一项内容是最容易被忽视的,那就是人际交往的空间距离礼仪。每个人在与人交往时都有一个让自己感到舒适的空间距离,卡耐基曾经说过这样一句话:“每个人都有一个属于自己的空间气泡,这个气泡的大小和形状会随着环境的变化而变化。”

一旦交往对象进入个人的气泡内,身体就会产生压迫感,可以想象双方交往时,如果一个人的身体有不适感、紧张感、压迫感,交往的效果就不会好,如果双方并不熟识,一方采取较近的交流距离,另一方是很难启齿提出“请离我远一点”、“我可以离您远一点”或者“我们保持远一点的距离好吗”这样的要求的。同样,如果双方交流时一方保持的距离过远,另一方则会产生不受欢迎的疏离感,认为自己遭到冷遇,而这种不适感也无法说出口。因此,在涉外交往中可能已经侵犯了对方,或者得罪了对方,自己还全然不知,这必然会影响交往的效果。

实际上,个人空间距离与人的关系息息相关,空间距离与亲密度成反比,与陌生度成正比,即双方的关系越亲密,空间距离越近,双方的关系越陌生,空间距离越远。因此,不同的距离体现着不同的含义。

1. 人际空间距离标准

美国哈佛大学的人类学家爱德华·霍尔提出了人际交流四种距离。

(1)亲密距离。介于0~0.45 m,以密感情为基础的双方主动靠近,这种距离基本是父母与孩子、配偶、情侣之间的距离。

(2)个人距离。介于0.45~1.2 m,是友谊聚会、鸡尾酒会、生日派对以及办公室等场合人们彼此保持的距离。发生在朋友、同学、同事之间。彼此关系越近距离越近,关系越生疏距离越远。

(3)社交距离。介于2~3.6 m,交往的人们彼此之间不一定熟识,一般也不需要知道对方的姓名,比如到商店买东西、去邮局寄包裹、到医院去看病,到银行取钱、到酒店住宿等。同时也是高级政治官员的会谈和较正式的谈判的距离。

(4)公众距离。介于3.6~7.5 m或更远,表示公共关系。一般是参加较大型的活动,如中大型教室的教师授课,公共演讲、各类球赛或者是在较宽阔的公共场所人们保持的距离。

人际交流的四种距离如下所示。

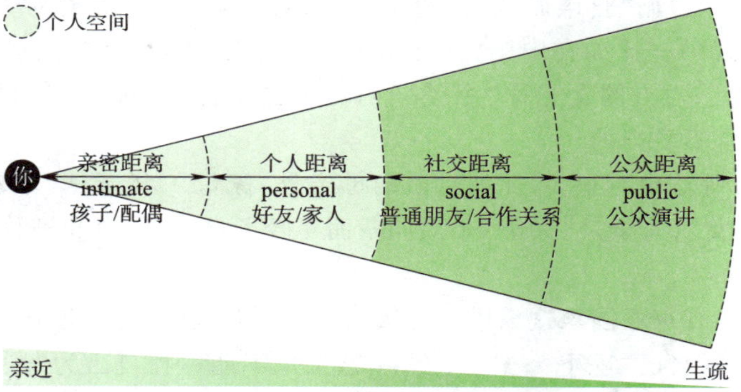

人际交流的四种距离

在涉外交往中,人们要注意空间距离的礼仪,不同文化背景的差异、成长环境、人口密度、受教育程度、经济发展水平等,都会影响空间距离的理解。

2. 不同国家对"空间距离"的理解

来自不同文化背景的人,对交流过程中空间距离标准的认可度是不一样的。

相关链接
距离带来的误解

涉外交往的人们来自不同的文化背景,而不同文化习俗所认可的个人空间距离标准并不一样，这是造成误会的主要原因。如何在涉外交往中避免误会？大致了解世界不同文化对于空间距离的不同标准是非常必要的。

诸多学者对此进行了研究与分析，把世界各民族的文化形态分成“近体性和非近体性”两类，属于“近体性文化”的人们在人际交流时，使用比非近体性文化的人们更近的距离，同时，往往直接面对面，相互注视和身体接触较多，说话声音也更大。而“非近体性文化”则相反，交流距离略远，且肢体语言更少。

中国被列入了“非近体性文化”国家。中国自古就是礼仪之邦，深受儒家文化的影响与熏陶，儒家文化历来倡导君子风度，每个人都应依照个人的身份与角色行事，人与人之间交流必须保持适度的距离，个人要控制自己的言行举止，不能放纵与散漫，排队等候这样的良好习惯，历来都是儒家地文化所宣扬和倡导的。

在许多情况下，中国人在这方面的表现更倾向于“近体性文化”形态。因此，学习涉外礼仪的同时，还要从传统文化中吸收精华与营养，继承与发扬中国传统文化。

9.2.3 涉外观光礼仪

根据世界旅游组织的统计，中国已经成为世界第一大出境游客源市场，中国游客境外旅游消费，已经超过美国和德国，成为世界第一。然而，中国人海外观光游览不文明、不遵守礼仪规范的事情时有发生。这极大地影响了中国人的形象。因此，无论是商务出访，还是旅游出行，都要注意以下礼仪。

1. 爱护旅游资源

旅游资源是属于东道国的，更是属于世界的，任何破坏、损坏旅游资源的行为都应该受到谴责。破坏旅游资源的行为，在古迹上涂刻，如在柱、墙、碑等建筑物上乱写、乱画、乱刻是严格禁止的；攀爬触摸文物古迹或贵重展品，只供观赏的文物展品是不能触碰的，更不能攀爬，有些还不允许拍照；破坏花草树木，随便摘折鲜花，踩踏草坪，折断树枝都是不文明的。类似的事件还有很多，应避免破坏旅游资源，爱惜它们就如同爱惜自己珍爱的个人物品一样，才能受人尊重与欢迎。

相关链接
埃及神庙上的刻字

2. 保持景区秩序

(1)排队。公共场所人多时需要排队，排队可以保持公平性，先到先参观。有人在排队的过程中不遵守秩序，在队伍中加塞，以达到优先办事的目的。加塞方便了自己却侵占了他人的利益，是一种损人利己的行为，也影响着中国人在国际上的道德形象。如果实在要与家人、朋友、熟人在一起，后到者应该向后面的人解释一下，获得允许才可以。

西方国家把加塞看成对个人利益的侵犯，是侵占他人时间的表现，在时间就是金钱的时代，对加塞行为的厌恶就不言而喻了。

(2)小声说话。公共空间是属于大家的，声音太大会对他人造成干扰。说话声音不打扰别人的标准是:二人之间谈话不应该让第三个人听到,三人之间谈话不应该让第四人听到。接打电话应该一只手拿电话另一只手捂住话筒,以免影响他人。

(3)讲究卫生。到国外观光都有维护环境整洁的责任与义务。随地吐痰、吐口香糖、不分场合抽烟、乱扔杂物和垃圾,都是让人反感与厌恶的行为。游客本身也是景点的一道风景线,着装整洁得体、遵守公德、讲究秩序的游客,就是对景点的美化,这样的游客到哪里都是受欢迎的。

3. 避免失态行为

(1)共场所过分亲密。年轻情侣、新婚夫妇、结伴游玩,自然是亲密无间的,但在大庭广众之下过于亲昵的举动,都是有失礼仪的。

(2)不文明如厕。

(3)任意行为。不遵守当地的习俗与规范,为所欲为。比如在公共场所袒胸赤膊、钻防护栏、随意洗脚等。

9.2.4 公共场所礼仪

1. 观看演出礼仪

走出国门欣赏一场剧场类演出,成为很多中国人必不可少的项目。欣赏西方的交响乐、歌剧、舞剧的礼仪要求,应注意以下几方面。

(1)时间控制。观看演出勿要迟到,根据剧场、演出种类的不同,最好提前 10 ~ 30 分钟入场,如若迟到,则要听从工作人员的安排。一般来说,为了防止迟到者干扰其他观众欣赏节目,工作人员会让迟到者在歌剧的序曲之后,或者交响乐音乐会第一个曲目结束后入场。

素养较高的观众懂得尊重演奏者,也懂得尊重观众,如果自己的位子在中间,出入座位需要经过其他观众时,应侧身移步进入,口中伴随轻声致歉“对不起…不好意思…劳驾”等,最好不要面对着就座的观众进出,当然整个臀部与后背对着就座的观众也是不礼貌的,侧身进入为最好。

(2)声音控制。观看演出要严格控制各种杂音。越顶尖的表演对剧场环境的要求也越高。为了提升演出效果,手机声音、交谈声音、用脚击打地面的声音、各种细微的杂音都要控制。捷克布拉格国家歌剧院的演出说明书提到“就是剥糖果纸的声音都会影响演奏效果”。

相关链接

维也纳音乐厅的小观众

(3)鼓掌。观看演出时如何鼓掌,西方与中国的要求是不一样的。观看西方的各种演出,需要“动静结合”,在演出的过程中,观众应该保持彻底的“静”,全身心地欣赏演出;曲目结束或者演出结束,观众则应该“动”,用热烈的掌声表示对演出者的欣赏与感谢之情。

(4)服装。欣赏交响乐、歌剧、舞剧、芭蕾舞等表演,这是典型的社交场合,不管男士还是女士,均应体面、高贵。拖鞋、短裤、背心、破破烂烂的服装是不允许进场的,应该穿着礼服(大礼服、小礼服均可),当然越正式的服装,隆重程度越高,中国人走出国门,穿着中式礼服亦是理想选择。

2. 博物馆礼仪

博物馆是征集、典藏、陈列和研究代表自然和人类文化遗产实物的场所。要迅速地了解一个国家的前世今生,文化发展以及对世界的贡献,博物馆是一个不得不去的地方,如法国卢浮宫博物馆、美国大都会艺术博物馆、英国大英博物馆、德国森根堡自然博物馆、梵蒂冈博物馆、中国故宫博物院等。

一般来说,参观博物馆要求保持安静,勿大声喧哗,行为举止收敛,爱护博物馆展品,如有规定不允许拍照、或者允许拍照,不允许开设闪光灯的,要严格遵守。勿触碰展品或者在展品上刻字,衣着不能过于随便,亦不要过于华丽和暴露;整洁、舒适的公务休闲或者商务休闲服装为好,鞋子以有舒适度的休闲皮鞋为宜,女士不宜穿后跟细细的高跟鞋。

参观博物馆需要做一些简单的准备工作,如可事先查一查最有特色的展品有哪些,什么是镇馆之宝,它们的渊源是什么。如此下来,整个参观才会有大的收获。

3. 体育场礼仪

走出国门观看国际体育赛事现场比赛的人越来越多,在中国举办的国际赛事也越来越多,作为观众,文明、得体的表现,应注意以下方面。

(1)有序排队。不管是室内还是室外的体育赛事,常常会有众多的观众。进出场时,不要拥挤,有序地排队以保证有序地进出场。如遇需要安检的情况,应积极配合工作人员的检验。

(2)遵守秩序。观看比赛时,不抽烟,不吃带响声的食品;比赛过程中拍照不要使用闪光灯。

(3)文明观赛。在比赛的紧要关头,尽量不要因一时激动而从座位上跳起来,挡住后面的观众。适度的欢呼、尖叫、叫好是允许的,不能起哄、乱叫、向场内扔东西、鼓倒掌、喝倒彩、吹口哨、嘲讽、辱骂裁判员、运动员或教练员。

(4)着装适宜。着装以舒适、休闲为宜,不能光着膀子观看比赛,也不能只穿一件小背心,这样不大雅观。当然,穿着公务场合中规中矩的西服、公务服装也是不适宜的。一般来说,衣着整洁、舒适即可。

9.2.5 涉外小费礼仪

1. 小费的由来

"小费"一词在英语中是Tips。小费始于18世纪的英国伦敦。当时,在一间生意红火的酒吧里,每张桌子上部放着一个硬币箱。硬币箱上写着To insure prompt service,意思是"保证服务迅速"。顾客放一个硬币在箱子里就可以确保得到快捷的服务。这4个单词的第一个字母放在一起就成了"Tips"。后来,向服务人员支付小费的习俗就延续下来并流行于世界上的许多国家。商务人员在世界各国家、地区开展业务时,应了解和掌握所在地付小费的习惯,这样才不失礼仪。

2. 付小费的方法

在中国没有给付小费的传统,有的行业设有服务费,有些行业中的服务费列入总体费用结算，不用单独给小费，因此，很多中国人出国常常习惯性地遗忘支付小费一事。

世界各国各地付小费的做法不一，支付小费的比例也有差异。有些国家或地区，如日本、新加坡、东欧国家等不收小费。即使在收小费的国家，也并不是所有的场合，所有服务都需要付小费。

住旅馆时，要给打扫房间和帮你拿行李的服务员付小费，而不需要对柜台上的服务员支付小费；在餐馆用餐时，要给上菜的服务员付小费，而不必对领班服务员支付小费；要付给理发师和美容师小费，而对售货员和自助洗衣店里的服务员，就不必支付小费；在机场、车站和码头，需要搬运工搬运行李时，就要付给搬运工小费。

在习惯上，凡是站柜台的服务员一般不收取小费，如咨询处工作人员、售票处职员、画廊、博物馆等处的导游、电梯司机、警察、海关检查员、大使馆职员、政府机关职员等公务人员等，都不必付小费。特别值得注意的是，在美国，根据美国邮政总局的规定，给送信人小费是非法的。

3. 各国付小费惯例及要求

涉外商务人员了解付小费的场合和惯例是很重要的。世界各国支付小费的数额并不相同，小费给得过少或者过多，都被看作是无礼和欠周到的表现，因此，最佳办法是咨询当地人士或朋友。

一般来说，在美国，餐厅的小费是总餐费的 15%～20%，如果服务准确，没出问题，也不特别出彩，就都是按总餐费的 15% 支付小费。如果对服务满意，可以给到 20%（也有餐厅会把小费直接计入总额，这种情况就不需要再给小费了）。

快餐厅（如肯德基、麦当劳）以及一些美食街点餐是不需要小费的，如果是自助餐，小费基本上是按人头计算的，大约每人 1～2 美元。酒店住宿，除了需要支付 15%～20% 不等的计入消费总额的小费，还需要给门童、打扫房间的服务员或者送餐到房间的服务员一些小费。

乘坐出租车，小费以 10%～20% 为准。加拿大与美国类似，但尽量不要用美元支付小费，用加币支付较妥。

在西欧如英国、爱尔兰、荷兰、比利时、卢森堡、法国和摩纳哥这些国家，在旅馆住店和餐厅用餐的小费一般在 10%～20% 不等，一般是店家在账单上直接加上。

在法国住宿与餐厅用餐，小费是介于消费总额的 10%～15% 之间，不低于 10%，财政收入也将小费列入其中。

德国人比较节俭，德国的小费意识比较薄弱，付小费完全没有美国那么严格，德国人认为客人给不给小费是消费者的自愿行为，决定给多少也是消费者自己决定的。住酒店是不需要额外付小费的，如果服务生提供了拿行李、送餐的额外服务，最好支付小费。

此外，车站的行李搬运工、饭店清洁员、导游、理发师等，如果服务质量好，可以支付小费，虽然应给多少没有严格规定，但一般为 5 欧元，因为欧元纸币最低面额是 5 欧元。

智利也是收取小费的国家，各种不同的服务场合都要支付。餐厅的小费通常为消费额的 10%。旅馆门童或楼间服务员，如经常为你开门或者提供特别服务，亦可酌给小费 50 比索以示感谢。

巴西的餐厅一般都加收 5% 的服务费，酒店加收 15% 的服务费。一般小费标准，随客人的心愿，可多可少。

东南亚的泰国和印度尼西亚都是收取小费的国家，用餐、住宿、乘车、按摩都要付小费，但他们对于币种的要求没有那么严格，当地货币、美元都可以，甚至是人民币他们也愿意要。但尽量不要给硬币，东南亚一些国家的货币币值不高，如果是硬币基本上数额少得可怜，因此，给硬币有打发叫花子一说，不够尊重。

4. 付小费的技巧

付小费时要掌握技巧、懂得惯例。如果是给打扫房间的服务生，只要在其离开房间时放在显眼的位置即可。切忌放在枕头底下，那样会被服务生认为是客人自己的东西忘了拿。如果当面付小费给行李员，最好与之握手，在表示感谢的同时将小费暗中递给他。如果给导游、司机小费，则要由团员交齐后放到信封里，派一个代表当众交给他们；如果是在酒店，可以将小费放在茶杯或酒杯下，也可直接塞在服务员手中，但最好的方式是在付款时只将找回来的整票收起，零钱不收，就算付小费了。

当面付小费时，最忌付硬币，那样会让人觉得对他不够尊重。如果与美国朋友“AA 制”一定要记住，不仅餐费是各付各的，小费也是各付一半，否则会出现一些不必要的尴尬。

实践训练

出访泰国礼仪

实训项目：出访礼仪训练。

实训目标：你的朋友因商务洽谈要到泰国，用所学的涉外商务礼仪知识为你的朋友拟订一份礼仪事项表。

实训学时：1 学时。

实训地点：教室。

实训方法：

(1)将学生分成若干组，由他们自己拟定礼仪事项表。

(2)上课时按照自己拟定的礼仪事项表，进行模拟表演。

(3)台下同学予以点评，并提出具体的建议，评选出一组最佳团队。最后教师总结。

课后练习

一、判断题

(1)王×到美国后在总公司附近找了酒店住下，她将一定金额的美元作为小费放到房间床头柜上，等服务员前来打扫卫生时让其自行取走。 (　　)

(2)刘×到美国在酒店住下后,尊重入乡随俗的原则,把小费放枕头下,让服务员取走。 (　　)

(3)日本人在商务见面时一般互致问候,脱帽鞠躬,尤其初次见面,会相互鞠躬,交换名片,一般不握手。 (　　)

(4)与英国客户约会需事先安排,准时赴约,也可以稍稍晚到,但不可以很早到达。 (　　)

(5)与法国客户打交道,要事先了解法国人的喜好和忌讳,如忌讳"13""星期五",忌讳男人向女人送香水。 (　　)

二、思考题

(1)涉外交往的入乡随俗有哪些特点?

(2)涉外称谓中如何用谦称与敬语?

(3)出国观光要注意哪些礼仪?

(4)到展览馆参观有哪些礼仪?

(5)出国观看体育比赛要注意哪些方面?

三、案例分析

【案例分析1】

李小姐的"行为不慎"

李小姐是一名白领丽人,她机敏漂亮,工作出色,因而颇受重用。有一次,李小姐所在公司派她和几名同事一道前往东南亚某国洽谈业务。可是,平时向来处事稳重、举止大方的李小姐,在访问那个国家期间,竟然由于行为不慎招惹了一场不大不小的麻烦。

事情的经过大致是这样的:李小姐和她的同事一抵达目的地,就受到东道主的热烈欢迎。在为她们举行的欢迎宴会上,主人亲自为每一位来自中国的客人一一递上一杯当地的饮料,以示敬意。轮到李小姐时,一直是"左撇子"的李小姐不假思索,自然而然地抬起自己的左手去接饮料;见此情景,主人骤然变色,对方没有把饮料递到李小姐的左手里,而是非常不高兴地将它重重地放在餐桌上,随即理都不理李小姐就扬长而去,大家觉得非常纳闷和不解。

思考讨论题:

(1)李小姐的"行为不慎"指的是什么?

(2)为什么会由此招惹了一场不大不小的麻烦?

【案例分析2】

争吵的背后

一位中国男士在国内乘飞机与一位西方男士吵了起来。起因是坐在前排的西方男士在放低椅背时,用力过猛、幅度过大,致使后排正在低头看书的中国男士撞到头部。中国男士十分不悦,认为对方太粗鲁了,并且没有任何歉意。他敲敲前排乘客的椅子用流利的英语让对方放倒椅子时小心点，对方也没有立即道歉，双方互不相让，便吵了起来。中国男士最后毫不客气地说："你滚回老家去，这是中国！"西方男士一听，气得要命，无言以对，最后通过乘务员的劝阻，争吵才算平息下来。

思考讨论题：

(1)西方男士做错了什么？

(2)中国男士做错了什么？

附　录

附录 A　称谓集萃

相关链接
称谓集萃

附录 B　花卉花语

相关链接
花卉花语

附录 C　中国主要城市别称

相关链接
中国主要城市别称

参考文献

[1] 程洪莉. 职场礼仪故事51则[M]. 北京:机械工业出版社,2018.
[2] 张琳. 职场礼仪员工手册[M]. 北京:企业管理出版社,2018.
[3] 卡耐基. 卡耐基说话技巧与人际交往[M]. 李锦清,译. 北京:北京时代华文书局,2014.
[4] 谢大京. 艺术管理与运作[M]. 上海:上海音乐出版社,2007.
[5] 杨眉. 现代商务礼仪[M]. 大连:东北财经大学出版社,2013.
[6] 张国斌. 外交官说礼仪[M]. 北京:华文出版社,2009.
[7] 周思敏. 你的礼仪价值百万[M]. 北京:中国纺织出版社,2012.
[8] 金正昆. 国际礼仪[M]. 北京:北京联合出版公司,2013.
[9] 郑一. 实用职场口才与技巧[M]. 北京:中国纺织出版社,2016.
[10] 周裕新. 公关礼仪艺术[M]. 上海:同济大学出版社,2004.
[11] 孟文燕. 商务实用礼仪[M]. 北京:中国书籍出版社,2015.
[12] 马飞. 现代商务礼仪规范手册[M]. 北京:金盾出版社,2013.
[13] 黄庆杰. 成功者礼仪全书[M]. 北京:中国华侨出版社,2002.